SDN 구현을 위한 알기쉬운 OpenFlow:

클라우드 시대의 네트워크 제어 기술

아키미치, 미야나가 나오키, 이와타 아츠시 공저
홍충선 역

홍릉과학출판사

マスタリング
TCP/IP OpenFlow 編

저자 : あきみち · 宮永直樹 · 岩田淳
역자 : 홍충선

머리말

OpneFlow는 네트워크 상에서 무엇이든 실현할 수 있는 것처럼 생각될 만큼 다양한 작업을 가능하게 하는 시스템이다. 물론, 사양 상 또는 기기 구현 상의 제한이 있지만 연구를 해 보면 상당한 부분이 가능하다. 그러나 반대로, 설정자가 매우 세세하게 설정을 실행하지 않으면 아무것도 할 수 없는 시스템이라고도 할 수 있다. OpenFlow 자체는 어디까지나 세세한 설정을 가능하게 하는 [틀]에 지나지 않기 때문이다. 사실 어떤 설정도 실행되지 않은 OpenFlow 네트워크는 일반적인 브릿지(L2 스위치)정도의 네트워크 기능조차 실현할 수 없다.

[OpenFlow는 프로그래머블(Programable)이다]라는 표현을 들어 본 적이 있을 것이다. OpenFlow 네트워크에서의 각종 설정은 패킷을 전송하는 OpenFlow 스위치가 아니라 복수의OpenFlow 스위치를 일괄하여 제어하는 OpenFlow 컨트롤러에 의해 실행된다. 종래의 네트워크 기기는 각각의 기기가 자율, 분산, 협조함으로써 네트워크를 구성한다. 이에 반해 OpenFlow에서는 OpenFlow 컨트롤러가 네트워크 내의 각 기기의 세세한 동작을 포함하여 통합관리할 수 있으므로, OpenFlow 컨트롤러의 설정을 실행하는 것은 마치 네트워크 전체를 [프로그래밍]하고 있는 것과 같다. 이것이 [프로그래머블]이라고 표현되는 까닭이다. 나아가, [OpenFlow 자체를 프로그래밍 언어에 비유하면 어셈블러다(Assembler)]라는 비유도 있을 수 있을 것이다. C, C++, Java, Ruby 등 프로그래밍 언어의 유행이 변화하는 가운데, [가려운 곳에 손이 닿는 어셈블러]와 비슷한 개념으로 앞서 달려가려는 것이 OpenFlow라는 이미지이다.

그렇지만 필자진은 OpenFlow를 어셈블러에 비유하는 것이 어떤 의미에서는 틀렸다고도 생각한다. 어셈블러는 하드웨어에 의존하고 있지만, OpenFlow는 단일 벤더가 작성한 독자적 사양이 아니라 다양한 기기끼리 상호접속을 실행할 수 있다.이러한 의미에서는[OpenFlow 자체는 표준 라이브러리가 아닌 C 언어]라는 비유도 적절한 듯하나. C언어 자체는 매우 기본적인 프로그래밍 언어이지만 표준 라이브러리나 POSIX 등의 표준적인 API를 전혀 사용하지 않고 무언가를 만드는 것은 어렵다. OpenFlow도 역시 표준이 존재하고 있어 상호 접속이 가능하다는 점에서는 그러한 측면이 있다. 앞으로 OpenFlow가 실제 환경에서 이용될 때, 대부분의 사용자는 OpenFlow를 직접 사용하는 것이 아니라 C 언어의 표준 라이브러리를 사용하는 느낌으로 통합, 정비된 환경을 경유하여 OpenFlow를 이용하는 것은 아닐까 필자진은 추정한다.

■ 이 책이 해설하는 OpenFlow의 버전

이 책은 OpenFlow1.0을 골자로 하면서 OpenFlow 1.3.2까지를 해설한다. OpenFlow 1.0을 기본으로 하는 이유는 OpenFlow 1.0에서 OpenFlow의 초기 설계 사상이 농후하게 반영되어 있기 때문에 OpenFlow를 이해하는 데에는 OpenFlow 1.0부터 들어가는 것이 이해하기 쉬울 것으로 생각하기 때문이다.

이 책의 집필을 시작한 단계에서, OpenFlow 스위치의 하드웨어는 그 대부분이 OpenFlow 1.0을 대응하도록 구현되었고, OpenFlow 1.1 이후의 사양에 대응한 하드웨어는 그다지 존재하지 않았다. 그러나 책의 집필이 끝나갈 즈음에OpenFlow 1.3 베이스 제품이 발표되었고, 앞으로도 OpenFlow 1.3 이후를 베이스로 한 하드웨어 구현이 늘어날 것으로 추측된다. 그런 이유로, 어느 버전을 중심으로 해설할 것인가는 집필 중에도 머리를 아프게 하는 문제 중 하나였다.

고민 결과, OpenFlow 1.0을 베이스로 OpenFlow를 설명하면서 이 책의 집필 단계에서 최신버전인 OpenFlow 1.3.2까지의 변화도 해설하는 구성으로 하였다. 처음부터 OpenFlow 1.3에서 전부를 해설하는 것도 검토하였으나, 그렇게 하면 각 기능이 왜 추가되었는가를 이해하기 어려운 책이 되리라는 우려가 있었다. 실제로, OpenFlow 1.0까지는 [기존의 하드웨어를 살리는 동시에 소프트웨어를 변경하여 흥미로운 작업을 한다]는 사상이 있었으나, OpenFlow 1.3은 OpenFlow의 구 버전에서는 할 수 없는 것을 실현하기 위해 확장된 결과라는 측면으로 생각되기도 한다.

또한, 프로토콜에 대한 변경은 필요에 따라 각 부분에서 개별적으로 언급하면서 그와 동시에 OpenFlow 1.1, 1.2, 1.3 각 버전에 대해서는 각각 한 장을 할애하여 해설하였다.

■ 이 책의 구성

이 책에서 가장 주의를 기울인 것은 특정 구현이나 제품의 소개가 아니라 프로토콜로써의 OpenFlow를 단순하게 전달할 수 있도록 하는 것이다. 또한, 프로토콜을 이용할 때에 빠지기 쉬운 함정에 관해서도 가능한 한 소개하는 것을 목표로 하였다.

제1장 [OpenFlow 개요]에서는 OpenFlow의 개요와 OpenFlow를 둘러싼 상황 등을 설명한다. 제2장 [OpenFlow 1.0의 시스템]은 OpenFlow 1.0의 시스템과 포맷을 해설한다.

제3장부터 제6장에서는 OpenFlow의 설정 예를 소개하면서 OpneFlow를 보다 깊이 이해하는 것을 목표로 하였다.

제3장 [OpenFlow와 LLDP]에서는 네트워크 토폴로지 검출 기능을 구현하기

위한 LLDP를 OpenFlow에서 활용하는 방법을, 제4장 [L2 스위치의 기능재현으로 배우는 OpenFlow]에서는 OpenFlow를 이용하여 다양한 L2 네트워크 기능을 실현하는 방법을, 제5장[OpenFlow와 가상화]에서는 OpenFlow에 의한 네트워크 가상화와 VMware 등에 의한 서버 가상화와 OpenFlow의 관계 등을, 제6장 [유스케이스(Use Case)로 살펴보는OpenFlow]에서는 그 외의 다양한 유스케이스를 통해 OpenFlow를 고찰한다. 이 설정 예들을 기초로 OpenFlow의 실제를 전달할 수 있다면 좋을 듯하다.

제7장 이후는 OpenFlow 1.0보다 더 새로운 버전이나 앞으로의 동향에 중점을 둔다.

제7장, 제8장, 제9장에서는 각각 OpenFlow 1.1, 1.2, 1.3에서의 변경사항을 소개한다. OpenFlow 1.3까지의 변화를 한 번에 모두 정리하면 너무나 많은 차이들에 혼란을 유발할 우려가 있다고 생각하였다. 그러므로 각 버전을 개별 장에 배치하고, 각각의 버전에서 실행된 변경내용으로부터 각 버전 업의 설계사상을 이해하기 쉽도록 구성하였다.

제10장 [OpenFlow의 유의사항]에서는 운용 등을 실행할 때의 유의사항을 소개하고, 제11장 [OpenFlow의 미래]에서는 표준화의 매우 중요한 요소인 상호접속성에 대한 연구과제와 OpenFlow 사양에 직접 포함되지 않는 주변의 논의 등을 소개한다.

■ 감사의 말

이 책을 완성하는데 있어 다양한 의견을 주신, 오쿠보슈이치 씨(사쿠라이 인터넷 주식회사). 기쿠치유키히로 씨(블로케이드커뮤니케이션스 시스템주식회사), 야스다유타카 씨(교토산업대학), @ttsubo씨에게 감사를 드립니다.

다양한 질문에 응답해 주시고, 또한 완성할 수 있도록 의견을 보내주신 일본전기주식회사의 아시하라히로시 씨, 다카이토부 씨, 스즈키카즈야 씨, 수교 카즈시 씨, 타카미야야스히토 씨 그리고 테크노밴 주식회사의 야마나시아키라 씨께 감사드립니다.

여러분의 협력 없이 이 책의 완성은 불가능하였습니다. 전문적인 견지에서의 조언과 감사에 깊이 감사드립니다. 여러분, 진심으로 감사드립니다.

OpenFlow에 흥미를 가진 모든 분들이 이 책을 즐겁게 읽으시길 바랍니다.

2013년 7월

필자진 올림

역자 서문

인터넷을 관리하기 위해 현재 가장 많이 사용되고 있는 프로토콜은 SNMP (Simple Network Management Protocol)이다. SNMP는 1988년에 탄생된 이래로 거의 모든 네트워크 장비에 탑재되어 장비의 상태정보 리포트와 장비의 구성관리(Configuration Management)를 위해 사용되어 왔다. TINA(Telecommunication Information Networking Architecture)-C(Consortium)는 네트워크를 보다 적극적으로 제어관리하기 위해 제어평면과 데이터전송평면을 분리하는 구조를 갖는 연구를 1993년에 시작하여 2000년까지 8년간 진행하였다. 그 당시 TINA가 추구한 것은 네트워크 장비의 제어관리 인터페이스의 개방이었다. 즉, 하향식(Top-down) 네트워크 장비의 제어관리 인터페이스 개방을 추구하는 전략을 가지고 있었다. 사실 TINA-C는 네트워크 제공자(Telecom Provider)가 컨소시엄의 주축이 된 것도 사실이다. 그러나 당시 네트워크 장비의 메이저 기업이었던 시스코 등이 장비의 제어관리 인터페이스 개방에 소극적인 대응으로 TINA가 뛰어난 기술규격과 구조를 가지고 있었음에도 불구하고 보편적 기술로서 확산되지는 못하였다.

2008년에 스탠포드대학의 Nick McKeown 교수 등에 의해 개발된 OpenFlow는 상향식(Bottom-up) 제어관리 인터페이스를 추가하는 전략을 구사하였다. 즉, 보다 적극적으로 장비생산 기업들이 자신의 제어관리 인터페이스를 개방하게 하는 전략이다. 이에 HP, NEC 등이 네트워크 장비에 OpenFlow를 탑재하도록 유도하는데 성공하였고, OpenFlow 기술은 개방형 기술로서 인정받아 시스코도 개방형 제어관리 인터페이스를 탑재할 수밖에 없는 시장상황이 전개되었다. 이렇듯 OpenFlow는 주요 장비업체들이 채택하는 개방형 네트워크 제어관리 프로토콜로 발전하게 되었다.

이에 본 역서에서는 OpenFlow 기술에 대한 상세한 설명을 그림을 통해 알기 쉽게 설명하고 있다. 본서에서는 OpenFlow 1.1~1.3에서 제시된 기술만을 소개하고 있지만 이는 OpenFlow의 거의 모든 기술을 포함하고 있으며 OpenFlow 1.4와 OpenFLow 1.5의 근간이 되는 기술을 포함한다.

이미 잘 알려진 바와 같이 OpenFlow는 SDN(Software Defined Network)의 Southbound 인터페이스로 보편적으로 사용되고 있는 기술로서 SDN을 실현하기 위해 네트워크 장비에 탑재해야 하는 핵심 기술이며 SDN 컨트롤러에 포함해야 하는 인터페이스이다.

OpenFlow와 SDN과 관련된 내용을 다루는 책들은 많이 있지만, 역자가 이 책의 번역을 선택하게 된 가장 큰 이유는 이 책이 다른 어떤 책보다 쉽게 OpenFlow를 이해할 수 있다는 판단 때문이다. 이 책에는 다른 어떤 것보다 많은 그림과 표를 포함하고 있고 이러한 그림을 통하여 OpenFlow를 보다 쉬우면서도 정확하게 OpenFlow를 이해할 수 있다. 따라서 이 책을 공부하면 OpenFlow가 어떻게 동작하는 지를 쉽게 이해할 수 있을 것이다.

이 책의 번역 과정에서 가장 고심했던 문제는 용어를 어떻게 번역할 것인가 였는데, 용어의 통일을 위해 한국정보통신기술협회에서 제공하는 정보통신용어사전을 최대한 이용하여 용어를 번역하였다. 반면, 번역된 용어를 사용하는 경우에는 용어상의 혼란이 있을 수 있고, 또한 이 책을 공부하고 난 이후에 외국의 문서들을 분석하는 경우에는 용어를 다시 찾아야 하는 번거로움이 있을 수 있다. 따라서 이 책에서는 외래어 표기도 함께 사용하여 원문에서 의도한 내용을 충분히 살리면서도 한글로 읽었을 경우 어색하지 않도록 노력하였다.

마지막으로 이 책이 출판되기까지 여러모로 도움을 주신 홍릉과학출판사에 감사를 드린다.

서천골에서 역자 홍충선드림

목차

제1장 OpenFlow 개요

제2장 OpenFlow 1.0의 시스템

제3장 OpenFlow와 LLDP

제4장 L2 스위치의 기능 재현으로 배우는 OpenFlow

제8장 OpenFlow 1.2

제9장 OpenFlow 1.3

제10장 OpenFlow의 유의사항

제11장 OpenFlow의 미래

부록

제 1 장

OpenFlow 개요

이 장에서는 OpenFlow 자체의 개요나 OpenFlow를 둘러 싼 상황 등을 설명한다. 여기에서 소개하는 OpenFlow 사양은 어디까지나 개요이므로 더욱 상세한 정보는 제2장 이후를 참조하길 바란다.

1.1 OpenFlow의 탄생

OpenFlow는 원래 연구용 네트워크를 쉽게 구축하기 위하여 스탠포드 대학에서 고안된 프로토콜이다. 여기서는 OpenFlow가 출현하게 된 과정을 간단히 소개한다.

1.1.1 OpenFlow의 역사

네트워크에 관한 연구에서는 실험용 네트워크 환경을 구축하는 중요한 작업이 동반된다. 과거에는 필요한 수의 PC를 이용하여 물리적으로 실험용 네트워크를 구축하였으나, VMware 등의 가상화 소프트웨어가 등장하고 보급됨에 따라, 버추얼 머신을 기반으로 한 가상 플랫폼을 이용하여 실험 환경을 구축하는 것이 주류가 되었다. 이러한 가상적인 실험 네트워크 환경으로 유명한 시스템으로는, 인터넷 전체에 걸친 광역 분산환경을 제공하는 PlanetLab[1]이 있다. 캠퍼스 내부 네트워크를 활용하여 전체 인터넷이 아닌 특정한 범위 내의 네트워크를 가상적으로 구성하는 경우도 있다.

최근 들어 미국을 중심으로 인터넷 그 자체를 새롭게 다시 만드는 차세대 네트워크 기술에 대한 연구가 추진되고 있다. 차세대 네트워크 기술로 다양한 것이 제안되고 있으나, 그러한 새로운 시스템을 실험할 때, 종래의 인터넷용 통신기기보다 한층 더 세밀한 제어가 가능한 시스템이 있으면 매우 편리하다.

그러한 가운데, 다양한 실험 네트워크를 용이하게 구축할 수 있도록 한다는 목적으로 스탠포드 대학에서 개발한 것이 OpenFlow이다. 실제로, 미국의 NSF (National Science Foundation)가 후원하는 대규모 가상 실험 네트워크인 GENI (Global Environment for Network Innovations)[2] 프로젝트에도 OpenFlow가 사용되고 있다[3].

OpenFlow는 네트워크의 실험이나 연구에 머무르지 않고 폭넓게 주목을 끌어, 다수의 네트워크 장비 제작 회사가 참여하는 OpenFlow 스위치 컨소시엄이 설립되었다. 2008년에는 OpenFlow 스위치 컨소시엄에서 OpenFlow의 기본적인 사양인 「OpenFlow Switching Specification 0.2.0」이 제정되었다. 스탠포드 대학, Deutsche Telekom, Hewlett-Packard, Nicira 등과 함께, 본서 저자들 중 2명이 근무하고 있는 NEC도 OpenFlow 스위치 컨소시엄의 설립 때부터 멤버로 참가하고 있다.▼

▼ Nicira사는, 2012년에 VMware사에 매입 되었다.

1.1.2 ONF (Open Networking Foundation)

이 책을 집필하고 있는 현재, OpenFlow의 사양을 관리하고 있는 곳은 OpenFlow 스위치 컨소시엄이 아니라 Open Networking Foundation(ONF)이다.

OpenFlow가 유명해짐에 따라 OpenFlow 스위치 컨소시엄에 참가를 희망하는 조직이 증가하고, OpenFlow의 표준화에도 참여하고 싶다는 의견이 많아졌다. 이를 위하여 OpenFlow 스위치 컨소시엄의 활동을 이어가는 형태로 Open Networking Foundation이 새롭게 설립되었다.

OpenFlow의 사양 중에서 OpenFlow 1.1까지가 OpenFlow 스위치 컨소시엄에서 책정되었고, OpenFlow 1.2 이후는 ONF에서 책정되었다(집필 현재의 최신 사양은 OpenFLow 1.3.2). 단, OpenFlow 1.0과 1.1이 ONF와 전혀 관계가 없는 것은 아니다. OpenFlow 1.0과 1.1에 대해서도 ONF가 리뷰하여 사양의 애매한 부분 등을 수정한 후 정식 사양으로 인정하는 과정을 진행하고 있다. 그러므로 OpenFlow 1.0과 1.1도 ONF의 표준이다.

1.2 기존 하드웨어를 활용하여 재미있는 작업을!

OpenFLow의 초기 설계 사상은, "새로운 하드웨어를 설계하지 않고, 기존의 하드웨어를 대상으로 새로운 소프트웨어를 갱신하는 것만으로 재미있는 것들을 해 보자"라는 것이었다. 이를 위하여, OpenFlow는 많은 네트워크 기기에 내장되어 있는 TCAM(Ternary Content-Addressable Memory)라는 부분을 전제로 고안되었다.

TCAM은 비트(bit)가 "매칭됨", "매칭되지 않음", "무시함"과 같은 3종류의 매칭을 수행하기 위한 전자부품으로, 네트워크 상의 스위치로 서브넷 마스크나 액세스 리스트(Access Control List)를 하드웨어에서 고속으로 처리하기 위하여 탑재되어 있다. 이 TCAM이 초기의 OpenFlow의 설계 사상에서 중요한 열쇠 역할을 하였다. 실제로 2008년의 ACM SIGCOMM에 게재된 논문 "OpenFlow: Enabling Innovation in College Networks"[3]에는 다음과 같이 쓰여 있다.

> The basic idea is simple: we exploit the fact that most modern Ethernet switches and routers contain flow-tables (typically built from TCAMs) that run at line-rate to implement firewalls, NAT, QoS, and to collect statistics.

우리말로 번역하면 다음과 같다.

> "기본 아이디어는 간단하다. 최근의 이더넷 스위치나 라우터는 방화벽, NAT, QoS▼를 실현하는 동시에 통계 정보 수집을 회선속도에 가까운 성능으로 수행하기 위하여, (일반적으로는 TCAM에 의해 구축된)플로우 테이블을 가지고 있다는 사실을 활용하였다."

▼ Quality of service

ACM SIGCOMM의 논문에서와 같이, 많은 네트워크 기기에는 TCAM이 탑재되어 있다. OpenFlow는 TCAM이 탑재된 네트워크 기기의 하드웨어 구성을 변경하지 않고, 소프트웨어의 업데이트만으로 동작을 변경할 수 있도록 설계되었다. 새롭게 하드웨어를 개발하지 않고도 고속처리가 가능한 시스템을 실현할 수 있다는 현실적인 설계 사상이다. OpenFlow가 크게 주목받은 배경에는, 기존의 구조를 활용하면서 가상적인 네트워크 구축을 실현할 수 있다는 계산에서 설계되었다는 요소도 크게 영향을 주고 있다고 생각할 수 있다.

1.3 OpenFlow란 구체적으로 무엇인가?

OpenFlow는 종래의 L2 스위치와 같이 이더넷 주소나 VLAN 태그를 이용하여 스위칭을 수행하는 것이 아니라, 각 패킷(혹은 프레임)이 가지고 있는 이더넷 주소, VLAN 태그, IP 주소, TCP/UDP 포트번호와 같은 특징을 "플로우(flow)"로 취급하고, 이를 기반으로 스위칭을 실행함으로써 경로를 유연하게 설정할 수 있도록 하는 네트워크를 구축하기 위한 표준화 규격이다.

1.3.1 OpenFlow 네트워크의 구성 예

인터넷에 접속된 네트워크 내에서 OpneFlow를 이용한 구성 예를 그림 1.1에 나타내었다.

그림 1.1

OpenFlow 구성 예

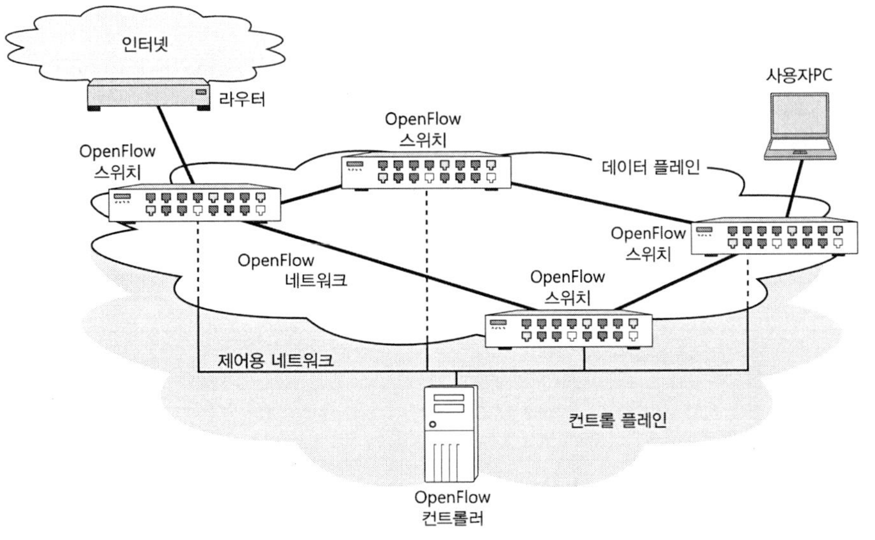

이 그림에서는 사용자 PC가 OpenFlow 네트워크에 접속되어 있으나, 사용자 PC가 접속된 OpenFlow 스위치의 물리 포트는 통상의 L2 스위치와 동일 기능을 사용자 PC에 제공한다. 이 구성 예에서 OpenFlow 네트워크는 L2 네트워크이므로, 사용자 PC는 라우터와 L2 접속을 실시하고 있는 것처럼 인식한다.

1.3.2 컨트롤 플레인(Control Plane)과 데이터 플레인(Data Plane)의 분리

OpenFlow의 대표적인 특징으로, 그림 1.1에서와 같이 제어용 네트워크와 패킷 전송용 네트워크가 분리되어 있는 점을 들 수 있다. 각각, 제어용 네트워크는 "컨트롤 플레인(Control Plane)", 패킷 전송용 네트워크는 "데이터 플레인(Data Plane)"이라고 불린다.

종래의 네트워크 기기는 그림 1.2에서와 같이 컨트롤 플레인과 데이터 플레인이 같은 기기 내에 존재하였다. 인터넷은 자율분산협조가 큰 키워드로, 각 기기가 자율적으로 각자 판단하는 모델이기 때문이다.

그림 1.2

종래의 컨트롤 플레인과 데이터 플레인

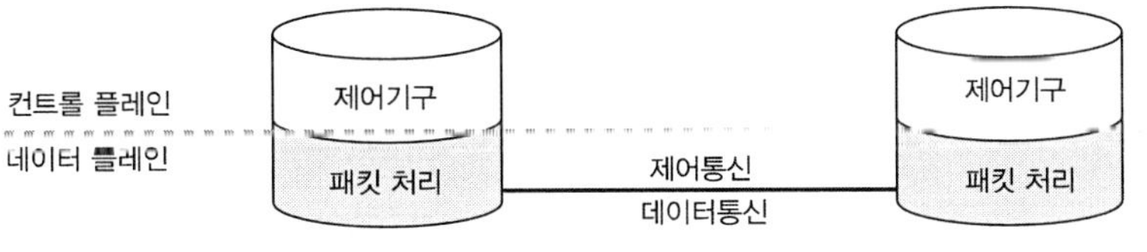

예를 들어, IP 프로토콜을 이용하여 패킷을 전송하는 라우터는, 컨트롤 플레인과 데이터 플레인이 함께 존재하는 시스템이다. 각 라우터는 라우팅 프로토콜 등을 이용하여 적절한 경로를 계산하고, 그 계산 결과를 토대로 패킷을 전송한다. 라우터 내부에는 경로를 계산하기 위한 컨트롤 플레인과 패킷을 전송하기 위한 데이터 플레인이 공존하고 있다.

OpenFlow에서 채택하고 있는 컨트롤 플레인과 데이터 플레인의 분리 모델은 그림 1.3과 같다. 패킷을 전송하는 데이터 플레인을 외부에 존재하는 컨트롤 플레인이 제어한다.

그림 1.3
OpenFlow의 컨트롤 플레인과 데이터 플레인

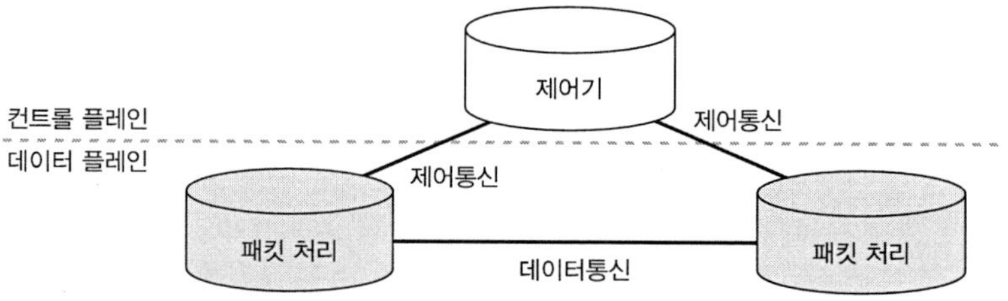

그림 1.3을 OpenFlow 네트워크의 구성요소로 생각하면, 컨트롤 플레인 부분이 OpenFlow 컨트롤러이고, 데이터 플레인 부분이 OpenFlow 스위치가 된다. "OpenFlow는 중앙집권 모델이다"라는 표현이 자주 사용되는데, 이는 컨트롤 플레인과 데이터 플레인을 별도의 기기로 분리하고 OpenFlow 컨트롤러가 복수의 OpenFlow 스위치를 동시에 제어하도록 한다고 하는 OpenFlow의 사상의 결과라고 필자들은 생각한다.

이처럼 컨트롤 플레인과 데이터 플레인을 나눈다는 사상 그 자체는 특별히 새로운 것은 아니고, 예전부터 가끔씩 제창되는 방식이기는 하지만, OpenFlow의 구조를 아는데 중요한 시점이다.

1.3.3 컨트롤 플레인의 구축 방법

OpenFlow 네트워크를 실현하는데 컨트롤 플레인을 어떻게 구축하는가가 포인트의 하나이다.

데이터 플레인을 실현하는 OpenFlow 스위치는, 컨트롤 플레인을 실현하는 OpenFlow 컨트롤러로 부터의 명령에 따라 동작하지만, 그 명령을 교환하기 위하여 양자가 TCP/IP를 이용한 통신을 할 수 있는 환경이 필요하다. 구체적으로는 컨트롤 플레인용의 네트워크에서 OpenFlow 스위치와 OpenFlow 컨트롤러에 적절한 IP 주소나 경로를 설정해 줄 필요가 있다.

OpenFlow 네트워크를 구축할 때, 컨트롤 플레인과 데이터 플레인은 기본적으로 별개의 네트워크로 준비할 필요가 있다. 다만, 어떻게 "별도의 네트워크"를 실현하는지에 관해서는 몇 가지의 방식이 있고, 반드시 별도의 물리 네트워크를 준비해야 하는 것은 아니다.

예를 들어, 이후에 소개할 오버레이 방식과 같이 데이터 플레인을 오버레이 네트워크로 구축하는 경우, 오버레이 네트워크 구축에 이용하는 기존의 네트워크를 그대로 컨트롤 플레인으로 이용하는 것도 가능하다. 이 외에도, VLAN 등을 이용하여 같은 물리 네트워크를 논리적으로 분할한 후에 데이터 플레인과 컨트롤 플레인을 구축하거나, 데이터 플레인과 컨트롤 플레인을 함께 구현하는 "In-band 컨트롤 채널" 기술을 이용하는 것도 가능하다. 또한, 컨트롤 플레인과 데이터 플레인 용으로, 별도의 물리 네트워크를 정비하는 일도 물론 가능하다. 물리적으로 분리되어 있는 편이 장애 차단 등을 실행하기 쉬운 경향이 있다.

1.3.4 데이터 플레인의 구축 방법

▼ 여기에서 기술하고 있는 [하이브리드 방식]은 데이터 플레인 구축방법에 관한 하이브리드로, Hop-by-Hop과 오버레이 하이브리드이다. OpenFlow 1.1부터 1개의 물리 포트 내에서 OpneFlow와 기존의 L2 기능이 공존한 OpenFlow 하이브리드 스위치](7.8.2항 참조)가 있는데, 그 [하이브리드]와는 무관하므로 주의해야 한다.

컨트롤 플레인 용의 TCP/IP 네트워크를 준비한 다음, OpenFlow 네트워크의 데이터 플레인을 어떻게 구축할 것인가도 중요하다.

데이터 플레인의 구축 방법으로는, OpenFlow 스위치끼리 직접 연결하는 "Hop-by-Hop 방식", 오버레이 네트워크를 통하여 OpenFlow 스위치끼리 잇는 "오버레이 방식", 그리고 두 방법을 조합한 "하이브리드 방식▼"의 3종류가 있다.

Hop-by-Hop 방식

그림 1.4와 같이, OpenFlow 스위치끼리의 데이터 플레인이 물리적으로 직접 연결되어 있는 것이 Hop-by-Hop 방식이다.

그림 1.4
Hop-by-Hop 방식의 예와 물리적인 네트워크 토폴로지

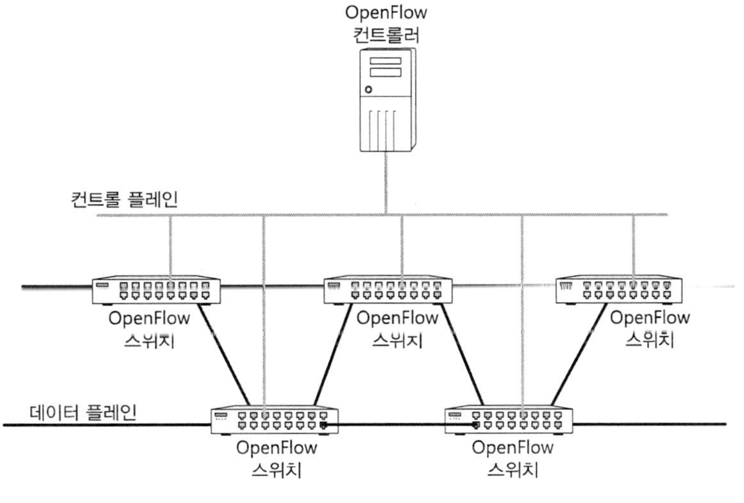

Hop-by-Hop 방식의 이점으로는 OpenFlow 스위치의 데이터 플레인이 직접 접속되어 있다는 것을 들 수 있다. OpenFlow 스위치 사이에 다른 기기가 들어가는 오버레이 방식에 비하여 고속 처리가 가능하거나, 장애 차단을 위한 요소가 적다는 것 등의 이점이 있다.

■ 오버레이 방식

OpenFlow 스위치끼리 직접 연결하기 어려운 환경에서 OpenFlow를 도입하기 위한 방법으로 오버레이 방식이 있다. 이 방식에서는 데이터 플레인 용으로 IP 터널 등의 기술을 이용하여 오버레이 네트워크를 구성한다.

오버레이 방식의 예를 그림 1.5와 1.6에 나타내었다. 그림 1.5는 물리적인 네트워크의 토폴로지와 OpenFlow 스위치끼리 연결하는 IP 터널을 나타낸다. 이 책을 집필하는 시점에서는, 그림 1.5와 같이, OpenFlow 스위치는 가상 스위치로 구현되는 경우가 많고, 오버레이 방식은 가상화 환경을 암묵적으로 전제하고 있는 경우가 있다.

그림 1.5
오버레이 방식의 예와 물리적 네트워크 토폴로지

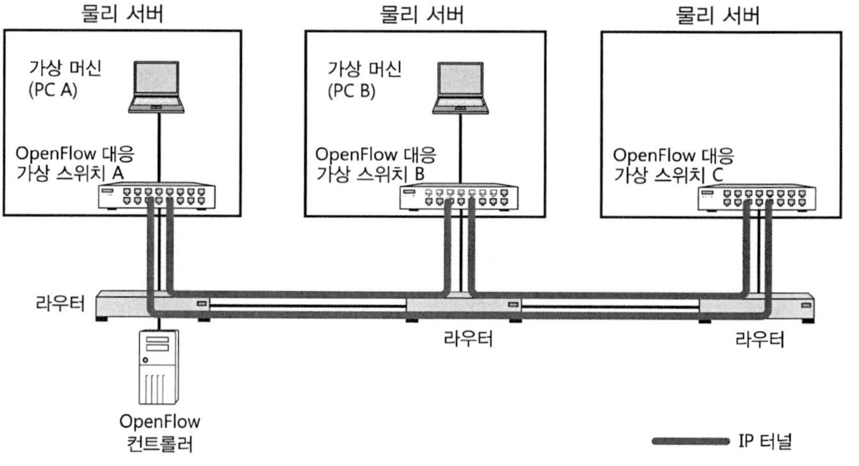

그림 1.5에서는, 각각의 OpenFlow 스위치와 PC는 가상 서버로써 같은 물리 서버 내에서 가동되고 있다. 각 OpenFlow 스위치는 IP 터널에 의하여 서로 접속되며 그림 1.6과 같은 논리적 구성을 구축하고 있다.

그림 1.6
오버레이 방식 예의 논리적 네트워크 토폴로지

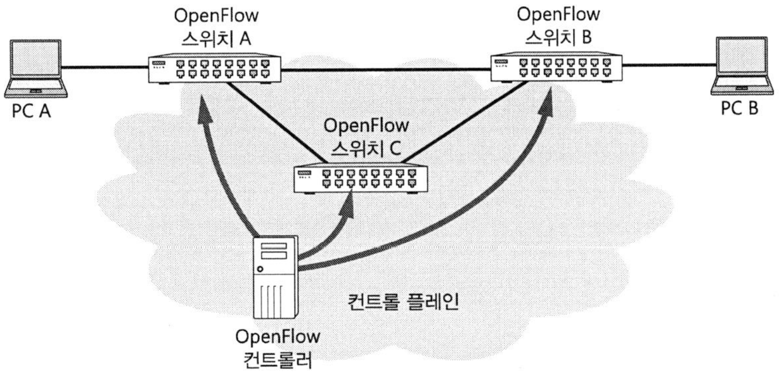

각각의 OpenFlow 스위치는 컨트롤 플레인 용의 네트워크에서 OpenFlow 컨트롤러와 접속시 데이터 패킷은 OpenFlow 스위치끼리 접속하는 데이터 플레인을 이용한다.

Hop-by-Hop 방식은 데이터 플레인을 위하여 전용 네트워크를 새롭게 정비해야 한다는 요구가 있을 수 있지만, 오버레이 방식은 기존의 네트워크와 OpenFlow 네트워크를 공존하기 쉽게 한다는 장점이 있다. 반면에, 캡슐화를 전제로 하고 있기 때문에 처리 성능이 Hop-by-Hop 방식에 비하여 떨어지거나, MTU(Maximum Transfer Unit)가 작아질 수도 있다는 단점이 있다.▼

▼단, 점보 패킷이나 IP 터널과 프래그먼테이션의 조합으로 MTU를 작아지지 않게 하는 방법도 있다.

하이브리드 방식

Hop-by-Hop 방식과 오버레이 방식을 조합한 것이 하이브리드 방식이다.

그림 1.7
하이브리드 방식

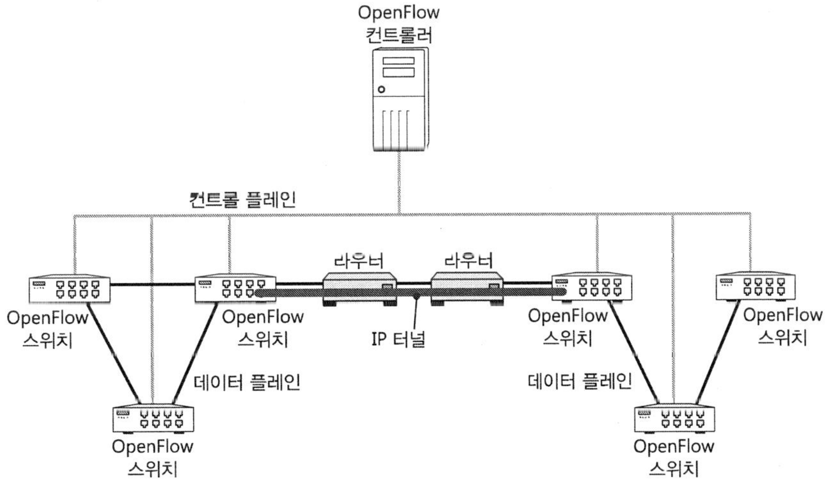

하이브리드 방식에서는 그림 1.7과 같이, Hop-by-Hop 방식으로 서로 접속하는 OpenFlow 스위치와 오버레이 네트워크 상에서 서로 접속하는 OpenFlow 스위치 양쪽 모두가 존재한다.

필요에 따라 각 부분에 최적인 방법을 채택하면서 OpenFlow 네트워크를 구축할 수 있다는 것이 특징이다.

1.3.5 OpenFlow 컨트롤러와 OpenFlow 채널

OpenFlow는, OpenFlow 컨트롤러라 불리는 서버가 OpenFlow 네트워크 상의 OpenFlow 스위치의 포워딩 테이블(Forwarding Table)을 설정하는 중앙 집권 모델이다(그림 1.8). OpenFlow 스위치는 OpenFlow 컨트롤러로부터 입력되는 정보를 반영하는 단순한 기능을 실현한다.

OpenFlow 컨트롤러와 OpenFlow 스위치는 OpenFlow 채널▼을 통하여 TCP 접속을 유지한다. 이는, OpenFlow 컨트롤러가 항상 OpenFlow 스위치의 상태를 감시하면서 필요에 따라 명령을 보내도록 하기 위함이다.

▼ OpenFlow 1.0에서는 OpenFlow 스위치와 OpenFlow 컨트롤러 사이의 컨트롤 플레인 용 접속이 [시큐어 채널]이라는 명칭인데, 이 접속이 반드시 암호화되어 있다고는 할 수 없으므로, OpenFlow 1.1에서 [OpenFlow 채널]로 명칭이 변경되었다(상세한 내용은 2.4.1항 및 7.8.5항 참조). 이 책에서는 OpenFlow 1.0을 해설한 제2장 이외에는, 보다 정확한 용어인 [OpenFlow 채널]을 사용하기로 하였다.

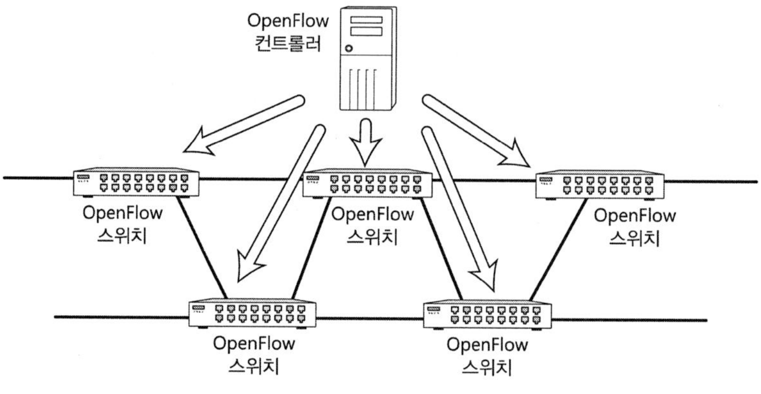

그림 1.8
OpenFlow 컨트롤러와 OpenFlow 채널

OpenFlow를 구성하는 기본 요소는 그림 1.9와 같이, OpenFlow 컨트롤러, OpenFlow 스위치, OpenFlow 컨트롤러와 스위치 간 OpenFlow 채널을 통한 접속, OpenFlow 스위치의 플로우 테이블(Flow Table)이다.

그림 1.9
OpenFlow 채널

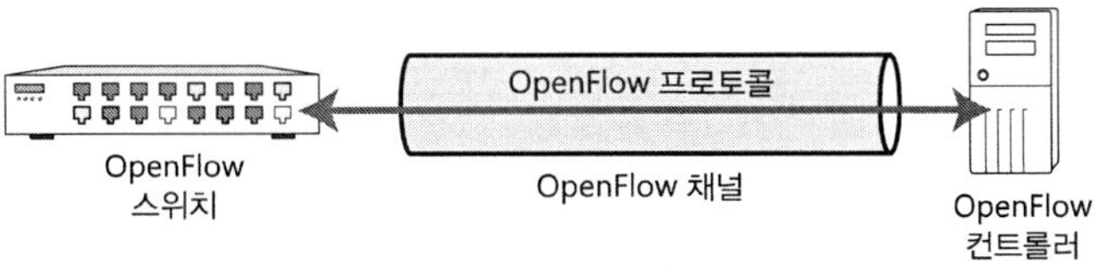

OpenFlow에서는, OpenFlow 컨트롤러가 OpenFlow 네트워크 전체를 집중 관리한다. 다만, OpenFlow 스위치의 모든 동작에 대하여 일일이 명령을 내보내는 것이 아니라, 미리 "이런 상황에서는 이렇게 처리하라"라는 설정을 OpenFlow 스위치에 통지하고, OpenFlow 스위치는 그 명령을 따른다. 사람의 몸을 예로 들면, 미리 훈련해 두면 경우에 따라 뇌의 명령을 기다리지 않고 반사적으로 행동할 수 있는 것과 유사하다.

"이런 상황에서는 이렇게 처리하라"와 같은 OpenFlow로부터 통지하는 타이밍은 크게 2개로 나뉜다. 그 하나가, OpenFlow 컨트롤러와 OpenFlow 스위치간의 OpenFlow 채널이 확립된 직후 등, 사전에 설정 통지가 실행되는 "프로액티브(Proactive)형"이다. 또 다른 하나는, OpenFlow 스위치가 미지의 패킷을 받았을 때 OpenFlow 컨트롤러에 어떻게 처리할지를 물어보는 "리액티브(Reactive)형"이다(프로액티브형/리액티브형의 설정에 대한 자세한 내용은 2장을 참조한다).

1.3.6 플로우 테이블 (Flow Table)

플로우 테이블은 OpenFlow 스위치에 대하여 어떤 패킷이 어떻게 처리되어야 하는가에 대한 설정 정보나 그 처리 횟수 등의 기록을 기술한 것이다. OpenFlow 스위치는 복수의 플로우 테이블을 가질 수 있다.

각 플로우의 동작을 개별적으로 정의하고 있는 것이, 플로우 테이블에 포함되어 있는 엔트리(Entry)이다(이하 플로우 엔트리). 각각의 플로우 테이블은 여러 개의 플로우 엔트리를 가질 수 있다. OpenFlow에서는 OpenFlow 컨트롤러가 OpenFlow 스위치의 플로우 엔트리를 설정함으로써 가종 제어를 수행한다

플로우 엔트리는 OpenFlow 스위치가 각각의 패킷을 어떻게 처리할지를 기술한 것이다. 구체적으로, OpenFlow 스위치의 물리 포트번호 등의 L1에 관한 정보부터 이너넷 주소 등의 L2 정보, IP 주소 등의 L3 정보, TCP/UDP 포트번호 등의 L4 정보 등을 토대로, 패킷을 어느 포트로 보낼 것인지, 또는 파기할 것인지와 같은 처리 방법을 기술할 수 있다. 패킷 송출 전에 헤더를 변경할 수도 있다.

1.4 컨트롤러와 스위치의 기본 동작

여기서는 OpenFlow의 OpenFlow 컨트롤러와 OpenFlow 스위치의 기본적인 동작을 설명한다.

1.4.1 OpenFlow 스위치의 초기 동작

OpenFlow 스위치가 기동되면 OpenFlow 컨트롤러와의 [OpenFlow 채널] 이라 불리는 접속을 확립한다. 접속은 OpenFlow 스위치쪽에서 OpenFlow 컨트롤러에 대해 이루어진다. OpenFlow 컨트롤러는 OpenFlow 스위치로부터의 접속을 기다려, 접속해도 좋은 상대이면 OpenFlow 채널 접속을 확립하고 유지한다.

OpenFlow 컨트롤러와의 접속에 필요한 OpenFlow 컨트롤러의 IP 주소 등의 설정은 미리 OpenFlow 스위치에 대해 실행될 필요가 있다. 또한, 컨트롤러 플레인이 될 네트워크 설정, OpenFlow 스위치의 IP 주소 설정도 필요하다.▼

▼ OpenFlow 스위치의 초기 설정을 실행하기 위한 OF-CONFIG 사양도 있다. OF-CONFIG에 관해서는 11.3 절을 참조한다.

데이터 플레인이 되는 OpenFlow 스위치 간의 네트워크는 각 OpenFlow 스위치에 설정된 플로우 엔트리로 제어되므로, OpenFlow 컨트롤러가 OpenFlow 스위치에 대해 설정하는 형태로 네트워크 설정이 구성된다. OpenFlow 스위치가 OpenFlow 컨트롤러와 접속한 후, OpenFlow 컨트롤러가 OpenFlow 네트워크의 토폴로지를 검출하는 경우도 있다. OpenFlow 네트워크의 토폴로지 검출방법은 제3장을 참조한다.

1.4.2 프로액티브형 설정

OpenFlow 스위치와 OpenFlow 컨트롤러의 OpenFlow 채널 확립 후, OpenFlow 컨트롤러로부터 OpenFlow 스위치에 대해 미리 플로우 엔트리 설정이 송신되는 경우가 있다. 이러한 설정을 프로 액티브(proactive)형이라 한다. 프로액티브라는 영단어의 의미는 [앞을 내다본다] [사전에 행동을 일으키다]이다.

프로액티브형의 설정은 OpenFlow 스위치와 OpenFlow 컨트롤러 사이에서의 OpenFlow 채널 확립 직후에 한하지 않고, 임의의 타이밍에서 OpenFlow 컨트롤러에서 송신된다.

프로액티브형 설정을 적절하게 실행하지 않으면 리액티브형 설정이 과도하게 발생하게 될 가능성이 있으므로, 어떤 내용을 프로액티브형 설정으로 실행해 둘 것인가는 OpenFlow넷 운용에서 매우 중요한 요소가 된다.

1.4.3 리액티브형 설정

OpenFlow 컨트롤러가 OpenFlow 스위치에 미리 설정을 송신하는 프로액티브형이 아니라 OpenFlow 스위치가 미지의 패킷을 수신했을 때 OpenFlow 컨트롤러에게 판단을 구하는 리액티브(reactive)형 설정도 있다. 리액티브라는 영단어의 의미는 [반응하다] [(작용에 따라) 동작하다]이다.

리액티브형 설정에서는 우선 플로우 엔트리가 존재하지 않는 미지의 패킷이 OpenFlow 스위치에 도달한다. OpenFlow 스위치는 미지의 패킷을 어떻게 다룰 것인가를 [Packet-In 메시지]에 따라 OpenFlow 컨트롤러에게 의뢰한다(그림 1.10).

그림 1.10
OpenFlow 스위치가 미지의 패킷을 수신한다

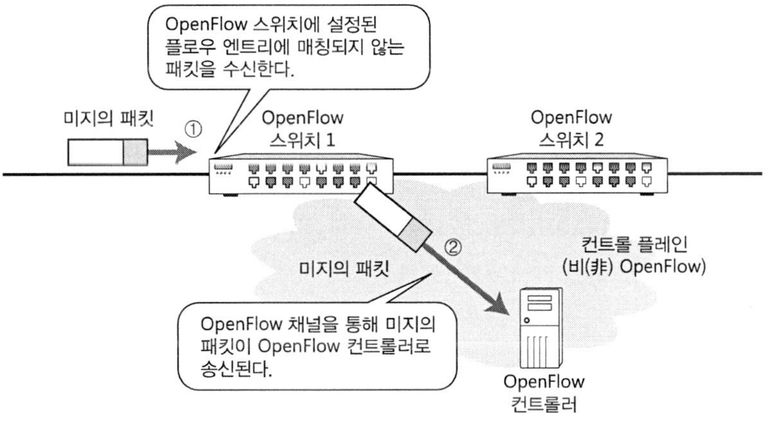

OpenFlow 컨트롤러는 미지의 패킷에 관한 정보를 받으면 그것을 어떻게 처리해야 할지를 판단한다. 그 다음, 필요에 따라 OpenFlow 스위치에 대해 패킷 송신용 메시지를 보내거나, 나중에 같은 패킷을 수신했을 때의 처리방법을 결정한 플로우 엔트리를 설정한다(그림 1.11). 이처럼 OpenFlow 스위치는 OpenFlow 컨트롤러로부터 메시지를 수신하면 그에 따른 처리를 실행한다.▼

▼ OpenFlow 컨트롤러와 OpenFlow 스위치 사이에서 주고받는 메시지 등에 관해서는 제2장을 참조한다.

그림 1.11
OpenFlow 스위치로의 설정송신

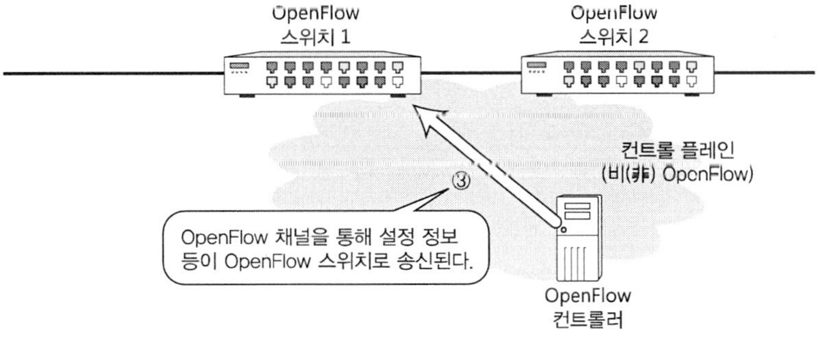

앞에서 기술했듯이 미지의 패킷을 수신하면 그것을 트리거로 리액티브형 설정이 발생하는데, 리액티브형 설정은 미지의 패킷이 OpenFlow 스위치에 도달했을 때에만 발생하는 것은 아니다. 플로우 테이블에 기술되는 액션으로써, [이러한 타입의 패킷이 도달하면 OpenFlow 컨트롤러로 송신하라] 라는 옵션도 있으므로, 의도적으로 특정 종류 패킷에 대해 리액티브형를 설정할 수도 있다.▼

▼ 의도적으로 특정 종류의 패킷에 대해 리액티브형을 설정하는 예는 제3장, 제4장을 참조한다.

또한, 리액티브형 설정은 패킷을 수신한 OpenFlow 스위치에 대해서만 이루어지는 것도 아니다. OpenFlow 컨트롤러의 구현에 의존하는 부분이기는 하지만, Packet-In 메시지에 따라 새롭게 플로우 엔트리를 추가하는 OpenFlow 스위치가 복수가 되는 경우도 있다. 예를 들어, 그림 1.12처럼 OpenFlow 스위치 1로 미지의 패킷을 수신하는 동시에 그 패킷이 통과하는 패스 전체에 대해 플로우 엔트리 작성이 실행되도록 할 수도 있다.

그림 1.12
패스 전체에 대한 플로우 엔트리 작성

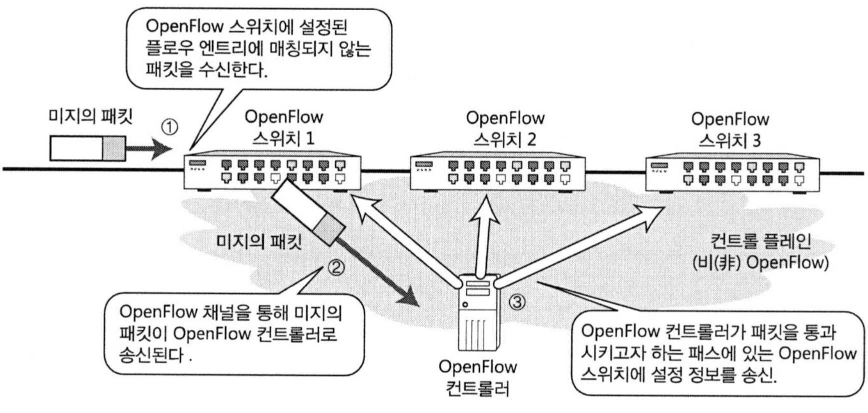

OpenFlow 사양에서는 OpenFlow 스위치에 대해 어떤 타이밍으로 어떻게 설정할 것인가를 정하지 않고 OpenFlow 컨트롤러 구현에 의존한다. 이런 점에서 OpenFlow는 OpenFlow 컨트롤러를 실현하고 있는 소프트웨어가 매우 큰 의미를 지닌다.

1.5 OpenFlow의 동작 예

OpenFlow의 특징을 이해하기 위한 간단한 동작 예를 소개한다. 여기에서 소개하는 동작 예는 OpenFlow 동작을 이해하는 것이 그 목적으로, 실제 상용동작을 목적으로 하지 않음에 주의한다.

1.5.1 동작 예 1

그림 1.13에서는 192.168.0.1이라는 IPv4 주소 PC와 192.168.0.2라는 동일 IPv4 주소 PC가 2대 연결된 OpenFlow 네트워크로 구성되어 있다.

192.168.0.1을 PC A라 하고, OpenFlow 스위치 B에 접속된 192.168.0.2를 PC B라 한다. 이 예에서는 PC A로부터의 ICMP Echo Request와 PC B로부터의 ICMP Echo Reply가 다른 경로로 전송된다.

그림 1.13
동작 예 1

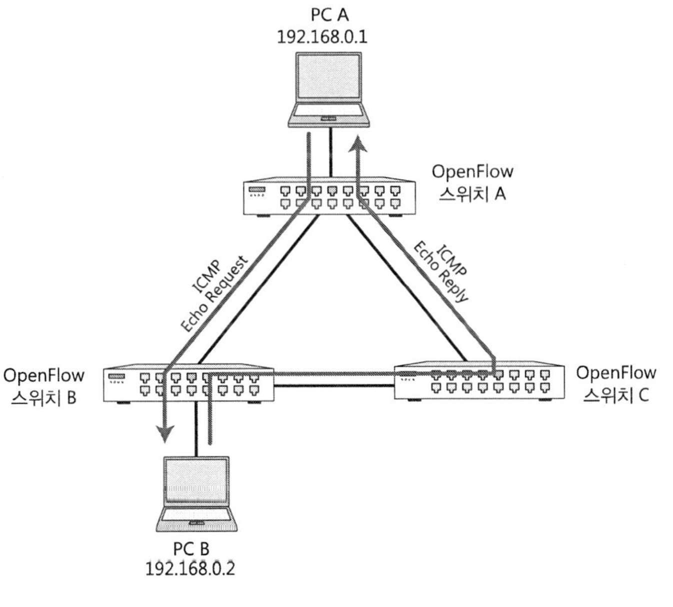

이를 실현하기 위한 설정방법은 여러 가지가 있는데, 예를 들어 다음과 같은 설정에 따라 실현할 수 있다.

- OpenFlow 스위치 A에서, 192.168.0.2로 보내는 패킷을 OpenFlow 스위치 B로 전송하고, 192.168.0.1으로 보내는 패킷을 PC A로 전송한다.

- OpenFlow 스위치 B에서, 192.168.0.2로 보내는 패킷을 PC B에 전송하고, 192.168.0.1로 보내는 패킷을 OpenFlow 스위치 C로 전송한다.
- OpenFlow 스위치 C에서, 192.168.0.1로 보내는 패킷을 OpenFlow 스위치 A로 전송한다.

1.5.2 동작 예 2

그림 1.14의 예에서는 OpenFlow 스위치 A가 PC A로부터의 ICMP Echo Request를 복사하여 OpenFlow 스위치 B와 OpenFlow 스위치 C 양쪽으로 송신한다. OpenFlow 스위치 B는 ICMP Echo Request를 PC B로 전송하고, OpenFlow 스위치 C는 ICMP Echo Request를 PC C로 각각 전송한다. PC B와 PC C는 각각 ICMP Echo Reply를 되돌려 보내므로, PC A가 ICMP Echo Request를 1개 송신할 때마다 회신이 2개 되돌아온다.

이 예가 동작하도록 PC B와 PC C 양쪽 모두 이더넷 주소를 동일한 것으로 하였다. PC A로부터 송신될 때의 이더넷 목적지 주소가 수신쪽과 상이하면, 수신쪽 PC에서 패킷이 수신되지 않게 된다.

그림 1.14
동작 예 2

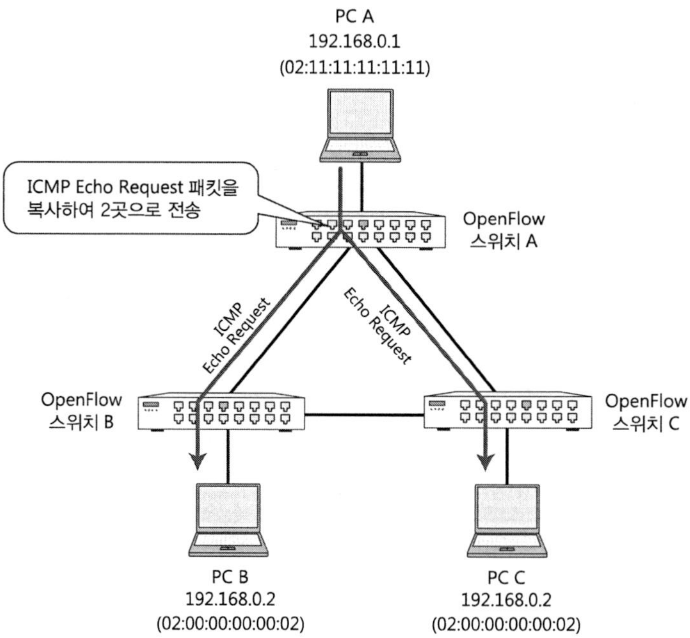

이처럼 무리하게 동일 IPv4 주소를 복수로 이용하는 방법은 극단적이기는 하지만, OpenFlow을 이용함으로써 이제까지 실현이 어려웠던 네트워크 구성도 가능해진다.

1.5.3 동작 예 3

앞서 그림 1.14의 예와 비슷하나, 다음 그림 1.15의 예에서는 PC B와 PC C의 이더넷 주소가 다르다.

PC A는 앞의 예와 마찬가지로 192.168.0.2에 대해 ICMP Echo Request를 송신한다. OpenFlow 스위치 A도 앞의 예와 마찬가지로 ICMP Echo Request를 복사하여 OpenFlow 스위치 B와 C로 송신한다. OpenFlow 스위치 B와 PC B도 앞의 예와 같이 동작한다.

앞의 예와 다르게 동작하고 있는 것은 OpenFlow 스위치 C이다. 이 예에서는 OpenFlow 스위치 C가 이더넷 헤더에 기재되어 있는 목적지 주소 또는 발신지 주소를 변경한다. 이 변경에 따라, PC C와 PC A로부터의 패킷을 수신할 수 있게 된다.▼

▼ 실제로는 ARP에 대한 대처도 필요한데, OpenFlow 1.0과 1.2 이후에서 가능한 것이 다르다는 점 등, 다소 까다로우므로 여기에서는 생략한다.

그림 1.15 동작 예 3

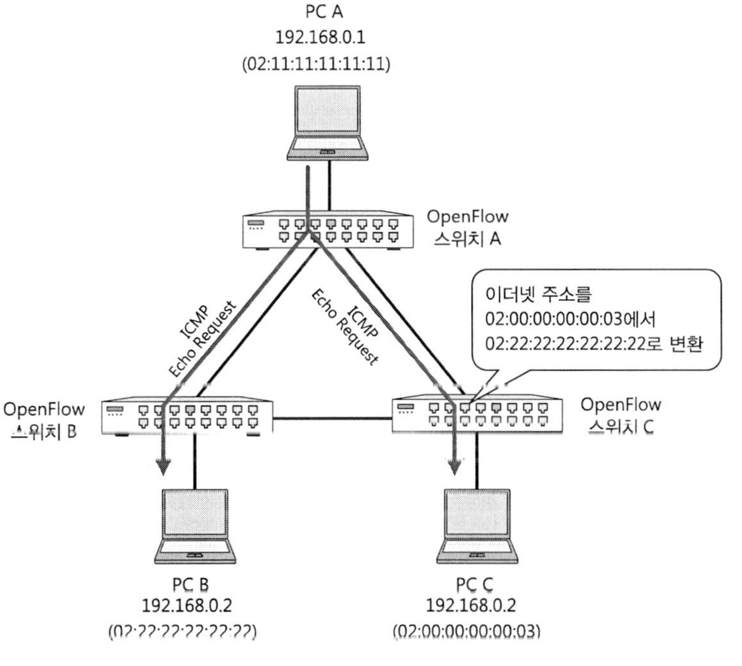

OpenFlow에 의한 패킷 변경 기능을 이용함으로써 가능하다.

1.5.4 그 외의 동작예

OpenFlow에 관하여 더욱 깊이 이해하기 위한 설정 예를 제4장에서도 소개한다. 제4장에는 OpenFlow가 아닌 통상의 L2 스위치와 동등한 기능을 OpenFlow에서 구현하는 방법을 고찰함으로써 OpenFlow에 관한 이해를 넓힌다는 목적이 있다.

그 외, 네트워크 토폴로지 검출기능을 구현하기 위한 LLDP를 OpenFlow에서 활용하는 방법을 제3장에서, 가상화 환경에 착목한 예를 제5장에서 각각 소개한다. 또한 제6장에서는 L3 이상에서의 OpenFlow 이용방법을 고찰한다.

1.6 변화를 거듭하는 OpenFlow 사양

OpenFlow는 이 책을 집필하고 있는 현재에도 발전하고 있는 프로토콜이라 할 수 있다. 집필 시점에서의 최신 사양은 1.3.2이지만 집필 중에도 OpenFlow 사양이 갱신되었다.

1.6.1 OpenFlow 1.0 이후 급격하게 변화하는 사양

OpenFlow 사양은, OpenFlow 1.0 책정 이후, 급격하게 갱신되고 있다. OpenFlow 사양 1.0이 책정된 것은 2009년 12월인데, 약 14개월 후 OpenFlow 사양 1.1이 책정되고 나서 OpenFlow 사양 1.3이 책정되기까지 서서히 기간이 짧아지고 있다.

- 2009년 12월 OpenFlow 1.0
- 2011년 2월 OpenFlow 1.1
- 2011년 12월 OpenFlow 1.2
- 2012년 6월 OpenFlow 1.3
- 2012년 9월 OpenFlow 1.3.1
- 2013년 4월 OpenFlow 1.3.2

버전 번호는 0.1씩 상승하지만, 1.0 이후 버전의 변경은 여러 가지 큰 변화를 내포하고 있다. 지나치게 급격히 사양이 변화하기도 하고, 일시적으로 유보적인 상태에 있던 하드웨어 벤더도 존재하므로, OpenFlow 1.0보다 새로운 사양이 하드웨어 벤더에서 릴리스되기까지 시간이 걸렸다. 2012년 3월 프라그페스트(11.1.2 항 참조)의 보고서[4]에는 [다수의 기업이 OpenFlow 1.1을 건너뛰고 OpenFlow 1.2를 검토하고 있다]는 내용도 있다. 그러나 그 3개월 후인 2012년 6월에 OpenFlow 1.3 사양이 표준화되었다.

1.6.2 OpenFlow 1.3 표준화 후

OpenFlow 1.3 표준화 후, ONF에서 OpenFlow 1.3을 인터오페라빌리티(상호 운용성: interoperability)를 확보할 버전으로 한다는 합의가 이루어졌다. 이 때문에 이 사양의 인터오페라빌리티를 충분히 확보할 수 있게 되기까지는 OpenFlow 1.3.X와 같은 버전업을 통해 완성도가 높은 것을 채택하기로 결정하였다. ONF에서 이러한 합의가 이루어졌으므로, 다수의 벤더는 OpenFlow 1.1과 1.2를 건너뛰고 OpenFlow 1.3을 구현하였다.▼

▼ Interop Tokyo 2013(2013년 6월)에서 OpenFlow 1.3.1 인터오페라빌리티 테스트가 성공하였고 2013년 내에 OpenFlow 1.3 대응 제품이 다양하게 등장할 것으로 생각된다.

1.6.3 이 책에서의 OpenFlow 1.1 이후의 버전 해설에 대하여

이 책에서는 제7장에서 OpenFlow 1.1을, 제8장에서 OpenFlow 1.2를, 제9장에서 OpenFlow 1.3을 각각 해설한다.

필자들은 OpenFlow 1.1과 1.2를 개별적으로 고려하는 편이 OpenFlow 사양의 변화에 관하여 전체를 이해하기 쉬울 것이라고 판단하였다.

OpenFlow 1.1과 1.2는 기간이 짧았던 점도 있고, 그다지 구현되지 않고 끝날 가능성이 높은 듯하다. 그러나 각각의 사양에 대한 지식을 파악해야만 전체적인 사양 변화를 파악할 수 있으므로 제7장과 제8장도 숙독해 주시기 바란다.

이 책에서에서는 SDN을 다루지 않는다!

OpenFlow의 사양을 책정하는 ONF는 OpenFlow 사양을 책정하는 동시에 보다 큰 구조인 SDN의 정의나 계몽에도 고심하고 있다. ONF는, OpenFlow는 SDN(Software-Defined Networking)의 기초적인 요소, SDN은 솔루션이라는 단어로 상정하고 있다.

이 책을 집필하는 현재, 세간에서는 SDN이 화제가 되고 있다. 그러나 무엇이 SDN이며 무엇이 SDN이 아닌지가 반드시 명확하다고는 할 수 없으며, 누구나가 SDN을 제창하여 다소 혼란스러운 인상도 있다. 이와 같은 상황 상, 본서는 OpenFlow 자체를 해설하는 서적이므로 SDN에 관해서는 기술하지 않는다.

제 2 장

OpenFlow 1.0의 시스템

제1장에서 OpenFlow의 개요를 설명하였다. 이 장에서는 OpenFlow 1.0의 사양을 좀더 깊게 살펴보기로 한다.

2.1 OpenFlow 1.0의 플로우 테이블과 플로우 엔트리

OpenFlow 1.0에서는, OpenFlow 스위치는 1개 이상의 플로우 테이블을 가진다. 그리고 각 플로우 테이블에는 복수의 플로우 엔트리가 포함된다.

우선 플로우 테이블이 1개인 경우를 생각해 보자.

그림 2.1과 같이 패킷이 OpenFlow 스위치에 도달할 때마다 각 패킷에 대해 최적의 플로우 엔트리가 플로우 테이블로부터 1개 선택되고, 그 기재된 내용이 패킷에 대해 적응된다.

그림 2.1

OpenFlow 1.0에서의 플로우 테이블 이용

플로우 테이블

	헤더필드	카운터	액션
플로우 엔트리 ①	Ingress Port : 1, Ethernet source address : xxxxxxxxxxxx, Ethernet destination address : xxxxxxxxxxxx, Ethernet type : xxxx, VLAN id : xxx, ...	Per Table : Active Entries [0], Packet Lookups [0], ... Per Flow : Received Packets [10], ...	Forward
플로우 엔트리 ②	In : gress Port : 2, ...	Per Table : Active Entries [0], ...	Drop
	... ...		...

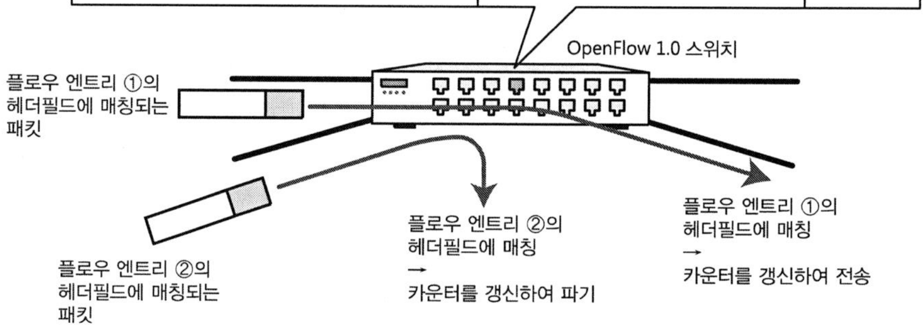

플로우 테이블에 포함되는 각 플로우 엔트리는 다음의 3개 기본 요소로 구성되어 있다.

- 헤더필드
- 카운터
- 액션

플로우 엔트리의 헤더필드는 어떠한 패킷이 플로우 엔트리에 매칭되는가를 기술한 것이다. 카운터는 매칭 횟수 등을 기록하며, 액션은 매칭된 패킷에 대한 조작

등이 기술된다.

예를 들어, 그림 2.1의 예에서 각 플로우 엔트리에 대한 액션은 아래와 같다.

* **플로우 엔트리 ①의 액션** : 다른 물리 포트로 전송하는 Forward
* **플로우 엔트리 ②의 액션** : 패킷의 Drop

이로 인해 ①의 플로우 엔트리의 헤더필드에 기술된 내용에 매칭되는 패킷은 대응하는 액션에서 지정된 물리 포트로 전송되고 ②의 플로우 엔트리의 헤더필드에 기술된 내용에 매칭되는 패킷은 대응하는 액션대로 파기된다.

각 플로우 엔트리의 카운터는 플로우 엔트리에 매칭되는 패킷을 처리할 때마다 갱신된다.

또한, 플로우 엔트리의 구성요소는 OpenFlow의 버전에 따라 다르다.▼

▼ OpenFlow 1.0에서는 헤더필드, 카운터, 액션 등 3요소이지만, OpenFlow 1.1에서는 매치 필드, 카운터, 인스트럭션으로 [헤더필드]가 매치필드로 이름이 바뀌고, [액션]이 보다 큰 구성인 [인스트럭션]으로 변경되었다(7.4절 참조). 이후 OpenFlow 1.3에서는 구성요소가 6개가 되었다(9.4.8항 참조).

2.1.1 복수(複數)의 플로우 테이블

OpenFlow 스위치는 여러 개의 플로우 테이블을 가질 수도 있다. 각 플로우 테이블에는 여러 개의 플로우 엔트리가 포함된다(그림 2.2).

그림 2.2
플로우 테이블과 플로우 엔트리

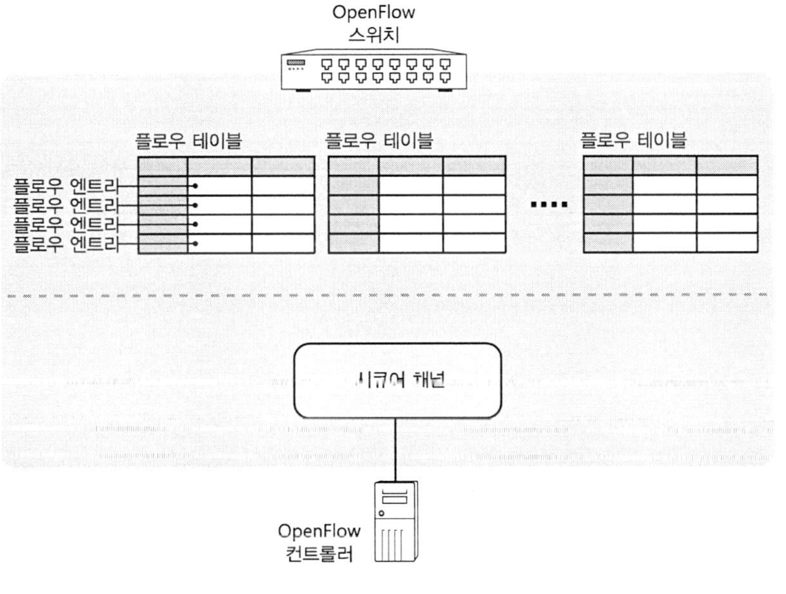

이처럼 복수의 플로우 테이블이 존재했더라도, OpenFlow 1.0에서는 매칭되는 플로우 엔트리는 1개뿐인 점에 주의할 필요가 있다(2.2.1항 참조). OpenFlow 1.1 이후는 플로우 테이블마다 플로우 엔트리와 매칭되도록 사양이 변경되었다(7.3절 참조).

2.2 플로우 엔트리

여기에서는 OpenFlow 1.0에서의 플로우 엔트리에 대하여 상세하게 소개하기로 한다. 단, 여기에서 소개하고 있는 플로우 엔트리 사양은 OpenFlow 1.0인 점에 주의한다. OpenFlow 1.1부터 1.3에 걸쳐 플로우 엔트리 사양은 변경되었다.

2.2.1 헤더필드

각 플로우 엔트리에는 어떠한 패킷이 매칭되는가를 기술한 [헤더필드]가 포함된다. OpenFlow 1.0에서는, 헤더필드에는 L1에서 L4까지의 각 레이어 정보를 포함할 수 있다.

OpenFlow 1.0 사양에서 정의되고 있는 헤더필드 요소를 표 2.1로 나타내었다. OpenFlow 1.0에서는 이 표에 게재되어 있지 않은 필드에 대해 패킷을 매칭시키는 것은 기본적으로 불가능하다.

표 2.1 OpenFlow 1.0의 헤더필드

내용	설명
Ingress port	입력 포트
Ethernet source address	이더넷 프레임의 발신지 이더넷 주소
Ethernet destination address	이더넷 프레임의 목적지 이더넷 주소
Ethernet type	이더넷 프레임의 타입 필드
VLAN id	VLAN 태그의 VID(VLAN ID)
VLAN Priority	802.1Q의 PCP(Priority Code Point)
IP source address	IPv4 헤더의 발신지 주소(넷 마스크 지정 가능)
IP destination address	IPv4 헤더의 목적지 주소(넷 마스크 지정 가능)
IP protocol	IPv4 헤더의 프로토콜 필드
ToS	IPv4 헤더의 ToS 필드
Transport source port/ICMP type	TCP나 UDP의 경우는 TCP/UDP 헤더의 발신지 포트번호. ICMP의 경우는 ICMP 헤더의 타입
Transport destination port/ICMP Code	TCP나 UDP의 경우는 TCP/UDP 헤더의 목적지 포트번호. ICMP의 경우는 ICMP 헤더의 코드

플로우 매칭

OpenFlow 1.0 사양에서는 플로우 매칭 시의 상태 전이는 그림 2.3처럼 규정되어 있다. 또한, OpenFlow 스위치로 STP(Spanning Tree Protocol) 기능이 유효해지며, 네트워크로부터 수신한 패킷이 STP를 실현하는 IEEE802.1 D인 경우에는, 플로우 매칭 작업은 실행되지 않고 STP로서 처리된다.▼

▼ OpenFlow 1.1 이후는 IEEE802.1 D 관련 기술이 사양서에 포함되어 있지 않으므로 주의가 필요하다.

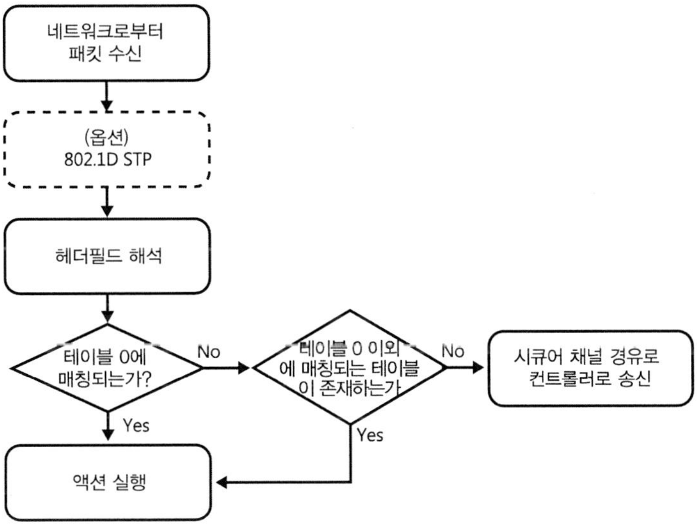

그림 2.3
OpenFlow 1.0에서의 플로우 매칭 상태 전이

그림 2.3에 나타낸 바와 같이 STP 처리 후 [헤더필드 해석](26페이지에서 상세하게 설명)이 실행되고 이를 기반으로 플로우 테이블과의 매칭이 실행된다. 플로우 테이블 내에 설정된 복수의 플로우 엔트리와 패킷이 매칭되는 경우, 우선도가 가장 높은 플로우 엔트리가 채용된다.

OpenFlow에서는 복수의 플로우 테이블을 가질 수 있으나, 매칭은 반드시 0번째 플로우 테이블부터 시작된다. 플로우 테이블 번호 0에서 패킷에 매칭되는 플로우 엔트리가 존재하지 않고 다른 플로우 테이블이 존재하는 경우, 다음 플로우 테이블에서의 매칭이 실행된다.▼

▼ 이런 경우 [다음 플로우 테이블]이 무엇인가에 대해서는 사양에서는 명확하게는 정의되지 않으며, OpenFlow 스위치 구현에 의존한다. 플로우 엔트리가 표시되는 테이블도 OpenFlow 스위치의 구현에 의존한다. OpenFlow 1.0의 Flow-Mod에는 테이블을 지정하는 기능이 존재하지 않으며, 어떤 테이블에 대해 플로우 엔트리를 표시할 것인가는 OpenFlow 스위치가 개별 판단하도록 되어 있기 때문이다.

OpenFlow 스위치가 지원하고 있는 폴로우 테이블의 개수는 시큐어 패널 확립 시의 Feature 메시지로 확인할 수 있다. 플로우 테이블이 0번 1개뿐인 OpenFlow 1.0 스위치도 있다.

OpenFlow 스위치에 설정된 어느 플로우 엔트리도 패킷이 매칭되지 않는 것은 [테이블 미스]로 불리며, 테이블 미스가 발생한 경우에는 Packet-In 메시지(2.4.6항 참조)를 이용하여 OpenFlow 컨트롤러로 패킷이 전송되거나 패킷이 파기된다.

▼ OpenFlow 1.2에서는 테이블 미스의 디폴트 설정은 Packet-In 메시지 발생이었으나 OpenFlow 1.3에서 패킷 파기로 사양이 변경되었다.

Packet-In이 발생할지 파기될지는 설정에 따라 결정된다.▼

그림 2.3의 플로우 매칭은 OpenFlow 1.0의 것이라는 것에 주의해야 한다. 플로우 매칭의 상태 전이는 OpenFlow 1.1과 OpenFlow 1.3에서 각각 개정되어 그림 2.3과는 다르다. 예를 들어, OpenFlow 1.1에서는 복수의 플로우 엔트리와의 매칭을 가능하게 하는 파이프라인 시스템이 도입되어 단일 플로우 엔트리만이 매칭되는 OpenFlow 1.0과는 다르다(7.3절 참조).

헤더필드의 해석

각 패킷의 해석에 대해서는 예를 들면 [IPv4 패킷이라면 이더넷 프레임의 이더넷 타입이 0x0800이 된다]고 하는 의존관계가 존재하는 경우가 있다. 그 때문에 OpenFlow 1.0에서는 그림 2.4와 같이 헤더필드의 해석이 패킷 종류에 의존하여 실행되는 것을 규정하고 있다.

그림 2.4
OpenFlow 1.0에서의 헤더필드 해석

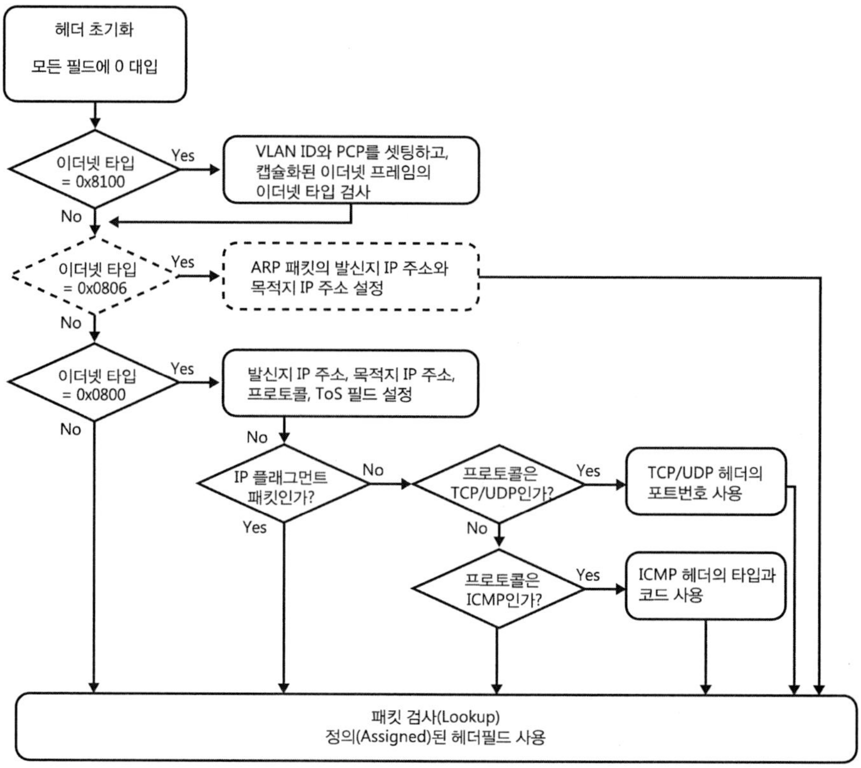

OpenFlow 1.0에서 규정되어 있는 헤더필드 해석은 다음과 같은 우선순위로 실행된다.

1. 우선 이더넷 프레임 타입(이 경우는 Tag Protocol Identifier[5])가 0x8100인가를 확인하여 맞으면 VLAN ID와 PCP를 기억하는 상태로 캡슐화 된 다음 이더넷 프레임의 헤더를 해석한다.
2. 그 다음 동작으로써, 이더넷 타입이 ARP라면 발신지와 목적지 IPv4 주소나 OP 코드 등을 기록한다. 단, ARP에 대한 대응은 필수가 아니라 옵션이다.
3. 이더넷 타입이 0x0800인 IPv4 패킷은 IPv4 헤더에 포함되는 필드도 검색 대상이 된다.
4. 이더넷 타입이 0x0800이며 또한 프래그먼트 오프셋이 0이 아닌 값이거나 More Fragment 피트가 1인 경우, 트랜스포트 프로토콜의 포트번호는 0이 된다(IP 프래그먼트 처리에 관해서는 2.4.4항과 10.7절을 참조).
5. 이더넷 타입이 0x0800이며 또한 IPv4 헤더의 프로토콜 필드가 TCP(6) 또는 UDP(17)인 경우, 그 포트번호도 검색 대상이 된다.
6. 이더넷 타입이 0x0800이고, IPv4 헤더의 프로토콜 필드가 ICMP(1)인 경우, ICMP 타입과 ICMP코드의 필드도 검색 대상이 된다.

해석된 패킷이 OpenFlow 스위치의 플로우 엔트리에 매칭된 경우, 기재된 액션이 실행된다. OpenFlow 1.0에서는 복수의 플로우 엔트리에 매칭될 가능성이 있더라도 최종적으로 매칭되는 플로우 엔트리는 1개뿐이다. 복수의 플로우 엔트리에 매칭될 가능성이 있는 경우에는 각 플로우 엔트리의 우선도가 고려된다. 우선도가 같은 경우의 동작은 구현 의존이 된다.

또한, 헤더필드의 해석 사양은 OpenFlow 1.1에서 개정(7.3.1항 참조)되고 OpenFlow 1.2에서 폐지(8.2.2항 참조)되었다.

2.2.2 카운터

플로우 테이블은 처리한 패킷 수 등의 정보를 기억하기 위한 카운터를 포함한다. OpenFlow 1.0에서는 다음의 4종류가 있다.

- 플로우 테이블마다 Per Table 카운터
- 물리 포트마다 Per Port 카운터
- 플로우 엔트리마다 Per Flow 카운터
- Queue(2.3.3항 참조)마다 Per Queue 카운터

표 2.2부터 2.5에 각각의 카운터가 보유한 정보를 정리하였다.

표 2.2
Per Table 카운터

내용	비트 수
Active Entries	32
Packet Lookups	64
Packet Matches	64

표 2.3
Per Flow 카운터

내용	비트 수
Received Packets	64
Received Bytes	64
Duration (msec)	32
Duration (usec)	32

표 2.4
Per Queue 카운터

내용	비트 수
Transmit Packets	64
Transmit Bytes	64
Transmit Overrun Errors	64

표 2.5
Per Port 카운터

내용	비트 수
Received Packets	64
Transmitted Packets	64
Received Bytes	64
Transmitted Bytes	64
Receive Drops	64
Transmit Drops	64
Receive Errors	64
Transmit Errors	64
Receive Frame Alignment Errors	64
Receive Overrun Errors	64
Receive CRC Errors	64
Collisions	64

2.2.3 액션

각 플로우 엔트리에는 0개 이상의 액션을 지정할 수 있다. 플로우 엔트리에 매칭된 패킷에 대해서는 플로우 엔트리에 지정되어 있는 액션이 실행된다. 패킷이 전송되는 액션이 1개도 없는 경우 패킷은 파기된다. 패킷에 대한 액션은 플로우 엔트리에 설정되어 있는 순서대로 실행된다.

액션의 구체적 내용은 다음 절에서 설명한다.

2.3 액션

▼ 헤더 확장용 vendor 액션을 포함하면 5종류가 된다.

OpenFlow 1.0에서는 다음 4종류의 액션이 정의되어 있다.▼

- Forward
- Drop
- Enqueue(Optional)
- Modify-Field(Optional)

패킷 전송을 실행하는 Forward 액션과 패킷을 파기하는 Drop 액션은 필수이다. Queue로의 전송을 실행하는 Enqueue 액션은 옵션이다. 패킷의 내용을 다시 쓰기 하는 Modify-Field 액션도 옵션이지만 OpenFlow의 매우 큰 특징이므로 사실상 필수에 가깝게 취급한다.

▼ OpenFlow 1.1 이후 Forward 액션은 Out-put 액션으로 이름을 바꾸었다. 상세한 내용은 제7장을 참조한다.

2.3.1 Forward 액션

Forward 액션▼에도 복수의 동작이 있다. OpenFlow 1.0의 Forward 액션 일람을 표 2.6에 나타내었다.

표 2.6 Forward 액션

액션명	Required/Optional	설명
–	Required	Forward의 기본 기능. 패킷을 지정된 포트로 송신한다.
ALL	Required	수신한 물리 포트 이외의 모든 물리 포트에 패킷을 송출한다.
CONTROLLER	Required	OpenFlow 패킷에 캡슐화하여 컨트롤러로 송출한다.
LOCAL	Required	스위치 자신의 네트워크 처리 프로세스로 패킷을 내보낸다(OpmoFlow 1.1 이후, LOCAL을 이용하여 In-band 컨트롤러 컨넥션을 구축할 수 있음이 명기되어 있다).
TABLE	Required	플로우 테이블에 등록되어 있는 액션에 따른다(Packet-Out 메시지만으로 이용된다).
IN_PORT	Required	패킷 입력 포트로 패킷을 송출한다.
NORMAL	Optional	종래의 L2/L3 스택(stack) 동작에 따라 스위치 동작을 실행한다.
FLOOD	Optional	패킷을 수신한 물리 포트를 포함하지 않는, minimum spanning tree(최소신장트리)를 따라 패킷을 송신한다.

▼ OpenFlow 1.1에서 포트 번호의 필드가 16비트에서 32피트로 바뀌었으므로 표 2.7의 값도 OpenFlow 1.1에서 변경된다(7.6.1항 참조).

OpenFlow 사양서에는 Forward 액션을 나타내는 액션의 종류는 OFPAT_OUTPUT으로 기재되어 있다(표 2.18 참조). 또한 All, CONTROLLER, TABLE, NORMAL, IN-PORT, FLOODSMS, 출력지를 표시하는 가상 포트로써 표 2.7의 16비트 값이 할당되어 있다.▼

표 2.7 Forward 액션의 가상 포트 일람

가상 포트(enum에 의한 선언)	값(16비트)
OFPP_IN_PORT	0xfff8
OFPP_TABLE	0xfff9
OFPP_NORMAL	0xfffa
OFPP_FLOOD	0xfffb
OFPP_ALL	0xfffc
OFPP_CONTROLLER	0xfffd
OFPP_LOCAL	0xfffe
OFPP_NONE	0xffff

기본적으로 Forward 액션은, [지정된 포트로 패킷을 송신]하는 것으로 표현된다. OpenFlow 1.0에서는 포트번호를 나타내는 식별자는 16피트로 표현되고, 물리 포트와 가상 포트 모두가 그 필드에서 표현된다.

예를 들어, 물리 포트 1에 패킷을 Forward하는 액션, 입력 포트 이외의 모든 물리 포트로 Forward하는 액션(표 2.6의 ALL), OpenFlow 컨트롤러로 Forward 하는 액션(표 2.6의 CONTROLLER)은 각각 다음과 같이 표시된다.

- 물리 포트 1의 경우: Forward 1
- ALL의 경우: Forward 0xfffc(표 2.7의 OFPP_ALL)
- CONTROLLER의 경우: Forward 0xfffd(표 2.7의 OFPP_CONTROLLER)

표 2.7 가상 포트의 정의에 따라, OpenFlow 스위치가 이용할 수 있는 물리 포트번호의 상한이 OFPP_MAX(0xff00)로 정의되어 있다. 따라서 1대의 OpenFlow 스위치가 탑재할 수 있는 물리 포트의 수는 OpenFlow의 사양 상으로는 65280개가 된다(물리 포트의 시작 번호는 1이다).

2.3.2 Drop 액션

OpenFlow 사양에서는 입력 패킷을 파기하는 Drop 액션이 필수 액션으로 정의되어 있다.

주의해야 할 점은 OpenFlow 사양에서 정의되고 있는 다른 3종류의 액션과는 달리 OpenFlow 프로토콜에서 [Drop 액션] 이라는 종류의 액션이 명시적으로 교환되지 않는 점이다. Forward 액션이 지정되지 않은 플로우 엔트리에 매칭되는 패킷이 파기되는 것은 Drop 액션뿐이다.

Drop 액션이 명시적으로 존재하지 않는 이유는 그것을 추가함으로써 액션이 복잡해질 우려가 있기 때문이라고 생각된다. 초기 논쟁에서는 예를 들어 OpenFlow 사양을 논하는 메일링 리스트에서의 의견 교환[6]을 생각할 수 있다. 이 논쟁에서는 ① 액션의 순서에 관한 규정이 존재하지 않으나 Drop 액션을 명시적으로 표시하면 순서를 규정할 필요가 발생함 ② Output 액션 사이에 Drop 액션이 지정되어 있다는 불확정적인 조건에 어떻게 대응할 것인가, 하는 지적이 일고 있다.

또한, 포트 설정상 STP용 패킷을 파기하거나 IP 프래그먼트를 파기하는 등 Drop 액션과는 독립하여 특정 종류 패킷을 명시적으로 파기하는 사양은 OpenFlow 사양으로 존재한다.

2.3.3 Enqueue 액션 (Optional)

OpenFlow에서는 QoS 등을 실현하기 위한 Queue 지원도 존재한다. 복수의 Queue를 1개의 물리 포트에 어태치할 수도 있다. 각 Queue에 대해 QoS 설정 자체를 실행하는 방법은 OpenFlow 사양의 범주를 벗어난다.

기존의 설정 완료 Queue에 대해 패킷을 포워드하기 위한 시스템이 Enqueue 액션이다. Enqueue는 이름 그대로 Queue가 실현하는 대기 행렬 마지막에 패킷을 추가한다.

그림 2.5
Enqueue 액션

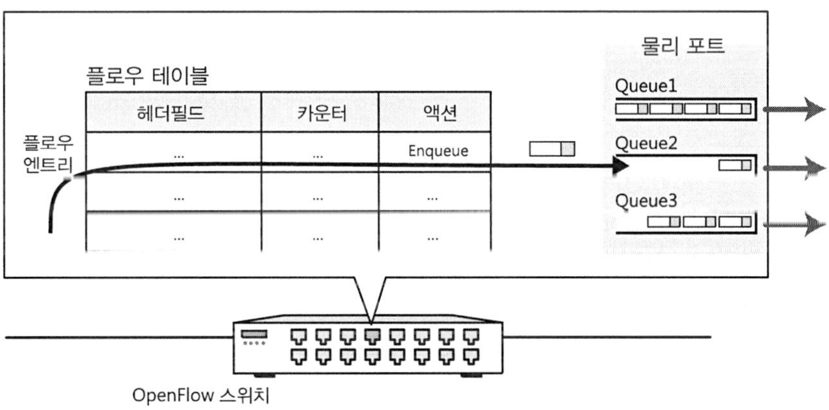

Enqueue 액션은 필수가 아니며, 이 책의 집필 시점에서는 OpenFlow 1.0 기기에 Enqueue 액션을 구현하지 않은 벤더도 많이 존재한다.

Enqueue 액션은 OpenFlow 1.1부터 [Set-Queue 액션]으로 이름이 변경되었다.

2.3.4 Modify-Field 액션 (Optional)

Modify-Field 액션은 OpenFlow 사양 상 옵션으로 설정되어 필수는 아니지만 OpenFlow의 매우 중요한 특징이므로 구현할 것을 강하게 권장하고 있다.

OpenFlow 1.0 사양에서 정의되어 있는 Modify-Field 액션 일람을 2.8에 나타내었다.

표 2.8
Modify-Field 액션

액션명	데이터 길이 (비트)	액션 내용
Set VLAN ID	12	VLAN ID가 존재하는 경우에는 지정된 VLAN ID로 덮어쓰기 한다. VLAN ID가 존재하지 않는 경우는 새로 우선순위를 0으로 하여 추가한다.
Set VLAN priority	3	VLAN ID가 존재하는 경우에는 지정된 값으로 우선도를 덮어쓰기 한다. VLAN ID가 존재하지 않는 경우는 새로 VLAN ID를 지정된 우선도 값으로 추가한다.
Strip VLAN header	–	VLAN 헤더가 존재하는 경우에 삭제한다.
Modify Ethernet source MAC address	48	이더넷의 발신지 이더넷 주소를 새 값으로 덮어쓰기 한다.
Modify Ethernet destination MAC address	48	이더넷의 목적지 이더넷 주소를 새 값으로 덮어쓰기 한다.
Modify IPv4 source address	32	IP의 발신지 IP 주소를 새 값으로 덮어쓰기 하고 필요하면 IPv4 헤더에 포함되는 검사합(Checksum)도 수정한다. 필요에 따라 TCP나 UDP 헤더의 검사합도 수정한다.
Modify IPv4 destination address	32	IP의 목적지 IP 주소를 새 값으로 덮어쓰기 하고 필요하면 IPv4 헤더에 포함되는 검사합도 수정한다. 필요에 따라 TCP나 UDP 헤더의 검사합도 수정한다.
Modify IPv4 ToS bits	6	IP의 ToS 필드를 새 값으로 덮어쓰기 한다. IPv4 헤더의 ToS 필드 전체인 8비트가 아니라 상위 6비트만 새 값으로 덮어쓰기 하는 것에 주의한다.
Modify transport source port	16	TCP/UDP의 송신원 포트번호를 덮어쓰기 하고 필요하면 TCP/UDP 헤더의 검사합도 수정한다.
Modify transport destination port	16	TCP/UDP의 목적지 포트번호를 덮어쓰기 하고 필요하면 TCP/UDP 헤더의 검사합도 수정한다.

주의해야 할 것은 OpenFlow 1.0에서는 표 2.8 이외의 Modify-Field 액션을 실행할 수 없다는 점이다. 예를 들어, IPv4 헤더에 포함된 TTL 값을 변경하는 사양은 OpenFlow 1.1에서 추가되었으므로, OpenFlow 1.0에서는 실행할 수 없다.

Modify-Field 액션은 OpenFlow 1.1부터 [Set-Field 액션]으로 이름이 변경되었다.

■ ToS 필드에 대하여

OpenFlow 1.0이 대응하는 것은 ToS 필드에 포함되는 상위 6비트만이다. IPv4 헤더 안의 ToS 필드 전체를 다룰 수는 없다.

DiffServ[7]이라는 QoS계 프로토콜이 IETF에서 논의되고 있을 때 IPv4 헤더의 ToS를 [DS 바이트]로 명칭을 변경하려는 움직임이 있었으나, 최종적으로는 ToS라는 이름이 남게 되었다.

RFC 2474[7]에서 IPv4의 ToS 및 IPv6[8]의 Traffic Class라는 명칭을 DS 필드로 변경한다고 되어 있으나, RFC[9]에서 [DS Field는 ToS 옥텟의 상위 6피트로 한다]라고 정정되었다.

ToS 필드의 하위 2비트는 ECN용으로 할당되어 있으나, OpenFlow 1.1에는 이 비트에 대응하기 위한 ECN(Explicit Congestion Notification) 대응도 수록되어 있다(7.8.4항 참조).

IPv4 헤더에 포함되어 있는 ToS 필드에 대응하는 IPv6 헤더필드는 Traffic Class인데, Traffic Class는 OpenFlow 1.2부터 대응할 수 있게 되어 있다.

■ CoS(Class of Service)

QoS를 실현하기 위해, ToS와 함께 이용되는 것이 CoS이다. ToS는 IPv4 헤더에 포함되는데, CoS는 IEEE 802.1Q에서 규정된 L2 태그에 포함된 우선 비트를 다루는 사양을 나타내는 경우가 있다. IEEE802.1P로 표준화되어 있다.

OpenFlow 1.0에서는 SeT VLAN ID가 CoS에 해당한다.

IEEE802.1P가 아니라 Cisico System사(社)가 독자적으로 정의하고 있는 ISL 방식(Inter Switch Link)에서의 CoS는 이 책의 집필 시점에서는 OpenFlow에서 지원되지 않는다.

2.4 컨트롤러와 스위치 간의 메시지

OpenFlow 컨트롤러와 OpenFlow 스위치 사이에서 교환되는 메시지 개요를 소개한다.

2.4.1 시큐어 채널의 확립

OpenFlow 스위치는 OpenFlow 컨트롤러에 대해 시큐어 채널로의 컨넥션을 확장한다. 시큐어 채널은 컨트롤 플레인용 네트워크를 통해 확장되며, OpenFlow 스위치에서 플로우 엔트리에 의한 영향을 받지 않는다.

시큐어 채널은 OpenFlow 사양에서는 TLS로 실현된다. OpenFlow 스위치와 OpenFlow 컨트롤러는 서버 증명서와 클라이언트 증명서를 이용하여 인증한다. 접속지와 접속원의 확인, 그리고 그 증명서의 타당성을 확인하는 것은 구현상에 의존한다.

단, TCP 평문으로 OpenFlow 컨트롤러와 OpenFlow 스위치간의 컨넥션이 확립되는 경우도 있다. 사양에서는 OpenFlow 1.1부터 이 평문접속이 추가된 형태로 되어 있다(7.8.5항 참조). 그러나 운용상으로, OpenFlow 1.0 시대부터 이러한 평문접속으로 시큐어 채널을 실현하는 구현 예가 다수 존재하고 있었다. 시큐어 채널을 위한 TCP 포트번호는 디폴트로 6633번이 이용된다.

컨넥션을 확립하기 위해 필요한 OpenFlow 컨트롤러의 IP 주소나 TCP 포트번호는 OpenFlow 스위치에 대해 사전에 설정될 필요가 있다. 사양서에는 앞으로 OpenFlow 스위치가 OpenFlow 컨트롤러를 자동적으로 발견할 수 있게 하는 시스템을 강구한다고 쓰여 있으나 이 책의 집필 시점에서 이 방법은 정의되지 않았다.

2.4.2 메시지 포맷

시큐어 채널 내에서 교환되는 OpenFlow 메시지의 포맷에 대한 기본적인 내용을 해설한다. OpenFlow 메시지의 얼라이먼트(Alignment)는 64 비트(8옥텟)로 설정되어 있다.

OpenFlow 헤더

모든 OpenFlow 메시지는 OpenFlow 헤더에서 시작된다. 그림 2.6에 OpenFlow 헤더 포맷을 나타내었다. 표 2.9에 각 필드의 내용을, 그리고 표 2.10에 OpenFlow 헤더의 type 필드에 지정할 OpenFlow 메시지 타입을 정리하였다.

그림 2.6
OpenFlow 헤더

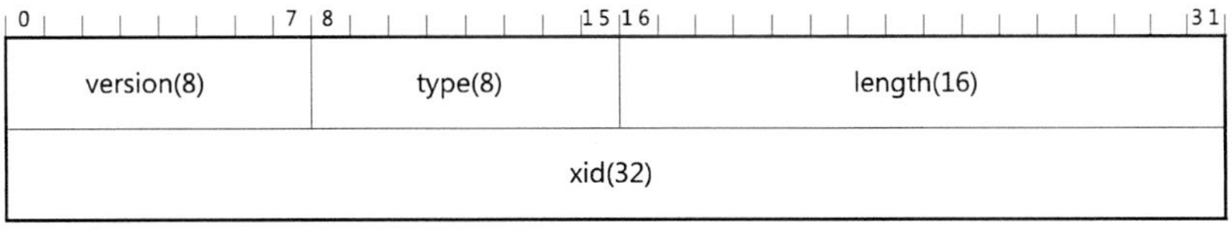

표 2.9
OpenFlow 헤더 필드

필드	비트 수	내용
version	8	OpenFlow 프로토콜 버전. OpenFlow 1.0은 0x01. OpenFlow 1.1, 1.2, 1.3은 각각0x02, 0x03, 0x04가 된다.
type	8	메시지 타입(표 2.10 참조)
length	16	이 헤더를 포함한 옥텟의 수
xid	32	이 패킷에 할당된 트랜잭션(Transaction) ID. 요구에 대한 응답이 동일 ID를 사용함으로써 페어링(pairing)을 용이하게 한다.

표 2.10
OpenFlow 헤더에서 이용되는 OpenFlow 메시지 타입

타입	값	이름
OFPT_HELLO	0	Hello 메시지(2.4.3항)
OFPT_ERROR	1	Error 메시지(2.4.10항)
OFPT_ECHO_REQUEST	2	Echo 요구 메시지(2.4.12항)
OFPT_ECHO_REPLY	3	Echo 응답 메시지(2.4.12항)
OFPT_VENDOR	4	Vendor 메시지
OFPT_FEATURES_REQUEST	5	Features 요구 메시지(2.4.4항)
OFPT_FEATURES_REPLY	6	Features 응답 메시지(2.4.4항)
OFPT_GET_CONFIG_REQUEST	7	GET_CONFIG 요구 메시지
OFPT_GET_CONFIG_REPLY	8	GET_CONFIG 응답 메시지
OFPT_SET_CONFIG	9	SET_CONFIG 메시지
OFPT_PACKET_IN	10	Packet-In 메시지(2.4.6항)
OFPT_FLOW_REMOVED	11	Flow-Removed 메시지(2.4.9항)
OFPT_PORT_STATUS	12	Port-Status 메시지(2.4.8항)
OFPT_PACKET_OUT	13	Packet Out 메시지(2.4.7항)
OFPT_FLOW_MOD	14	Flow-Mod 메시지(2.4.5항)
OFPT_PORT_MOD	15	PORT_MOD 메시지
OFPT_STATS_REQUEST	16	STATS 요구 메시지
OFPT_STATS_REPLY	17	STATS 응답 메시지
OFPT_BARRIER_REQUEST	18	Barrier 요구 메시지(2.4.11항)
OFPT_BARRIER_REPLY	19	Barrier 응답 메시지(2.4.11항)
OFPT_QUEUE_GET_CONFIG_REQUEST	20	QUEUE_GET_CONFIG 요구 메시지
OFPT_QUEUE_GET_CONFIG_REPLY	21	QUEUE_GET_CONFIG 응답 메시지

2.4.3 시큐어 채널의 확립 및 초기 설정

OpenFlow 컨트롤러와 OpenFlow 스위치 사이에 확장된 시큐어 채널의 확립과 초기 설정에 대하여 해설한다. 시큐어 채널은 다음과 같은 순서로 실행된다.

- OpenFlow 스위치에서 OpenFlow 컨트롤러에 대해 암호화되지 않는 TCP 접속 또는 TLS 컨넥션이 확장된다(2.4.1항 참조).
- 시큐어 채널에서 이용하는 OpenFlow 버전의 결정
- 핸드셰이크
- 그 외 필요한 설정 등의 교환(임의)

이하, 각각을 구체적으로 소개한다.

시큐어 채널에서 이용하는 OpenFlow 버전의 결정

시큐어 채널 확립 후에 이 시큐어 채널을 이용하여 교환하는 OpenFlow 프로토콜의 버전을 결정한다. 시큐어 채널 확립 후의 초기 동작을 그림 2.7에 나타내었다.

그림 2.7
시큐어 채널의 확립

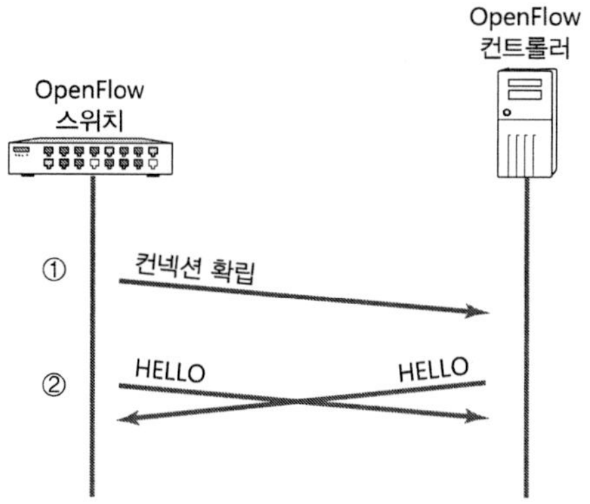

시큐어 채널 확립 후, 이용할 버전을 결정하기 위해 OpenFlow 스위치와 OpenFlow 컨트롤러가 동시에 Hello 메시지를 송신한다. Hello 메시지는 그림 2.8과 같이 OpenFlow 헤더만으로 구성되어 있다.

그림 2.8
Hello 메시지

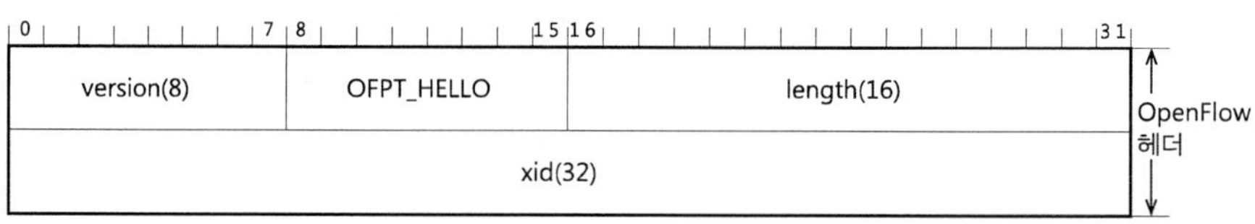

※ ( )안은 비트 수

송신되는 Hello 메시지에는 각자 대응하고 있는 가장 큰 버전 번호가 기재되어 있으며, 그 정보를 기초로 시큐어 채널에서 이용되는 버전 번호가 결정된다. 구체적으로는 양자가 송신한 버전 번호 중 작은 쪽이 이용된다.

이용하는 OpenFlow 버전에 관한 합의가 형성되지 않은 경우, OFPET HELLO _FAILED를 포함하는 Erroe 메시지를 보낼 필요가 있다(Error 메시지는 2.4.10항 참조).

2.4.4 핸드셰이크

Hello 메시지의 교환으로 시큐어 채널 확립이 완료되는데, 그 다음에 OpenFlow 컨트롤러와 OpenFlow 스위치의 핸드셰이크가 실행된다. OpenFlow 컨트롤러는 핸드셰이크에 의해 OpenFlow 스위치에 관한 정보를 파악한 후, OpenFlow 스위치를 제어할 수 있게 한다. 이 핸드셰이크까지가 시큐어 채널 확립 후의 초기설정이 된다.

그림 2.9
핸드셰이크

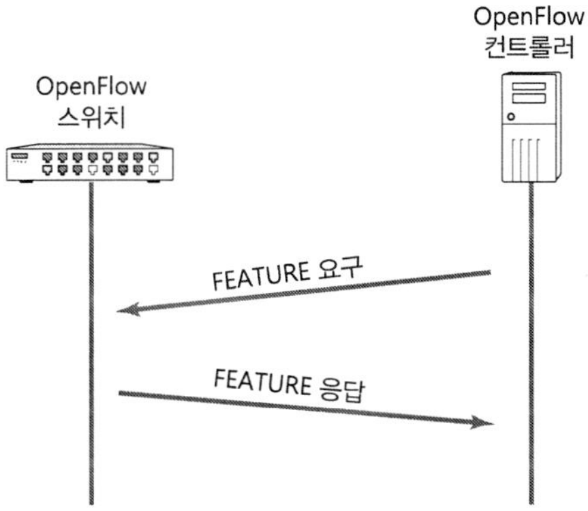

핸드셰이크는 OpenFlow 컨트롤러로부터 OpenFlow 스위치의 기능을 문의하는 Features 요구 메시지가 송신되고 OpenFlow 스위치가 Features 응답 메시지를 되돌려 보냄으로써 실행된다. 그림 2.10과 같이 Features 요구 메시지는 Hello 메시지와 마찬가지로 OpenFlow 헤더만으로 구성되어 있다.

그림 2.10
Features 요구 메시지

0–7	8–15	16–31	
version(8)	OFPT_FEATURES_REQUEST	length(16)	OpenFlow 헤더
xid(32)			

※ ( )안은 비트 수

OpenFlow 스위치는 OpenFlow 컨트롤러로부터 Features 요구 메시지를 받으면 Features 응답 메시지를 되돌려 보낸다. Features 응답 메시지는 그림 2.11과 같은 포맷이다.

그림 2.11
Features 응답 메시지

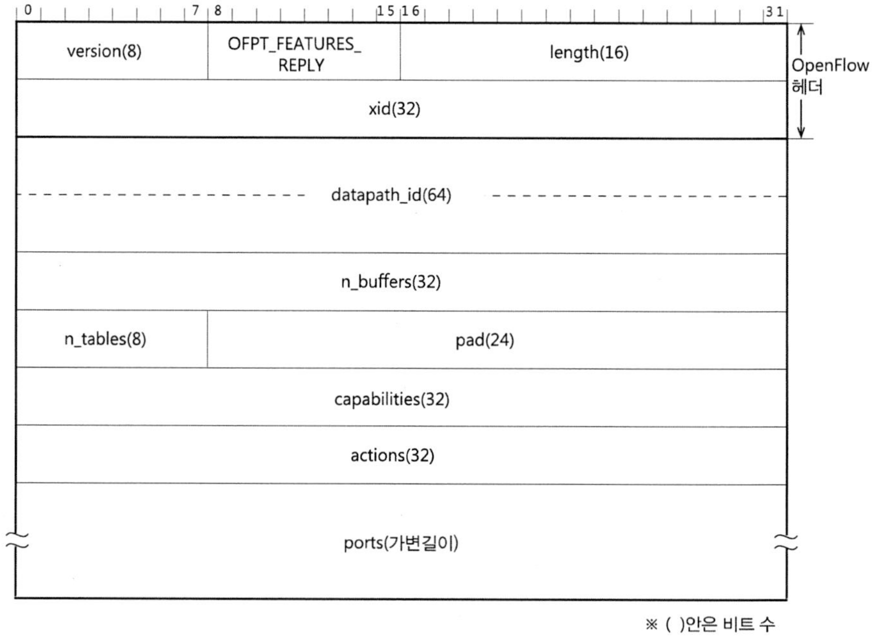

Features 응답 메시지에 포함되는 각 필드의 내용을 표 2.11에 나타내었다. 표 2.11에서 알 수 있듯이, Features 응답 메시지는 OpenFlow 스위치에 관한 기본적인 정보를 OpenFlow 컨트롤러에 제공한다. OpenFlow 컨트롤러는 OpenFlow 스위치가 지원하고 있는 액션, 전송 용량 등의 정보, 어떠한 물리 포트가 존재하고 있는가 등을 알 수 있다.

표 2.11
Features 응답 메시지

필드	비트 수	내용
datapath_id	64	OpenFlow에서는 각 OpenFlow 스위치를 [datapath]라 부른다. datapath_id 필드는 datapath를 유니크하게 식별하기 위한 ID이다.
n_buffers	32	한 번에 버퍼링할 수 있는 패킷 수의 최대값
n_buffers	8	datapath에서 지원되고 있는 테이블의 수
pad	24	64비트 얼라이먼트를 위한 패딩

표 2.11
Features 응답 메시지

필드	비트 수	내용
capabilities	32	지원하고 있는 케이퍼빌리티(Capability). 플래그 값이 ofp_capabilities로써 enum으로 정의되어 있다(ofp_capabilities의 상세한 내용은 생략한다. OpenFlow 1.0 사양서 참조).
actions	32	지원하고 있는 액션. 플래그 값은 ofp_action_type의 값만큼 왼쪽으로 비트 시프트한 것
ports	가변장	ofp_phy_port 구조체의 배열. ofp_phy_port 개수는 Features 응답 메시지의 OpenFlow 헤더에 기재된 length 필드부터 역산한다. 각 ofp_phy_port 구조체는 48옥텟. ofp_phy_port 구조체에 관해서는 그림 2.12 참조

OpenFlow 스위치의 물리 포트 정보는 그림 2.12에 나타낸 ofp_phy_port 구조체로 표현된다(OpenFlow 1.1부터는 가상 포트도 포함하여 표현되는 ofp_phy_port 구조체로 바뀌었다. OpenFlow 1.3에서는 Features 응답 메시지에서 포트 정보가 삭제되어 있다. 9.4.7항 참조).

그림 2.12
ofp_phy_port 구조체

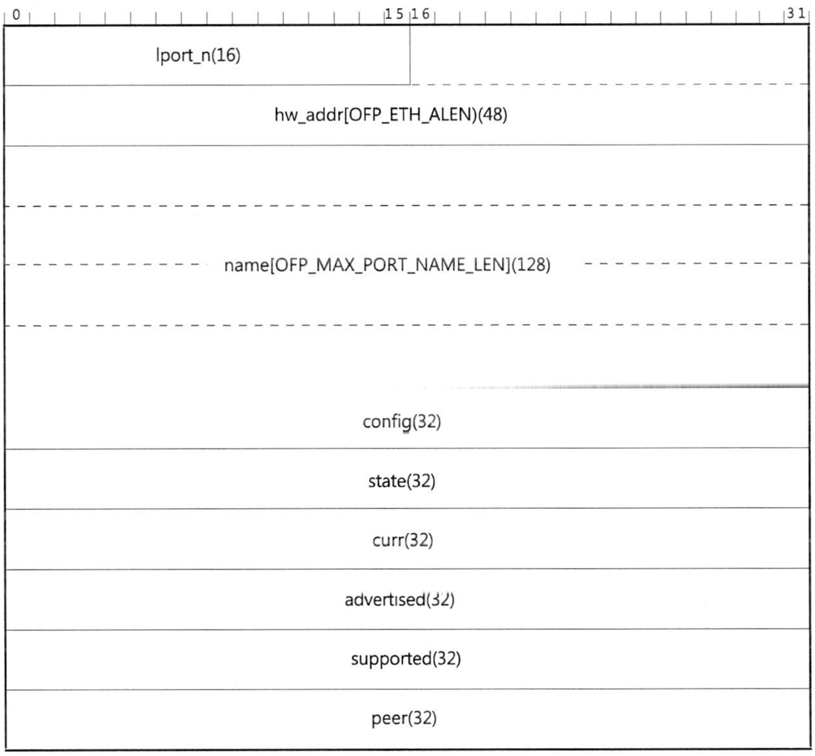

※ ( )안은 비트 수

ofp_phy_port 구조체의 각 필드는 표 2.12와 같다.

표 2.12
ofp_phy_port 구조체의 필드

필드	비트 수	내용
port_no	16	물리 포트번호
hw_addr	48	일반적인 이용에서는 물리 포트의 이더넷 주소가 들어간다.
name	128	인터페이스 이름이 사람에게 해독가능한 문자열로 표현된다. null로 인해 문자열이 끊어진다.
config	32	포트 설정을 나타내는 비트맵이 설정된다. 포트 down이나 패킷 파기 등이 있다(OpenFlow 1.0에서는 STP(802.1D) 관련 항목도 있지만, OpenFlow 1.1에서는 삭제되었다).
state	32	링크다운 등의 스테이트 정보를 나타낸 비트맵(OpenFlow 1.0에는 STP 관련 스테이트 정보도 포함되지만, Open-Flow 1.1에서는 삭제되었다)
curr	32	Current Features. 현재의 기능을 나타내는 비트맵
advertised	32	Advertised Features. 포트가 홍보하는 기능을 나타내는 비트맵
supported	32	Supported Features. 포트가 지원하고 있는 기능을 나타내는 비트맵
peer	32	Peer Features. 접속 상대가 홍보하고 있는 기능을 나타내는 비트맵

SET_CONFIG, GET_CONFIG 요구 메시지

핸드셰이크 후에 실행되어야 한다는 규정은 없으나, OpenFlow 컨트롤러가 OpenFlow 스위치에 대해 설정 정보를 송신하는 SET_CONFIG 메시지가 송신되거나 OpenFlow 스위치의 설정 상태를 묻는 GET_CONFIG 요구가 송신되는 경우도 있다.

SET_CONFIG 메시지는 그림 2.13과 같은 구조이며, OpenFlow 스위치에서의 IP 프래그먼트 처리방법을 지정하는 flags(표 2.13)과 테이블 미스나 Packet-In 메시지에서 패킷이 송신될 때의 바이트 수를 나타내는 miss_send_len 2개의 설정 정보를 송신할 수 있다. SET_CONFIG 메시지에 대한 응답은 실행되지 않는다.

그림 2.13
SET_CONFIG 메시지

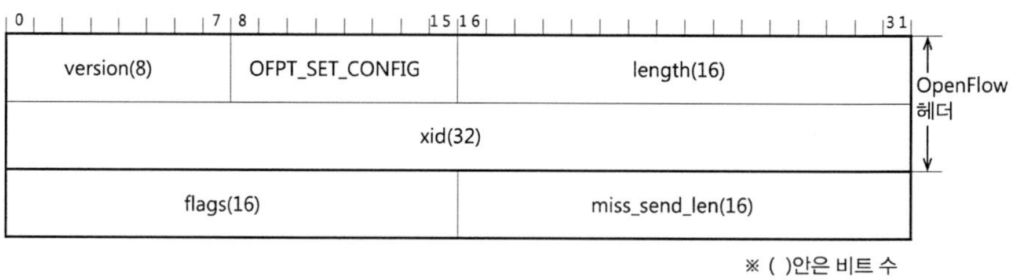

표 2.13
SET_CONFIG 메시지의 플래그

플래그	값	내용
0	OFPC_FRAG_NORMAL	프래그먼트에 관하여 특별한 처리를 하지 않는다. 플로우 엔트리에 따라 처리된다.
1	OFPC_FRAG_DROP	IP 프래그먼트를 파기한다.
2	OFPC_FRAG_REASM	IP 프래그먼트를 리어셈블(reassemble)한다(단, Features 요구 메시지로 취득한 케이퍼빌리티의 OFPC_IP_REASM이 셋팅되어 있을 때만).
3	OFPC_FRAG_MASK	OpenFlow 사양 1.0부터 1.3 모두에 기재되어 있으나, 일체 설명되지 않았다. 아마도 flags 안의 IP 프래그먼트 처리부분을 마스크하기 위한 것으로 추측된다.

OpenFlow 컨트롤러로부터의 GET_CONFIG 요구는 OpenFlow 헤더만의 메시지이다. 그 대답으로 OpenFlow 스위치로부터 OpenFlow 컨트롤러로 송신되는 GET_CONFIG 응답은 SET_CONFIG과 동일 구조에서 스위치 설정값이 반송된다.

또한 여담이지만 OpenFlow 1.2 이후부터 IPv6에 관련된 사양이 포함되어 있는데, SET_CONFIG의 구조는 변화하지 않았으므로, 이 시스템을 그대로 이용하여 IPv4와 IPv6 각각의 IP 프래그먼트 처리는 불가능할 것으로 보여진다(IPv6의 IP 프래그먼트는 확장 헤더를 이용한 것이다. IPv4와 IPv6는 IP 프래그먼트 자체의 구조가 다르므로 주의해야 한다).

그 외, 초기 설정시에 교환되는 메시지

핸드셰이크 후에 시큐어 채널에서 교환되는 메시지에 관해서는 사양에서 명기하고 있지 않지만, OpenFlow 스위치의 상태를 파악하기 위한 STATS 요구나 QUEUE_GET_CONFIGC 요구와 그에 대한 응답인 STATS 응답, QUEUE_GET_CONFIG 응답 등이 교환되는 경우도 있다. QoS 설정 등 헤더의 독자적인 확장 기능을 실현하는 Vendor 메시지를 교환하는 제품도 있다.

2.4.5 Flow-Mod 메시지

OpenFlow 컨트롤러에서 OpenFlow 스위치로 플로우 엔트리를 설정하기 위해 보내는 메시지가 Modify Flow Entry Message(이후, Flow-Mod 메시지)이다.

Flow-Mod 메시지에 따라 플로우 엔트리의 추가, 삭제, 설정변경이 가능하다. OpenFlow 1.0에서는Flow-Mod에 의한 커맨드 종류를 ofp_flow_mod_command로써 5종류를 정의하고 있다(표 2.14).

그림 2.14
ofp_flow_mod_command

이름	값	내용
OFPFC_ADD	0	새로운 플로우 엔트리 추가
OFPFC_MODIFY	1	매칭되는 플로우 엔트리의 설정을 변경한다.
OFPFC_MODIFY_STRICT	2	완전히 매칭되는 플로우 엔트리의 설정만을 변경한다.
OFPFC_DELETE	3	매칭되는 플로우 엔트리를 삭제한다.
OFPFC_DELETE_STRICT	4	완전히 매칭되는 플로우 엔트리만 삭제한다.

플로우 엔트리의 추가는 OFPFC_ADD 커맨드의 Flow-Mod 메시지로 실행할 수 있다. 이때, OFPFC_CHECK_OVERLAP이 지정되어 있으면 OpenFlow 스위치 쪽에서 경합하는 플로우 엔트리가 이미 존재하지 않는지 어떤지를 확인할 필요가 있다. 플로우 엔트리의 설정내용이 다르더라도, 특정 패킷이 Flow-Mod 메시지에 기술된 내용과 기존 플로우 엔트리 양쪽 모두에 매칭되고 양쪽 플로우 엔트리의 우선도가 동일한 경우에는 경합한다고 판단되어 에러가 된다.

OFPFC_ADD 커맨드의 Flow-Mod 메시지에서 기술된 내용과 똑같은 플로우 엔트리가 OpenFlow 스위치에 이미 존재하고 있는 경우, OpenFlow 스위치는 해당하는 플로우 엔트리 및 그 카운터를 삭제하고 새로운 플로우 엔트리를 재설정한다.

OFPFC_MODIFY는, 대상이 되는 플로우 엔트리 설정 내용을 변경하는데, OpenFlow 스위치 내에 해당 플로우 엔트리가 존재하지 않는 경우, OFPFC_MODIFY는 OFPFC_ADD와 마찬가지로 새로운 플로우 엔트리가 OpenFlow 스위치에 설정된다. 단, 이 애매한 사양은 OpenFlow 1.2에서 폐지되며, OpenFlow 1.2 이후는 OFPFC_MODIFY가 새로운 플로우 엔트리를 추가하지 않게 되었다.

설정 변경과 삭제의 커맨드에는, _STRICT가 붙는 것과 붙지 않는 것이 있다. _STRICT가 붙지 않는 것은 이 절에서 나중에 기술하는 [와일드카드]의 내용이 반영되어 복수의 플로우 엔트리가 대상이 될 가능성이 있다. 한편, _STRICT가 붙는 경우에는 와일드카드의 값을 포함한 모든 필드가 완전히 일치할 것을 요구하기 때문에 단일 플로우 엔트리만이 대상이 된다. 예를 들어, OFCFC-DELETE에서 와일드카드의 전체 비트가 유효해지는 Flow-Mod 메시지는 OpenFlow 스위치 내의 모든 플로우 엔트리를 삭제하는데, OFCFC_DELETE_STRICT에서 와일드카드의 전체 비트가 유효해지는 Flow-Mod 메시지는 와일드카드가 모두 유효해 지는 동시에 같은 priority에서 설정된 플로우 엔트리만을 삭제한다.

플로우 엔트리 삭제에는 2종류의 방법이 있다. 하나는, Flow-Mod 메시지로 OpenFlow 컨트롤러가 OpenFlow 스위치에 대해 삭제 요구를 송신하는 방법이다.

다른 하나는 타임아웃이다. 플로우 엔트리에 매칭되는 패킷이 타임아웃 값(idle_timeout)을 초과하거나 플로우 엔트리 추가로부터 일정 시간이 경과(hard_timeout)하면 타임아웃되도록 설정 가능하다. Idle_timeout 및 hard_timeout의 각 타임아웃 값은 플로우 엔트리 추가시에 지정된다. 양 타임아웃 값의 단위는 초이다.

Flow-Mod 메시지는, 그림 2.14의 구조가 된다.

그림 2.14 Flow_Mod 메시지

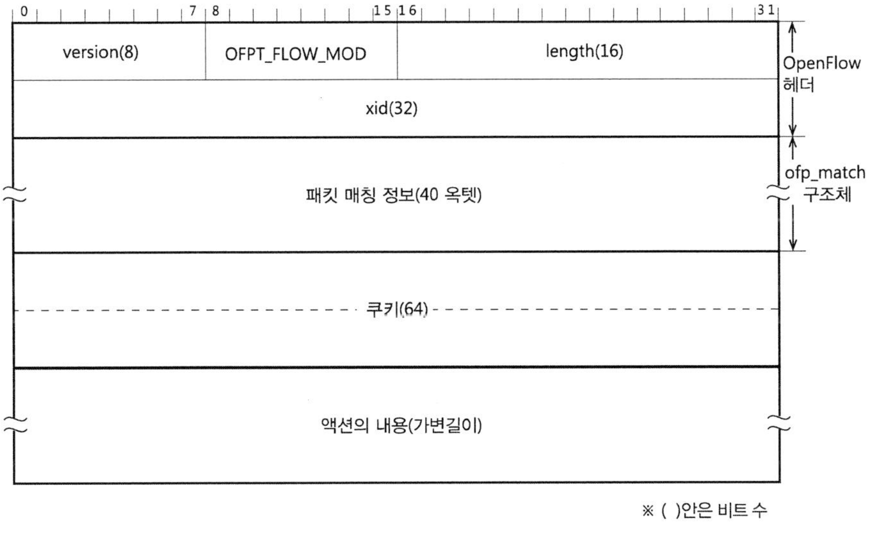

Flow-Mod 메시지는 다른 OpenFlow 메시지와 마찬가지로 OpenFlow 헤더부터 시작한다. OpenFlow 메시지에 이어지는 것이 매칭시키는 플로우를 정의하고 있는 패킷 매칭 부분이다.

매칭 정보에 이어지는 것이 64비트 쿠키이다. 쿠키의 용도는 OpenFlow 사양에서는 정의되지 않으며, OpenFlow 컨트롤러 쪽의 구현에 따른다.

Flow-Mod 메시지의 마지막에, 매칭된 패킷에 대해 실행할 액션 정보를 기술하는 부분이 이어진다. 액션 정보는 액션의 종류나 수에 의존하여 변경된다.

다음으로, 매칭시키는 플로우를 정의하고 있는 패킷 매칭 부분과, 매칭된 패킷에 대해 실행할 액션을 정의한 부분에 관하여 각각 설명한다.

패킷 매칭

Flow-Mod 메시지에 포함된 패킷 매칭 정보는 그림 2.15의 구조로 되어 있다. 이는 2.2.1항에서 소개한 것을 실제 메시지 데이터로 나타낸 것이다.

그림 2.15
ofp_match 구조체

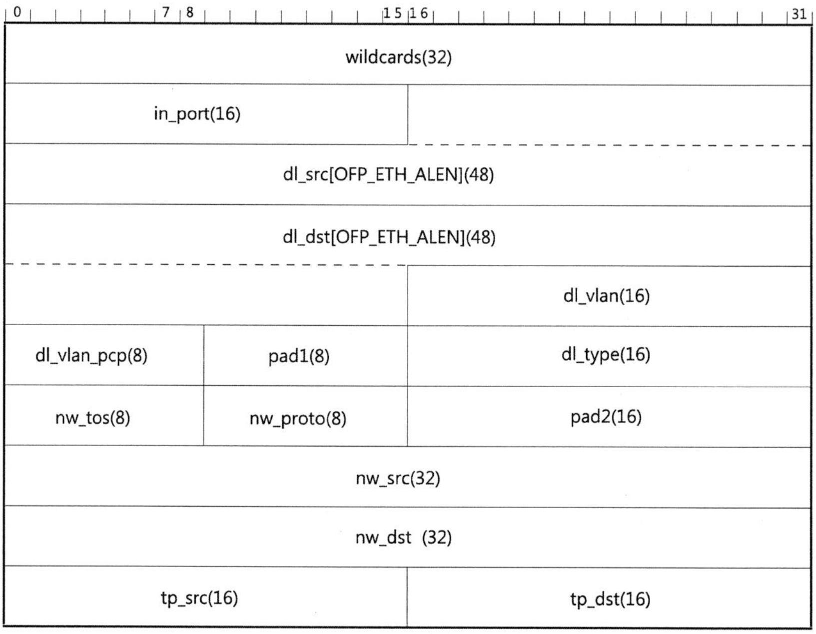

※ ( )안은 비트 수

ofp_match 구조체의 각 필드는 표 2.15와 같다.

표 2.15
ofp_match 구조체의 필드

필드	비트 수	내용
wildcards	32	어느 필드를 무시할 것인가를 표시한 와일드카드
in_port	16	입력 물리포트
dl_src	48	발신지 이더넷 주소
dl_dst	48	목적지 이더넷 주소
dl_vlan	16	입력 VLAN id
dl_vlan_pcp	8	입력 VLAN priority
pad1	8	패딩
dl_type	16	이더넷 프레임 타입
nw_tos	8	ToS 필드(단, DSCP 부분의 6비트만)
nw_proto	16	IP 프로토콜 번호
pad2	16	패딩
nw_src	32	발신지 IPv4 주소
nw_dst	32	목적지 IPv4 주소
tp_src	16	TCP/UDP 포트번호 또는 ICMP type
tp_dst	16	TCP/UDP 포트번호 또는 ICMP code

ofp_match는 Flow Stats Request 메시지(타입이 OFPST_FLOW의 OFPT_STATS_REQUEST 메시지)나 그것에 대한 Reply 메시지, Flow-Removed 메시지 등으로도 이용된다.

또한 ofp_match 구조체는 OpenFlow 버전마다 상이하다. 여기에서 소개하고 있는 것은 Open-Flow 1.0의 ofp_match 구조체이지만, OpenFlow 1.1에서 몇 가지 새로운 필드가 추가되었다. 게다가 OpenFlow 1.2에서는 OpenFlow 1.1까지 계속된 고정길이 구조체가 아니라 TLV 구조에 의한 가변길이로 크게 변화하였다. 상세한 것은 제8장에서 소개한다.

와일드카드

ofp_match 구조체의 맨 처음에 있는 와일드카드는 어느 필드가 임의의 값으로 좋은가를 나타낸다. 그 때문에 와일드카드가 0인 경우 ofp_match 구조체의 내용과 완전히 일치하는 패킷만이 매칭된다.

OpenFlow 1.0에서는 와일드카드 필드의 각 비트 할당이 다음과 같이 기술되어 있다.

```
/* Flow wildcards. */
enum ofp_flow_wildcards {
   OFPFW_IN_PORT = 1 << 0, /* Switch input port. */
   OFPFW_DL_VLAN = 1 << 1, /* VLAN id. */
   OFPFW_DL_SRC = 1 << 2, /* Ethernet source address. */
   OFPFW_DL_DST = 1 << 3, /* Ethernet destination address. */
   OFPFW_DL_TYPE = 1 << 4, /* Ethernet frame type. */
   OFPFW_NW_PROTO = 1 << 5, /* IP protocol. */
   OFPFW_TP_SRC = 1 << 6, /* TCP/UDP source port. */
   OFPFW_TP_DST = 1 << 7, /* TCP/UDP destination port. */

/* IP source address wildcard bit count. 0 is exact match, 1 ignores the
* LSB, 2 ignores the 2 least-significant bits, ..., 32 and higher wildcard
* the entire field. This is the *opposite* of the usual convention where
* e.g. /24 indicates that 8 bits (not 24 bits) are wildcarded. */
OFPFW_NW_SRC_SHIFT = 0,
OFPFW_NW_SRC_BITS = 6,
OFPFW_NW_SRC_MASK = ((1 << OFPFW_NW_SRC_BITS) - 1) << OFPFW_NW_SRC_SHIFT,
OFPFW_NW_SRC_ALL = 32 << OFPFW_NW_SRC_SHIFT,

/* IP destination address wildcard bit count. Same format as source. */
OFPFW_NW_DST_SHIFT = 14,
OFPFW_NW_DST_BITS = 6,
OFPFW_NW_DST_MASK = ((1 << OFPFW_NW_DST_BITS) - 1) << OFPFW_NW_DST_SHIFT,
OFPFW_NW_DST_ALL = 32 << OFPFW_NW_DST_SHIFT,

OFPFW_DL_VLAN_PCP = 1 << 20, /* VLAN priority. */
OFPFW_NW_TOS = 1 << 21, /* IP ToS (DSCP field, 6 bits). */
/* Wildcard all fields. */
OFPFW_ALL = ((1 << 22) - 1)
};
```

예를 들어, 와일드카드 필드가 0x00000001인 경우, OpenFlow 스위치의 물리 입력 포트가 와일드카드(임의)가 되는 한편, 그 외 필드는 모두 일치한 것이 매칭된다.

와일드카드 필드의 8비트째부터 13비트째까지의 6비트는 와일드카드가 되는 발신지 IPv4 주소의 프리픽스 길이를 나타낸다. 예를 들어, 와일드카드 필드의 8비트째가 1, 나머지 5비트가 0인 경우에는 발신지 IPv4 주소의 최하위 비트가 와일드카드가 되며, 9비트째가 1, 나머지 5비트가 0인 경우에는 발신지 IPv4 주소의 하위 2비트가 와일드카드가 된다. 이 6비트로 0~32의 값을 표현하고, 발신지 IPv4 주소 중 와일드카드로 취급할 부분의 길이를 나타낸다. 이러한 표현은 IPv4 주소의 서브넷 마스크를 프리픽스 길이로 표현하는 방법과 비슷하지만, 서브넷 마스크가 매칭시킬 부분의 길이를 최상위 비트 쪽에서부터 표현하고 있는데 반해, OpenFlow에서의 와일드카드는 임의의 값으로 매칭시키지 않는 길이를 최하위 비트 쪽에서부터 표현하고 있다는 점에서 표현 방법이 반대이다. 목적지 IPv4 주소에 관해서도 마찬가지로 14비트째부터 6비트가 목적지 IPv4 주소용의 와일드카드를 표현하고 있다.

이 책에서는 와일드카드가 유효하게 되는 것을 [ANY]라 표현한다. 예를 들어, 무엇이든 매칭하는 경우에는 [와일드카드가 ANY], 입력 물리 포트 필드에 대해서만 완전한 매칭을 요구하는 경우에는 [와일드카드의 값은 입력 물리 포트를 제외한 모든 것이 ANY]라는 표현을 사용하고 있다.

■ 액션

Flow-Mod 메시지의 액션 정보는 그림 2.16과 같이 표현된다.

그림 2.16 Flow-Mod 메시지의 액션 정보

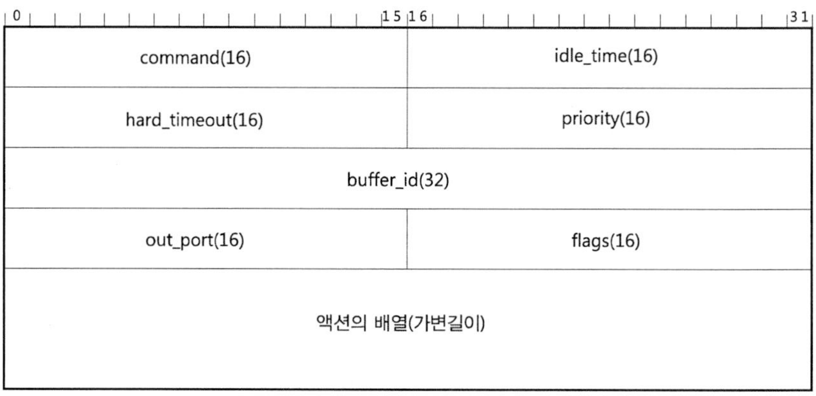

※ ( )안은 비트 수

각 필드는 표 2.16과 같다.

표 2.16
Flow-Mod 메시지, 액션 정보의 필드

필드	비트 수	내용
command	16	Flow-Mod 메시지 동작을 표현한다. ofp_flow_mod_command(표 2.14 참조)
idle_timeout	16	플로우 엔트리에 매칭할 패킷이 도달하지 않은 시간이 idle_timeout초를 초과하면, 플로우 엔트리가 삭제된다.
hard_timeout	16	플로우 엔트리가 표시되고 나서 hard_timeout초 후에 삭제된다.
priority	16	패킷에 대해서 복수의 플로우 엔트리가 매칭됐을 때 평가되는 우선도
buffer_id	32	OpenFlow 스위치 쪽에 보유된 패킷의 버퍼 ID
out_port	16	DELETE 및 DELETE_STRICT 커맨드일 때에만 이용된다. 이 값이 지정되어 있을 때, 액션에 이 값과 일치하는 출력 물리 포트가 기술되어 있는 플로우 엔트리만이 삭제된다.
flags	16	플래그. 플로우 엔트리가 삭제될 때 OpenFlow 컨트롤러에 Flow-Removed 메시지 송신을 요구하는 OFPFP SEND_REM(1), priority가 중복되는 플로우 엔트리가 이미 설정되어 있는지 어떤지를 사전에 확인할 것을 요구하는 OFPFF_CHECK_OVERLAP(2), 긴급사태 플로우 캐시(2.5.1항 참조)로써 플로우 엔트리 설정을 요구하는 OFPFF_EMERG(4)의 3개의 플래그가 OpenFlow 1.0에 정의되어 있다.
actions	가변장	액션 기술 부분

Flow-Mod 메시지에도 buffer_id 필드가 있다. 이 필드에 값이 설정되어 있을 때 플로우 엔트리에 대한 조작이 실행됨과 동시에, Flow-Mod 메시지가 지정하는 액션이 OpenFlow 스위치 쪽에 보유된 패킷에 적용된다. OpenFlow 스위치 쪽에 버퍼된 패킷에 대해, Packet Out 메시지에 의한 패킷 처리와 Flow-Mod 메시지에 의한 플로우 등록 등 2개를 따로 실행하는 것이 아니라 같은 작업을 동시에 실행할 수 있게 되어 있다.

Flow-Mod 메시지의 마지막은 액션의 배열이다. 각 액션은 ofp_action_header 구조체(그림 2.17)에 종류와 길이가 기술되며, 그 뒤에 비디 부분이 이어지는 TLV 구조이다. 비디 부분은 액션 타입마다 정의되어 있다. 액션의 종류에 따라 각 액션의 데이터 길이가 달라진다.

ofp_action_header 구조체 각 필드의 내용을 표 2.17에 정리하였다.

그림 2.17
ofp_action_header 구조체

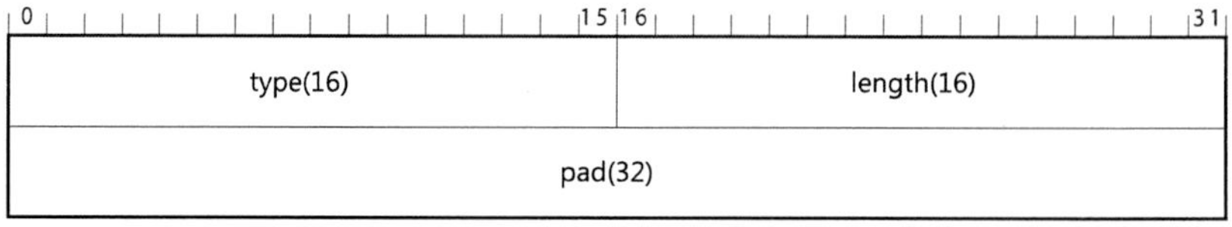

※ ( )안은 비트 수

표 2.17
ofp_action_header 구조체의 필드

필드	비트 수	내용
type	16	액션의 타입을 나타낸다.
len	16	이 구조체의 크기를 포함하는 액션의 데이터 길이. 64비트 얼라이먼트이므로 반드시 8의 배수여야 한다.
pad	32	64비트 얼라이먼트를 위한 패딩

OpenFlow 1.0에서는 액션의 타입으로 표 2.18의 12종류가 ofp_action_type에서 정의되어 있다. 각각 2.3절에서 소개한 액션을 나타낸다. 이 책에서는 시큐어 채널에서 교환되는 각 액션 데이터 구조에 대한 상세한 설명은 생략한다. OpenFlow 1.0 사양서 참조.

표 2.18
액션의 종류

이름	내용
OFPAT_OUTPUT	OpenFlow 스위치의 물리 포트로의 출력
OFPAT_SET_VLAN_VID	802.1Q의 VLAN id를 설정한다.
OFPAT_SET_VLAN_PCP	802.1Q의 PCP(Priority Code Point)를 설정한다.
OFPAT_STRIP_VLAN	802.1Q 헤더를 삭제한다.
OFPAT_SET_DL_SRC	발신지 이더넷 주소를 설정한다.
OFPAT_SET_DL_DST	목적지 이더넷 주소를 설정한다.
OFPAT_SET_NW_SRC	발신지 IPv4 주소를 설정한다.
OFPAT_SET_NW_DST	목적지 IPv4 주소를 설정한다.
OFPAT_SET_NW_TOS	IPv4 헤더의 ToS 필드(실제는 DSCP 필드의 6비트)를 설정한다.
OFPAT_SET_TP_SRC	TCP/UDP의 발신지 포트번호 또는 ICMP type을 설정한다.
OFPAT_SET_TP_DST	TCP/UDP의 목적지 포트번호 또는 ICMP code를 설정한다.
OFPAT_ENQUEUE	Queue로의 출력

▼ 이 책에서는 Flow Statistics Request 메시지(OFPST-FLOW)의 설명은 생략한다.

액션은 Flow_Mod 메시지뿐 아니라 Packet-Out 메시지나, 각 플로우 엔트리의 정보를 얻기 위한 Flow Statistics Request 메시지▼ 등 다른 메시지로도 이용되고 있다.

2.4.6 Packet-In 메시지

OpenFlow 스위치에 도달한 패킷을 OpenFlow 컨트롤러에 송신하기 위해 Packet-In 메시지가 준비되어 있다. Packet-In 메시지가 송신되는 것은 다음의 2가지 경우가 있다.

- 플로우 테이블에 일치하는 항목이 존재하지 않는 경우(테이블 미스)
- 매칭되는 플로우 엔트리에 기재된 액션이 [OpenFlow 컨트롤러로의 송신]인 경우

Packet-In 메시지 송신시에 OpenFlow 스위치가 패킷을 버퍼하는 경우와 하지 않는 경우가 있다. 패킷이 OpenFlow 스위치에서 버퍼되지 않는 경우에는 Packet-In 메시지의 buffer_id 필드에 -1이 설정되고 패킷 전체가 OpenFlow 컨트롤러로 송신된다.

OpenFlow 스위치에서 패킷이 버퍼되는 경우, SET_CONFIG 메시지에 의해 설정된 miss_send_len을 최대값으로 하는 패킷 데이터도 OpenFlow 컨트롤러에 송신된다. miss_send_len의 디폴트값은 128이다. SET_CONFIG 메시지의 교환이 실행되지 않은 경우에는 디폴트값이 이용된다.

주의할 것은 OpenFlow 스위치 쪽에서 버퍼된 패킷이 삭제되었음을 통지하는 시스템이 존재하지 않는다는 점이다. 어떤 이유로 OpenFlow 스위치 쪽에서 패킷 버퍼가 삭제되어 OpenFlow 컨트롤러 쪽에서 buffer_id를 포함하는 명령이 도달했을 때는 버퍼가 존재하는 않을 가능성도 있다. 따라서 OpenFlow 스위치 쪽에서의 버퍼를 이용하는 것이라면 OpenFlow 스위치에서 버퍼된 패킷의 삭제 타이밍 등을 파악하거나, OpenFlow 스위치 쪽에서의 버퍼를 이용하지 않는 편이 좋은 듯하다(10.3.3항 참고)

Packet-In 메시지를 그림 2.18에 나타내었다

그림 2.18
Packet-In 메시지

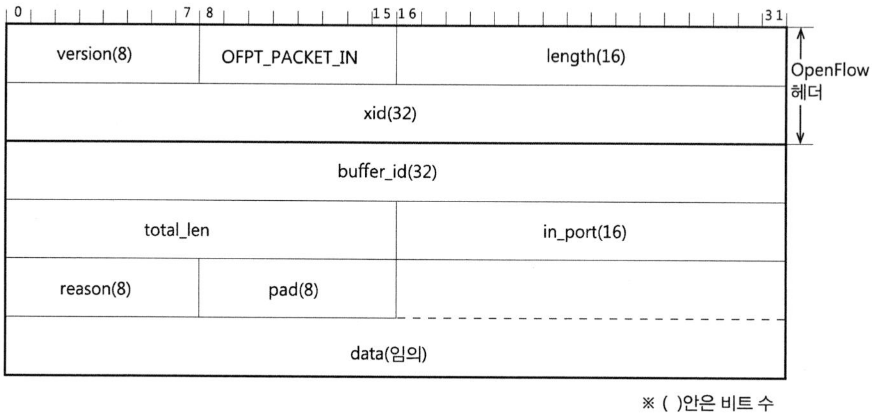

각 필드의 내용은 다음의 표 2.19와 같다.

표 2.19
Packet-In 메시지의 필드

필드	비트 수	내용
buffer_id	32	OpenFlow 스위치 쪽에 보유되어 있는 패킷을 나타내는 버퍼 ID
total_len	16	프레임의 길이
in_port	16	프레임을 수신한 포트
reason	8	Packet-In 메시지가 송신된 이유. OFPR_NO_MATCH=0(매칭되는 플로우 엔트리가 존재하지 않는다)과 OFPR_ACTION=1(OpenFlow 컨트롤러로의 송신이 액션에 의해 지정되어 있다)의 2종류
pad	8	얼라이먼트를 정리하기 위한 패딩
data	임의의 사이즈	이더넷 프레임의 데이터가 포함되는 경우에 이용되는 필드. 이더넷 헤더의 사이즈가 14옥텟이므로, 32비트 워드의 중간지점부터 이 필드가 시작된다. IP 헤더를 32비트 얼라인하는 효과가 있다.

OpenFlow 스위치가 프레임을 수신한 포트 정보를 나타내는 in_port도 매우 중요한 요소라 할 수 있다. 예를 들어, 액션이 Forward ALL(모든 포트로의 Forward 액션)인 경우, 입력 포트 이외의 모든 물리 포트로의 패킷 송신이 이루어지는데, 이때 Packet-In 메시지에 기재된 in_port 정보가 없으면, 실제로 어느 포트로 내보낼 것인가를 구체적으로 알 수 없다. 그 외, 입력 포트에 따라 동작을 바꾸는 용도도 있다.

Packet-In 메시지에 의해 OpenFlow 컨트롤러로 전달되는 in_port 정보는 Packet-Out 메시지 또는 Flow-Mod 메시지에 의해 OpenFlow 컨트롤러에서 OpenFlow 스위치로 전달된다.

2.4.7 Packet-Out 메시지

Packet-Out 메시지는, OpenFlow 컨트롤러로부터 OpenFlow 스위치에 송신되는 메시지로 패킷의 송신명령이 포함되는 메시지이다.▼

▼ OpenFlow 1.0 사양서에는 [Send Packet Message]라는 타이틀의 절에 [OFPT_PACKET_OUT message]라고 본문에 쓰여 있지만, 이 책에서는 [Packet-Out 메시지]로 표현한다.

OpenFlow 스위치 쪽의 버퍼에 이미 패킷이 있고 그 송출을 명령할 경우에는 해당하는 패킷을 나타내는 buffer_id가 지정된다.

Packet-Out 메시지를 이용하여 OpenFlow 컨트롤러가 작성한 패킷을 OpenFlow 스위치에 송출시키는 것도 가능하다. 이때, buffer_id에 -1이 설정되고 Packet-Out 메시지의 마지막에 패킷 데이터가 첨부된다.

Packet-Out 메시지를 그림 2.19에 나타내었다.

그림 2.19
Packet-Out 메시지

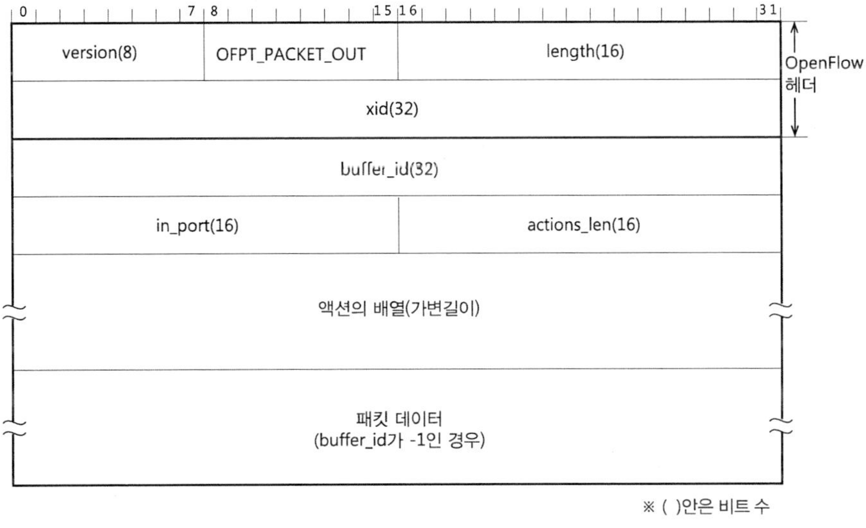

Packet-Out 메시지 각 필드의 내용은 표 2.20과 같다.

표 2.20
Packet Out 메시지의 필드

필드	비드 수	내용
buffer_id	32	OpenFlow 스위치 쪽에 보유되어 있는 패킷을 나타내는 버퍼 ID
in_port	16	패킷 입력 포트. OpenFlow 스위치가 수신한 패킷의 입력 포트를 나타내는 경우는 그 패킷이 입력된 물리 포트 번호가 된다. 지정하지 않은 경우에는 OFPP_NONE, OpenFlow 컨트롤러가 작성한 패킷 경우에는 OFPP_CONTROLLER가 이용된다.
actions_len	16	액션 정보의 사이즈. 단위는 옥텟

액션의 배열은 Flow_Mod 메시지와 마찬가지로 ofp_action_header 구조체와 각 액션에 의존하는 포맷으로 되어 있다. 단일 Packet-Out 메시지 내에 복수의 액션이 포함되는 것도 가능하다.

2.4.8 Port-Status 메시지

OpenFlow 스위치에서 물리 포트가 추가, 삭제, 변경되면, Port-Status 메시지가 OpenFlow 컨트롤러로 송신된다.

Port-Status 메시지는 그림 2.20과 같다. 이 메시지가 송신된 이유를 나타내는 reason으로써, OFPPR_ADD(0), OFPPR_DELETE(1), OFPPR_MODIFY(2) 등 3 종류의 값이 정의되어 있다. ofp_phy_port 구조체는 그림 2.12와 동일하다.

그림 2.20
Port-Status 메시지

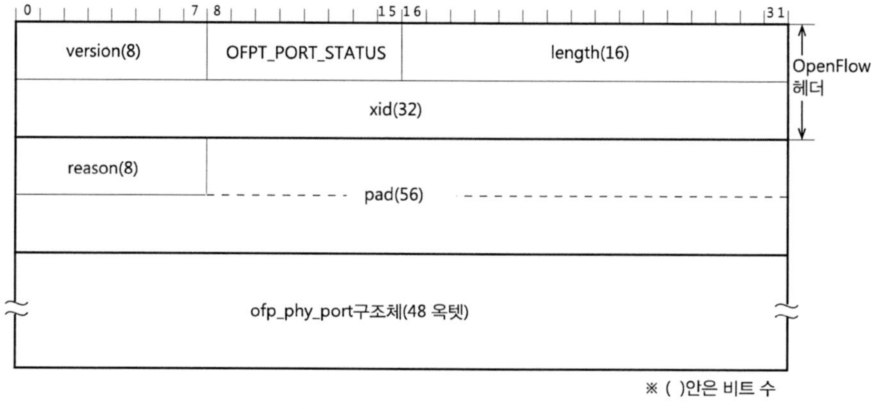

2.4.9 Flow-Removed 메시지

Flow-Removed 메시지는 OpenFlow 스위치에 설정된 플로우 엔트리가 타임아웃되었을 때 OpenFlow 스위치로부터 OpenFlow 컨트롤러로 송신된다. 이 통지를 수신하도록 OpenFlow 컨트롤러가 요구하고 있는 경우에만 송신된다.

Flow-Removed 메시지를 그림 2.21에 나타내었다.

그림 2.21
Flow-Removed 메시지

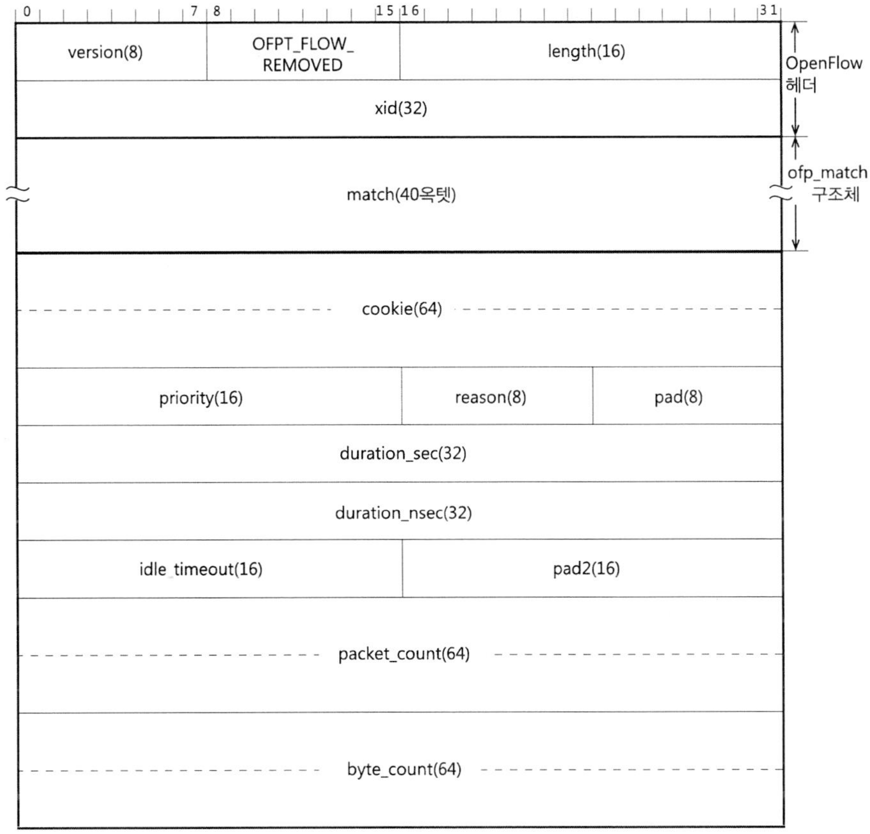

※ ( )안은 비트 수

각 필드의 내용은 표 2.21과 같다.

표 2.21
Flow-Removed 메시지 필드

필드	비트 수	내용
match	320	플로우 엔트리의 매치필드를 표현 Flow-Mod 메시지에 의해 플로우 엔트리가 작성됐을 때 그대로 이 필드에 셋팅된다. Ofp-match 구조체는 그림 2.15 참조
cookie	64	OpenFlow 컨트롤러 쪽에서 이용되는 쿠키의 값. Flow-Mod 메시지의 값과 동일
priority	16	플로우 엔트리의 우선도. Flow-Mod 메시지의 값과 동일
reason	8	플로우 엔트리가 삭제된 이유. 사용되는 값은 표 2.22 참조
pad	8	32비트 얼라이먼트를 위한 패딩
duration_sec	32	플로우 엔트리가 유효했던 시간(초)

표 2.21
Flow-Removed 메시지 필드

필드	비트 수	내용
duration_nsec	32	플로우 엔트리가 유효했던 시간(나노 초)
idle_timeout	16	아이들 타임아웃 값. Flow-Mod 메시지의 값과 동일
pad	16	64비트 얼라이먼트를 위한 패딩
packet_count	64	플로우 엔트리에 매칭된 패킷 수
byte_count	64	플로우 엔트리에 매칭된 패킷의 합계 바이트 수

match, cookie, priority, idle_timeout의 각 필드는 삭제된 플로우 엔트리가 작성될 때 OpenFlow 스위치가 수신한 Flow-Mod 메시지에 설정되어 있던 값이 그대로 복사된다.

reason 필드에서 이용되는 값은 표 2.22의 3종류이다.

표 2.22
Reason 필드에서 이용되는 값

이름	값	내용
OFPRR_IDLE_TIMEOUT	0	매칭되는 패킷이 일정 기간 도달하지 않음으로 인한 아이들 타임아웃
OFPRR_HARD_TIMEOUT	1	절대시간에 의한 타임아웃
OFPRR_DELETE	2	Flow-Mod 메시지로 삭제

2.4.10 Error 메시지

ERROR 메시지는 어떤 에러의 발생을 알려준다. OpenFlow 스위치, OpenFlow 컨트롤러 어느 쪽에서나 송신될 수 있다.

ERROR 메시지의 필드를 그림 2.22에 나타내었다.

그림 2.22
ERROR 메시지

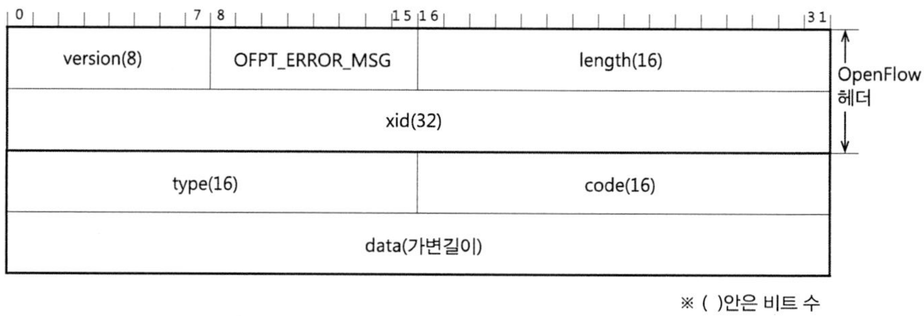

ERROR 메시지는 에러의 타입을 나타내는 type 필드와 그 상세 내용을 나타내는 code 필드를 포함한다. Code 필드에 이어지는 데이터 부분은 type와 code의 조합에 따라 변화한다.

OpenFlow 1.0에서 정의되어 있는 ERROR 메시지의 type를 표 2.23에 나타내었다.

표 2.23
Error 메시지의 type

Type 이름	값	내용
OFPET_HELLO_FAILED	0	Hello 프로토콜 실패
OFPET_BAD_REQUEST	1	요청 해석 불능
OFPET_BAD_ACTION	2	액션의 기술에 에러가 포함되어 있다.
OFPET_FLOW_MOD_FAILED	3	플로우 엔트리 변경 시에 문제 발생
OFPET_PORT_MOD_FAILED	4	Port-Mod 요청 실패
OFPET_QUEUE_OP_FAILED	5	Queue로의 오퍼레이션 실패

이 type들에는 각각 상세한 내용을 나타내는 code가 있다. 예를 들어, OFPET_HELLO_FAILED에는 일치하는 버전이 존재하지 않는 경우에 이용되는 OFPHFC_INCOMPATIBLE(0)과 퍼미션 에러(Permission Error)를 나타내는 OFPHFC_EPERM(1) 등 2종류의 code가 존재한다. type이 OFPET_HELLO_FAILED인 경우 데이터 부분에는 에러에 관한 설명문이 ASCII 문자열로 저장된다.

이 책에서는 각 에러 타입과 관련된 에러 코드와 각각의 포맷에 대한 설명은 생략한다. 상세한 설명은 OpenFlow 사양서를 참조한다.

2.4.11 Barrier 메시지

OpenFlow 프로토콜에서는 시큐어 채널 상에서 교환되는 메시지 하나하나에 대하여 매회 결과가 되돌아오는 것은 아니다. 예를 들어, 초기 설정 후에 이용되기도 하는 SET_CONFIG에 대한 응답 메시지는 없다. 그 때문에, 시큐어 채널을 이용하여 메시지를 송신하는 쪽은 수신쪽이 어디까지 어떤 메시지를 처리 완료하였는지를 파악할 수 없게 되는 경우도 있다. 그러한 문제에 대처하기 위해 OpenFlow 프로토콜에는 Barrier 메시지라는 시스템이 마련되어 있다. Barrier 메시지는 어디까지 무엇이 처리된 것인가를 파악하기 위한 것으로, 기능은 간단하지만 OpenFlow 프로토콜의 중요한 시스템의 하나라 할 수 있다.

Barrier 요구 메시지와 그에 대한 대답인 Barrier 응답 메시지는 OpenFlow 메시지 헤더만 있고 바디 부분이 없는 메시지가 된다.

그림 2.23에 Barrier 메시지의 이용 예를 나타내었다. Barrier 요구 메시지 수신

쪽은, Barrier 요구 메시지 이전에 수신한 모든 메시지 처리를 종료시킨 후 Barrier 요구 메시지에 포함되어 있는 xid를 대답함으로써 어디까지 처리가 종료되었는가를 통지한다. Barrier 요구 메시지 송신 쪽은 Barrier 응답 메시지를 확인함으로써 상대가 어디까지 무엇을 처리했는가를 파악한다.

그림 2.23
Barrier 메시지 이용 예

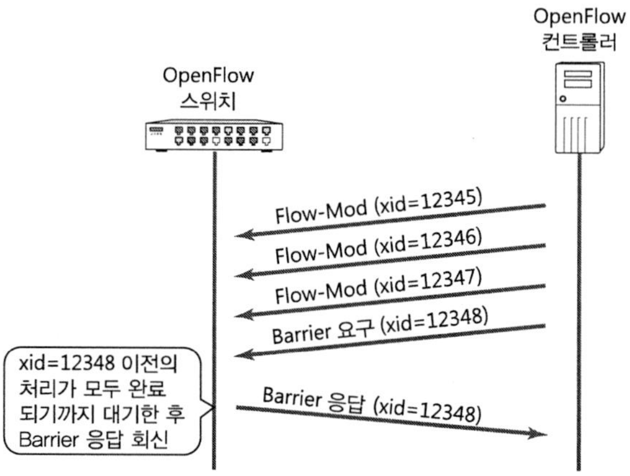

OpenFlow 1.1부터 OpenFlow 메시지가 다른 OpenFlow 메시지에 의존하는 경우에는 OpenFlow 메시지 사이에 Barrier 메시지를 삽입할 것을 권장하게 되었는데, OpenFlow 1.0에서도 동일 처리가 필요하다(상세한 설명은 10.5 참조).

2.4.12 Echo 메시지

OpenFlow 컨트롤러와 OpenFlow 스위치는 상호 생존 확인, 통신 지연 계측, 통신대역 추측 등을 위해 Echo 메시지를 송신할 수 있다. Echo 요구 메시지를 수신한 쪽은 Echo 응답 메시지를 상대에게 돌려보낸다(그림 2.24).

그림 2.24
Echo 요구/응답

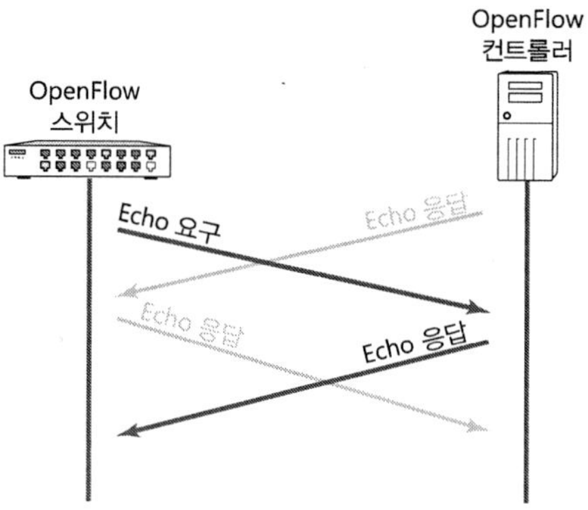

Echo 요구 메시지는 그림 2.25와 같이 OpenFlow 헤더와 부가 데이터로 구성된다. 부가 데이터의 사이즈는 0을 포함하는 임의의 크기이다. Echo 응답 메시지는 Echo 요구 메시지에 부가된 데이터를 그대로 부가하여 되돌려 보낸다.

그림 2.25
Echo 메시지

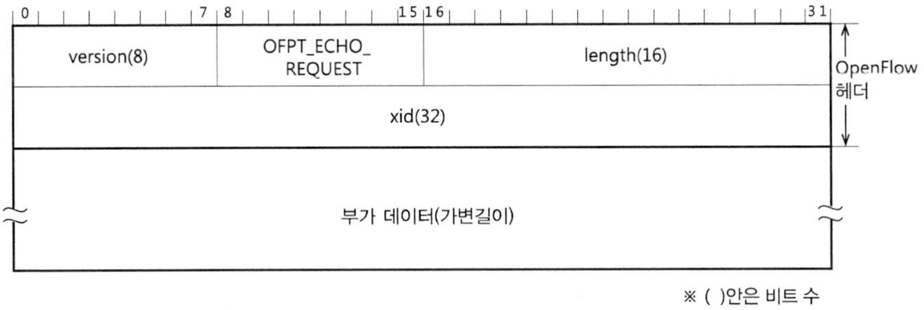

다수의 시스템에 시큐어 채널의 생존 확인용으로 Echo 메시지가 구현되어 있다. 그 경우, 일정 기간 내에 Echo 요구에 대한 응답을 얻을 수 없으면 시큐어 채널에서 장애가 발생한 것으로 간주된다. 시큐어 채널에서의 장애는 TCP 세션의 절단으로도 검지가 가능하지만, TCP 자체의 기능만으로는 도중 경로에서의 장애 발생시에 즉각 검지할 수 없는 경우가 있다.

■ TCP 세션의 절단에 걸리는 시간

예를 들어, 인터넷에 접속되는 호스트에 대한 요구 사항을 기록한 RFC1122(10)에는 다음과 같은 기술이 있다.

> Keep-alive packets MUST only be sent when no data or acknowledgement packets have been received for the connection within an interval. This interval MUST be configurable and MUST default to no less than two hours.

우리말 번역은 다음과 같다.

> Keep-alive 패킷은 컨넥션을 위한 데이터 또는 acknowledgement 패킷을 일정한 인터벌로 수신하지 않는 경우에만 송신되도록 해야 한다. 이 인터벌은 설정 가능해야 하고, 디폴트값은 2시간 이상이어야 한다.

이러한 표준이 존재하기 때문에 TCP의 keep-alive 패킷의 송신간격이 2시간 이상이 되어, TCP 세션이 응답하지 않고 절단되는 데에 2시간 이상의 시간이 걸리는 경우도 있다. 이런 이유로 TCP 자체의 기능에 기대하지 않고 OpenFlow 프로토콜 상의 Echo 메시지를 활용하여 정기적으로 시큐어 채널의 생존을 확인하는 것은 매우 중요한 기능이라 할 수 있다.

2.5 OpenFlow 스위치 오류수정 버전 1.0.1

2012년에 ONF에 의해 OpenFlow 1.0이 OpenFlow 스위치 오류수정 버전 1.0.1로 개정되었다.

OpenFlow 스위치 오류수정 버전 1.0.1은 이름 그대로 사양 자체가 아니라 사양에 대한 수정 항목만을 기재한 것으로, 불명료한 부분이 명확해 지고 사양이 변경되었다.

2.5.1 시큐어 채널 절단 시의 긴급 사태 모드

OpenFlow 1.0.1에 기재되어 있는 사양 변경의 하나가 긴급사태 플로우 캐시(Emergency Flow Cache)를 필수 기능에서 옵션 기능으로 격하한 것이다.

OpenFlow 긴급 플로우 캐시는 OpenFlow 1.0에서의 상호 접속 테스트 등에서 OpenFlow 스위치에 필수적인 것이므로 기본적으로 구현되어 있지만, 이용을 꺼리는 경향에 있는 기능이다. OpenFlow 스위치에 따라서는 이를 disable하는 설정 기능을 갖는 것도 있다.

시큐어 채널에 대해 장애가 발생했을 때, OpenFlow 스위치는 기존의 시큐어 채널을 절단하고 다시 한 번 시큐어 채널의 확립을 시도한다. OpenFlow 스위치는 백업 용 OpenFlow 컨트롤러로의 액세스를 시도할 수도 있다. OpenFlow 컨트롤러와의 시큐어 채널 확립 시도가 모두 실패하면 OpenFlow 스위치는 긴급사태 모드(Emergency Mode)에 들어간다.

긴급사태 모드에서는 긴급사태 비트가 변화한 긴급사태 플로우 엔트리 이외의 통상의 플로우 엔트리는 OpenFlow 스위치로부터 모두 삭제된다. OpenFlow 컨트롤러와 시큐어 채널과의 접속이 회복된 후에도 긴급사태 플로우 엔트리는 OpenFlow 스위치에 계속 남는다. OpenFlow 컨트롤러는 OpenFlow 스위치에 남은 긴급사태 플로우 엔트리를 삭제할지 어떨지를 판단하고 필요에 따라 삭제하는 것도 가능하다.

또한, OpenFlow 1.0 사양에서는 OpenFlow 스위치가 OpenFlow 컨트롤러와 한번도 접속한 적이 없는 초기 상태도 긴급사태 모드이다. 초기상태의 긴급사태 모드에서 디폴트값으로 설정되어야 할 플로우 엔트리는 OpenFlow 1.0의 범주 외에 있음이 사양서에 명기되어 있다. 그러므로 이 부분은 OpenFlow 스위치의 구현에 의존된다.

긴급사태 플로우 캐시는 OpenFlow 1.1에서 삭제되어 OpenFlow 1.2 및 OpenFlow 1.3에서도 포함되지 않았다(상세한 내용은 7.8.6항 참조).

2.6 새로운 사양에서의 사항에 주의

OpenFlow 1.0의 특징은 기존의 하드웨어에서 소프트웨어 업데이트로 실행하기 쉬운 작업이 사양화되어 있다는 점이라고 집필진은 생각한다. OpenFlow 1.0은 사양이 비교적 간단한 반면 [할 수 없는 것]도 매우 많이 존재한다.

이 장에서 설명하고 있는 것은 OpenFlow 1.0이지만, OpenFlow 1.0의 사양 제정 후 그 사양이 비교적 짧은 주기로 갱신되었다. 몇 가지 기능에 관해서는 내용이 극단적으로 바뀌었다. OpenFlow 1.0에서 [할 수 없었던 것]이 나중 버전에서 [할 수 있는 것]으로 바뀐 것도 여러 가지 있다.

새로운 OpenFlow 사양에 관해서는 제7장, 제8장, 제9장에서 소개한다.

제 3 장

OpenFlow와 LLDP

이 장에서는 네트워크 토폴로지 검출 기능을 구현하기 위한 LLDP를 OpenFlow에서 활용하는 방법을 소개한다.

3.1 LLDP와 OpenFlow

LLDP(Link Layer Discovery Protocol)는 L2 접속을 검출하거나 관리하기 위한 프로토콜로, IEEE802.1AB[11]로 표준화되어 있다. 대부분의 OpenFlow 컨트롤러는 LLDP를 이용하여 네트워크 토폴로지 검출을 실행한다.

이 책의 집필 시점에서 LLDP는 OpenFlow의 매우 중요한 요소이지만 OpenFlow 프로토콜 자체에 LLDP가 포함되어 있는 것은 아니다. OpenFlow의 시스템 틀 안에서 LLDP를 활용하면서 OpenFlow 컨트롤러가 네트워크 토폴로지 검출을 실행하는 구현이 일반적으로 이루어지고 있는 것이다.

2012년 3월에 이루어진 ONF 주최 상호 접속성 확인 실험에서도 LLDP를 이용한 네트워크 토폴로지 검출기능의 상호 접속성이 확인되었다(11.1.2항 참조). 이 사실을 통해서도 LLDP에 의한 네트워크 토폴로지 검출은 OpenFlow 네트워크 구축에 있어 매우 중요한 요소임을 알 수 있다.

3.1.1 OpenFlow에서의 LLDP 처리 개요

OpenFlow에서 LLDP의 처리는 OpenFlow 컨트롤러 주도로 실행된다.

그림 3.1의 ①과 같이 OpenFlow 컨트롤러가 OpenFlow 스위치 2에 LLDP 프레임을 송신하기 위한 Packet-Out 메시지를 송신한다.

OpenFlow 스위치 2는 Packet-Out 메시지에 포함되는 LLDP 프레임을 OpenFlow 스위치 1에 접속된 네트워크 인터페이스에서 송신한다(그림 3.1의 ②).

그림 3.1
Packet-Out 메시지에 의한 LLDP 프레임 송출

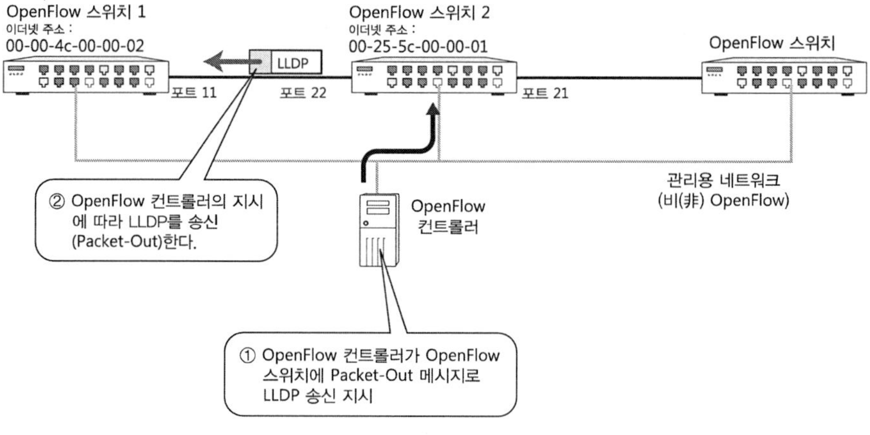

OpenFlow 스위치 2로부터의 LLDP 프레임을 수신한 OpenFlow 스위치 1은 Packet-In 메시지에 LLDP 프레임을 첨부하여 OpenFlow 컨트롤러로 송신한다. OpenFlow 컨트롤러는 OpenFlow 스위치 1로부터의 Packet-In 메시지에 포함되어 있는 정보를 기초로 네트워크 토폴로지 검출용으로 데이터베이스를 구축한다.

그림 3.2
Packet-In 메시지로 OpenFlow 컨트롤러에

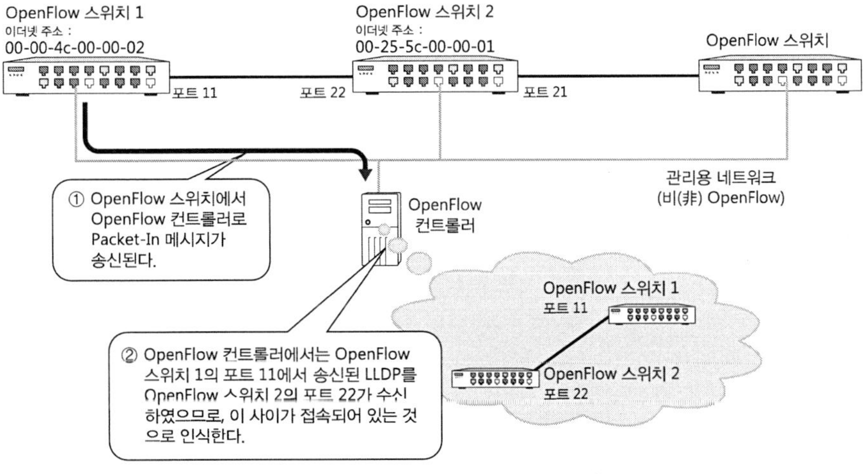

이와 같이 OpenFlow 스위치는 LLDP 프레임 자체의 내용에는 관여하지 않으며 OpenFlow 컨트롤러가 네트워크 토폴로지 검출을 실행한다. OpenFlow 네트워크 전체를 인체에 비유하여 말하자면, 뇌를 담당하는 OpenFlow 컨트롤러가 자신의 몸의 구성을 살펴보러 간 것과 같다.

LLDP와 OpenFlow의 관계에서 특징적인 것은, 어디까지나 OpenFlow의 시스템 틀 안에서 LLDP를 활용하고 있을 뿐이며, LLDP가 OpenFlow 사양에 명기되어 있지 않더라도 LLDP에 대응가능하다는 점이다. 단, 이는 반드시 네트워크 토폴로지 검출에 LLDP를 사용해야만 한다는 의미는 아니다. 기술적으로는 LLDP를 OpenFlow 상에서 활용하는 방법과 동일한 관점이며, IS-IS나 OSPF를 네트워크 토폴로지 검출에 이용하는 구현도 가능하다. 독자적인 네트워크 토폴로지 검출 프로토콜을 구현하여 사용할 수도 있다.

OpenFlow 컨트롤러에서의 LLDP용 설정의 예는 3.3절을 참조한다.

3.2 LLDP의 시스템

앞에서 OpenFlow에서의 LLDP 활용방법을 소개하였으니 다음으로 LLDP 자체에 대해 설명한다. LLDP는 다음과 같은 시스템을 가진 단순한 프로토콜이다.

- L2의 멀티캐스트 주소에 일정 시간(802.1AB에서는 30초를 권장)마다 LLDP 프레임을 송출(링크업 때에도 송출)
- LLDP 프레임의 발신지 주소는 LLDP 프레임을 송출하는 장치의 이더넷 주소
- 장치의 식별번호, 포트의 식별번호 등을 일방적으로 송출(즉, 컨넥션형이 아님)
- 수신한 장치는 대응 장치나 포트 등의 정보를 얻을 수 있다

그림 3.3
LLDP 프로토콜

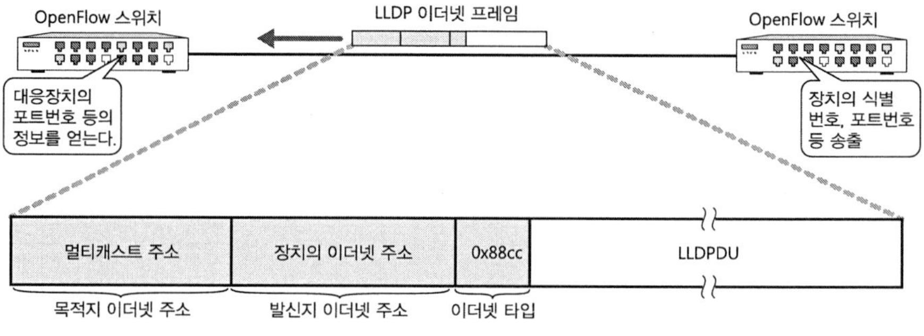

LLDP에 할당된 이더넷 타입은 0x88cc이다. OpenFlow에서 LLDP에 대응하기 위해서는 OpenFlow 스위치에 Packet-In 메시지를 통해 이더넷 타입이 0x88cc인 프레임을 OpenFlow 컨트롤러로 송신하는 플로우 엔트리를 설정해 둘 필요가 있다. OpenFlow 1.2까지는 미지의 패킷을 수신했을 때의 디폴트 동작이 OpenFlow 컨트롤러로의 Packet-In이므로, 명시적으로 이더넷 타입 0x88cc의 플로우 엔트리를 작성하지 않더라도 실현은 가능하다. 그러나 OpenFlow 1.3에서는 미지의 패킷을 수신했을 때의 디폴트 동작이 Drop으로 변경되어 있으므로 주의해야 한다.

각 LLDP 프레임에는 LLDPDU(LLDP Data Unit)가 데이터 부분으로 부속되어 있다. LLDPDU에 관해서는 3.2.3항에서 소개한다.

3.2.1 LLDP에서 이용되는 목적지 이더넷 주소

LLDP는 LLDP용으로 할당된 L2 멀티캐스트 그룹 주소를 목적지 이더넷 주소로 이용하고 있다. 이 이더넷 주소들은 OpenFlow 네트워크에서 LLDP를 이용할 때에 중요한 의미를 가지는 경우가 있다. 그러므로 다소 세세한 이야기가 되지만, 여기에서 가볍게 소개한다. 상세한 내용은 IEEE802.1AB 사양서를 참조한다.

이더넷 주소

LLDP에서의 이더넷 주소를 설명하기 전에, 이더넷 주소 자체의 개요를 소개한다. 이더넷은 IEEE802에서 정의되어 있는 MAC-48을 식별자로 이용하고 있다.▼

▼ MAC-48과 EUI-48은 완전히 동일한 구조이다.

MAC-48의 선두 옥텟 0x01비트는 유니캐스트와 멀티캐스트로 나타내고 있다. 이 비트가 0인 주소는 유니캐스트, 1인 주소는 멀티캐스트이다.

그림 3.4 MAC-48의 구조

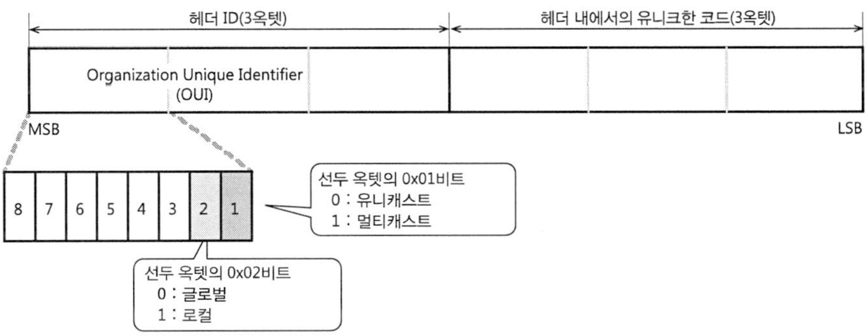

MAC-48에서는 선두 옥텟의 0x02비트에 따라 글로벌인지 로컬인지를 나타낸다. 이 비트가 0인 경우는 IEEE에 의해 관리된 글로벌한 주소임을 의미한다. 반대로 1인 경우는 로컬 관리자에 의해 독자적으로 붙여진 주소가 된다.

MAC-48 주소가 글로벌인 경우, 상위 24비트(3옥텟)가 OUI(Organizaitionlly Unique Identifier)라 불리는 제조자 식별자를 나타낸다. OUI는 제조자가 IEEE에 1650달러를 지불하고 등록한 것으로 유일성이 확보된 것이다. MAC-48 주소의 하위 24비트는 각 제조사가 독자적으로 할당할 수 있는 기기 식별자이다.

3.2.2 LLDP에서 이용되는 3종류의 멀티캐스트 이더넷 주소

LLDP에서 목적지로 이용하는 이더넷 주소는 표 3.1에 나타낸 글로벌한 멀티캐스트 그룹 주소이다.

표 3.1
LLDP에서 이용되는 목적지 이더넷 주소

이름	값	설명
Nearest Bridge	01-80-C2-00-00-0E	인접하는 브릿지. 모든 브릿지에 의해 차단되므로 이 이더넷 주소를 목적지로 하는 프레임은 다음 브릿지로 전송되지 않는다.
Nearest non-TPMR Bridge	01-80-C2-00-00-03	TPMR(Two Port MAC Relay, IEEE802.1AJ) 브릿지가 아닌 브릿지. TPMR 브릿지는 이 이더넷 주소를 목적지로 하는 프레임을 전송한다.
Nearest Customer Bridge	01-80-C2-00-00-00	인접하는 커스터머 브릿지. 예를 들어 캐리어의 광역 이더넷 서비스에 접속하는 고객의 브릿지 간 구성에서의 인접 브릿지

이 목적지 이더넷 주소들 중, OpenFlow 스위치만으로 구성되는 네트워크 토폴로지에서 이용되는 것은 일반적으로 Nearest Bridge가 된다. 나머지 2개를 이용하는 유스케이스로는, 예를 들면 Nearest non_TPMR은 OpenFlow가 아닌 통상의 L2 스위치를 OpenFlow 스위치 간에 삽입하여 이용하는 경우, 그리고 Nearest Cuntomer Bridge는 광역 이더넷 서비스를 사이에 삽입하여 원격지 간에 OpenFlow 스위치를 이용하는 경우 등을 생각할 수 있다.

3.2.3 LLDPDU 포맷

LLDP 프레임의 페이로드 부분은 LLDPDU라고 불린다. LLDPDU는 그림 3.5와 같은 구조를 가진[TLV(Tag Length Value)] 집합체로 되어 있다. TLV는 패킷을 다루는 프로토콜에서는 익숙한 구조이다. LLDPDU에서는 최초 태그(Tag)가 그 TLV의 타입을 나타내는 [TLV type]이며, 데이터 길이(Length)가 다음으로 이어지고, 마지막에 데이터(Value)가 온다.

그림 3.5
LLDPDU TLV

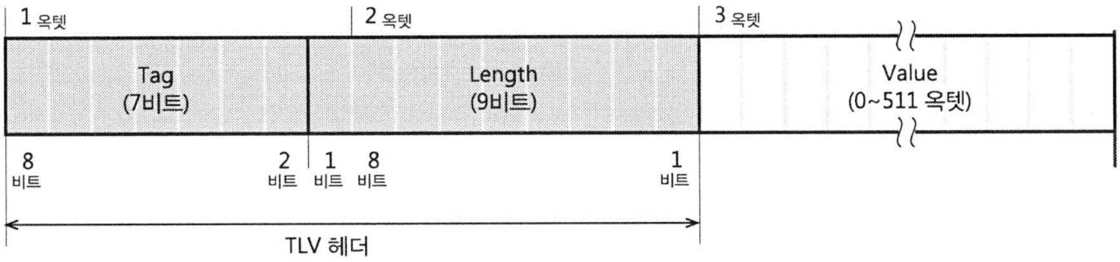

LLDPDU는 그림 3.6과 같다. 우선 처음에 기기정보(메이저 정보)를 기술한 Chassis ID TLV가 1개 있다. 두 번째에 배치된 것이 송출 포트에 관한 정보가 기술된 Port ID TLV이다. 세 번째에 배치된 것이 TTL TLV로, TTL TLV는 그 LLDPDU의 유효시간을 초로 표현한 것이다.

Chassis ID TLV, Port ID TLV, TTL TLV 각각은 LLDPDU 내에 1개만 포함되어 있으며, 복수로 포함되는 경우는 없다.

그림 3.6
LLDPDU의 구조

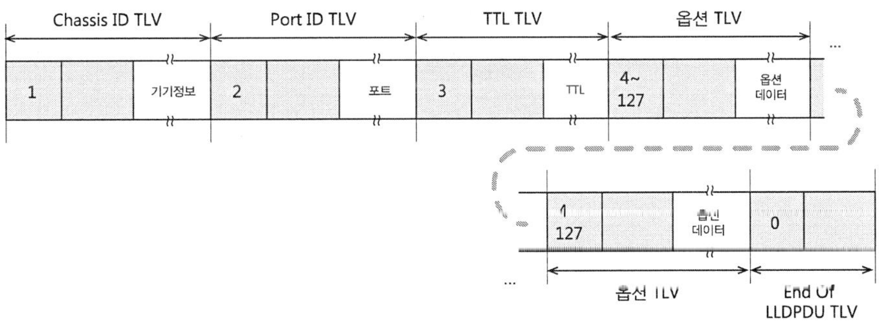

LLDPDU의 마지막 TLV는 반드시 End Of LLDPDU TLV가 된다. End Of LLDPDU TLV의 Tag는 0, Length도 0이 되며 TLV에서의 데이터 부분은 존재하지 않는다.

LLDPDU에는 Chassis ID TLV, Port ID TLV, TTL TLV 이외의 정보를 포함하는 임의의 수의 TLV가 포함되는 경우도 있다. TLV의 종류 일람을 표 3.2에 나타낸다.

표 3.2
LLDPDU에서의 TLV 종류 일람

값	이름	설명
0	End Of LLDPDU	필수. LLDPDU의 마지막에 반드시 배치되는 TLV
1	Chassis ID	필수. 섀시 정보를 포함한다.
2	Port ID	필수. 송출 포트 정보를 포함한다.
3	TTL	필수. LLDPDU에 기재되어 있는 정보의 유효기간(Time To Live)을 나타낸다.
4	Port Description	RFC 2863의 ifDescr 오브젝트
5	System Name	RFC 3418의 sysName 오브젝트
6	System Description	RFC 3418의 sysDescr 오브젝트
7	System Capabilities	브릿지 기능을 나타내는 플래그를 비트로 표현한 것이 포함된다.
8	Management Address	보다 상위 서비스를 제공하기 위한 주소를 통지
9–126	–	장래의 표준화를 위해 예약
127	Organizationally Specific TLVs	독자적인 확장용 TLV

각 TLV의 상세한 내용은 IEEE802.1AB 사양서를 참조한다.

3.3 OpenFlow에서의 LLDP 활용 방법의 예

OpenFlow에서 네트워크 토폴로지 검출에 LLDP를 활용하는 방법의 예를 소개한다. 이 장의 앞머리에서 기술한 것처럼, OpenFlow에서는 LLDP 이용을 정의하고 있지 않다. 여기에서 소개하는 LLDP 활용방법은, [이렇게 해야 한다]가 아니라 [이런 방법도 있다]는 것이므로 주의해야 한다.

3.3.1 사전 준비

OpenFlow에서 LLDP에 의한 네트워크 토폴로지 인식을 실행하는 사전 준비로, OpenFlow 컨트롤러가 각 OpenFlow 스위치의 물리 포트 등에 대한 정보를 얻을 필요가 있다. OpenFlow 스위치의 물리 포트 정보는 OpenFlow 채널 확립 후 핸드셰이크(2.4.4항 참조)로 OpenFlow 컨트롤러에 전달된다(단, OpenFlow 1.3에서는 Features 응답 메시지가 아니라 멀티 파트 프레임 워크로 취득한다.

9.4.7항 참조).

또 다른 준비는, OpenFlow에서 LLDP를 취급하기 위해 LLDP 프레임이 OpenFlow 컨트롤러로 보내지도록 설정하는 것이다.

이 예에서는 LLDP의 이더넷 타입인 0x88cc 프레임을 OFPAT_OUTPUT + OFPP_CONTROLLER 액션으로 OpenFlow 컨트롤러로 보내는 설정을 채택하고 있다. OpenFlow 컨트롤러는 각 OpenFlow 스위치에 Flow-Mod 메시지를 보내 LLDP 프레임이 송신되도록 설정한다(그림 3.7).

그림 3.7
LLDP 프레임이 Open-Flow 컨트롤러로 송신되기 위한 플로우 엔트리 추가

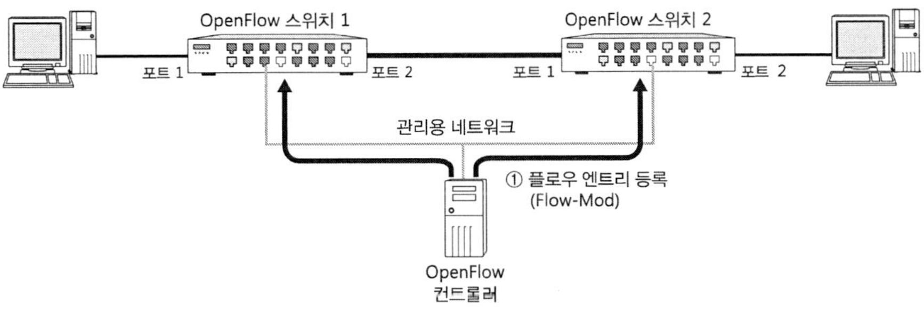

OpenFlow 1.3에서는 미지의 패킷을 수신했을 때 디폴트 동작이 패킷 파기로 변경되기도 하므로, 여기에서는 명시적으로 플로우 엔트리를 표시하는 방식을 채택하고 있다.

Flow-Mod 메시지의 주요 항목은 다음의 표 3.3과 같다.

표 3.3
Flow-Mod 메시지의 주요 항목

주요 필드		내용	값
매치	dl_type	이더넷 타입	LLDP(0x88cc)
	와일드카드	입력 포트 외에는 ANY	0x003ffffe(OFPFW_ALL xor OFPFW_IN_PORT)
타임아웃	idle_timeout	양쪽이 0인 경우는 타임아웃하지 않는다.	0
	hard_timeout		0
우선도		최대	65535
액션	type	스위치의 포트로 송신	OFPAT_OUTPUT(0)
	out_port	컨트롤러로 송신한다(Packet-In).	OFPAT_CONTROLLER (0xfffd)

매치필드의 와일드카드는 이더넷 타입을 제외하고는 모두 ANY가 된다. 이더넷 타입으로는 LLDP를 나타내는 0x88cc가 설정된다.

LLDP를 다루기 위한 플로우 엔트리는 타임아웃시키지 않고 영속시키기 위해, 플로우 엔트리의 존속시간을 나타내는 idle_timeout 및 hard_timeout은 양쪽 모두 0으로 한다. LLDP 프레임이 이 플로우 엔트리에 반드시 매칭되도록 우선도는 최대값인 65535이다.

액션은 OpenFlow 컨트롤러로의 송신을 나타내는 OFPAT_OUTPUT(0) + OFPP_CONTROLLER(0xfffd)이다.

이 Flow-Mod 메시지를 OpenFlow 스위치에 송신한 후에 Packet-Out 메시지로 LLDP 프레임의 송출이 실행된다. 단, Packet-Out 메시지를 보내기 전에 Barrier 메시지를 이용하여 OpenFlow 스위치 쪽에서 Flow-Mod 처리 종료를 확인한다. 이 타이밍에 Barrier 메시지를 보내는 것이 사양상 규정되어 있는 것은 아니지만 이를 실행하지 않으면 Flow-Mod 처리가 종료하기 전에 Packet-Out 메시지가 도착해 버릴 가능성이 있다.

3.3.2 Packet-Out 메시지로 LLDP 프레임을 송출

LLDP 프레임은 OpenFlow 컨트롤러에 의한 Packet-Out 메시지로 송출된다. 여기에서는 OpenFlow 스위치 1에서 LLDP 프레임이 송출되는 경우를 상정한다 (그림 3.8).

그림 3.8
LLDP 프레임 송출을 위한 Packet-Out

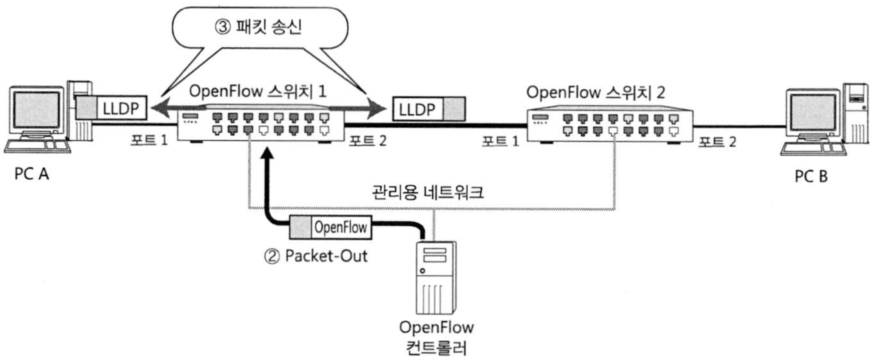

OpenFlow 컨트롤러는, LLDP 프레임의 이미지를 포함하는 Packet-Out 메시지를 OpenFlow 스위치 2에 대해 송신한다. Packet-Out 메시지는 OpenFlow 스위치의 물리 포트마다 다르게 송신된다. OpenFlow 스위치 1은 Packet-Out 메시지를 수신하면 액션에 기술된 대로 LLDP 프레임을 송출한다.

Packet-Out 메시지의 주요 항목을 표 3.4에 나타낸다.

표 3.4
Packet-Out 메시지의 주요 항목

주요 필드		내용	값
buffer_id		스위치 버퍼를 사용하지 않고 패킷을 전송하는 경우에는 −1로 한다.	−1
in_port		입력 포트	OFPP_NONE(0xffff)
actions_len		액션의 길이. 하나의 액션이므로 8비트	8
액션	type	스위치의 포트로 송신	OFPAT_OUTPUT(0)
	out_port	컨트롤러로 송신한다(Packet−Out).	1 또는 2
data		LLDP의 프레임 이미지	LLDP의 프레임

LLDP 프레임은 OpenFlow 컨트롤러에서 작성되어 있으므로 Packet-Out 메시지의 in-port는 OFPP_NONE, buffer_id는 -1이다. 액션은 OFPAT_OUTPUT(0)으로, 포트 1에서 내보내는 LLDP의 경우는 out-port가 1, 포트 2에서 내보내는 경우는 out_port가 2가 된다.

액션 부분에 이어서 LLDP 프레임 이미지가 첨부된다.

3.3.3 Packet−In 메시지로 LLDP 프레임을 OpenFlow 컨트롤러에 송신

OpenFlow 스위치 1에서 송신된 LLDP 프레임이 접속된 OpenFlow 스위치 2에 도달하면 사전에 설정된 플로우 엔트리에 매칭하여 Packet-In 메시지에 의해 OpenFlow 컨트롤러로 송신된다.

그림 3.9
LLDP 프레임의 Packet−In

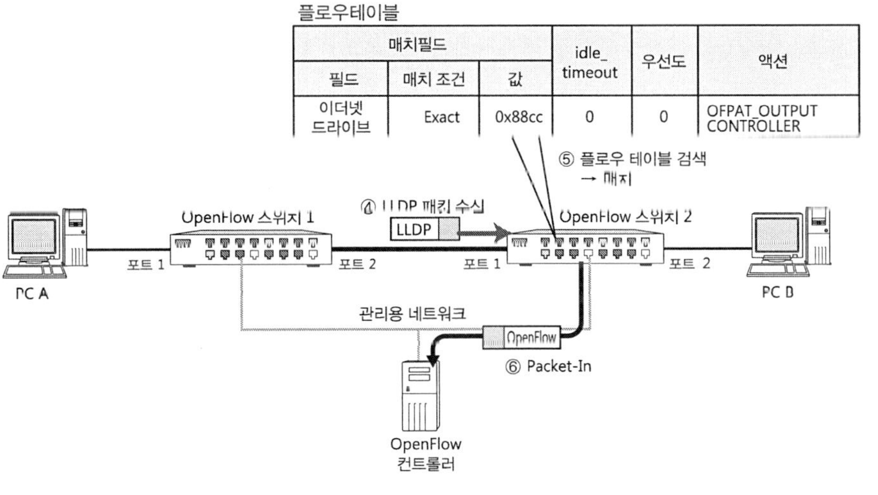

OpenFlow 스위치 2가 OpenFlow 스위치 1에서 송신된 LLDP 패킷을 수신한 상태에서 OpenFlow 컨트롤러로 송신되는 Packet-In 메시지의 주요 필드는 다음의 표 3.5와 같다.

표 3.5
Packet-In 메시지의 주요 항목

주요 필드	내용	값
buffer_id	버퍼의 ID. 스위치의 버퍼를 사용하지 않고 패킷을 전송하는 경우에는 −1로 한다.	−1
total_len	수신한 프레임 사이즈	LLDP의 프레임 사이즈
in_port	입력 포트	1
reason	명시적으로 컨트롤러에 보내는 액션	OFPR_ACTION(1)
data	수신한 프레임의 이미지	수신한 프레임

입력 포트번호는 1, OpenFlow 스위치에서 버퍼되지 않으므로 buffer_id는 -1, total_len은 LLDP 프레임 사이즈이다. reason은 플로우 엔트리에 기술된 액션이 OpenFlow 컨트롤러로 전송되는 것이므로 OFPR_ACTION(1)이다. Packet-In 메시지의 마지막에 LLDP 프레임 이미지가 첨부된다.

이러한 OpenFlow 메시지 교환을 통해 OpenFlow 컨트롤러는 네트워크 토폴로지 정보를 파악한다.

3.4 다이크스트라법에 의한 경로 계산

LLDP로 취득한 정보를 활용한 다이크스트라법(Dijkstra's Algorithm)에 의한 경로 계산 예를 소개한다. 다이크스트라법은 반드시 사용할 필요는 없지만, OSPF나 IS-IS 등의 라우팅 프로토콜에서도 이용되고 있는 일반적인 알고리즘이며 OpenFlow에서도 자주 이용되고 있다. 다이크스트라법은 다음과 같은 알고리즘이다.

1. 시점이 되는 노드를 최단 경로 트리 루트(정점)에 둔다. 자율분산적으로 경로 계산이 실행되는 라우터라면, [자기자신을 트리의 루트에 둔다]가 되지만, OpenFlow 컨트롤러에서 계산이 실행되는 경우에는 [착목한 노드를 트리의 루트에 둔다]가 된다.

2. 시점 노드에 접속된 모든 노드를 미확인 경로로 최단 경로 트리에 둔다.
3. 미확정 경로 중, 시점 노드로부터의 코스트 합계가 최단인 것을 확정으로 한다.
4. 확정한 노드에 접속된 노드를 미결정 경로로 최단 경로 트리에 둔다.
5. 모든 확정 노드에 접속된 노드까지의 코스트 합계를 계산하여, 새롭게 최단 경로 트리에 자리한 노드 쪽이 코스트 합계가 낮은 것에 관해서는 코스트 합계가 높고 오래된 것을 삭제한다.
6. 3에서 5를 반복하여 확정하지 않은 경로가 0이 된 시점에서 알고리즘은 종료한다.

이 계산은 OpenFlow 컨트롤러에서 실행되는 것이다. 각 OpenFlow 스위치가 어떠한 물리 링크를 가지고 있으며 어느 스위치끼리 접속되어 있는가에 관해서는 OpenFlow 채널 확립 후의 핸드셰이크와 LLDP에 의해 정보를 얻을 수 있다.

다이크스트라법의 계산 예

구체적인 예를 이용하여 다이크스트라법 계산을 살펴보기로 한다. A~F까지 6개의 OpenFlow 노드로 구성되는 네트워크이다. 다이크스트라법에서는 목적지까지 가장 코스트가 적은 경로를 구하는 것이지만, 이번 예에서는 물리 링크대역을 코스트로 이용한다. 이 예에서는 10GbE의 코스트를 10, 1GbE 코스트를 100, Fast Ethernet(100Bas-TX 등)의 코스트를 1000으로 하였다.

그림 3.10

다이크스트라법 이용 예의 네트워크 토폴로지 그림

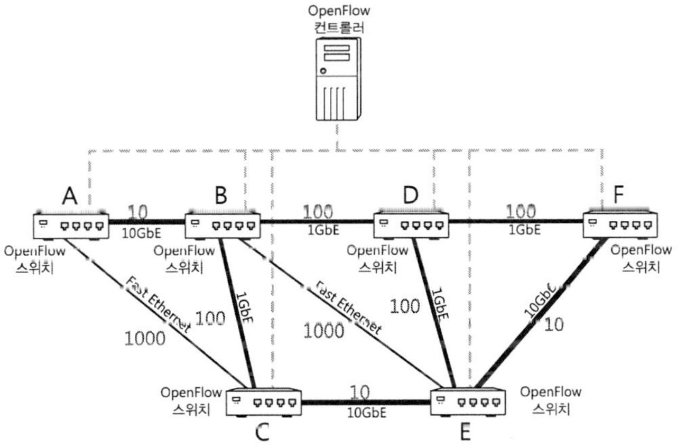

이번에는, A를 착목하여 A로부터의 경로를 계산하므로 A를 시점 노드로 한다. A를 최단 경로 트리의 루트에 두고 A에 접속된 노드인 B와 C를 미확정 경로로 하여 최단 경로 트리에 추가한다. A에서 B까지의 코스트는 10, A에서 C까지의 코스트는 1000이다.

최단 경로 트리의 미확정 경로 중 최단 경로는 A에서 B까지의 경로이므로 A에서 B의 경로를 확정으로 한다(그림 3.11).

그림 3.11
다이크스트라법에 의한 경로 계산(1)

B까지의 경로가 확정되었으므로, B에 접속한 노드를 미확정 경로로 하여 최단 경로 트리에 추가한다. A-C의 코스트 합계가 1000, A-B-C의 코스트 합계가 110이 되어 C까지의 보다 좋은 경로가 발견된 것이 되므로 A-C의 미확정 경로를 삭제한다. 여기에서 최단 경로 트리의 미확정 경로 중 최단 경로는 A-B-C이므로 B-C의 경로를 확정으로 한다(그림 3.12).

그림 3.12
다이크스트라법에 의한 경로 계산(2)

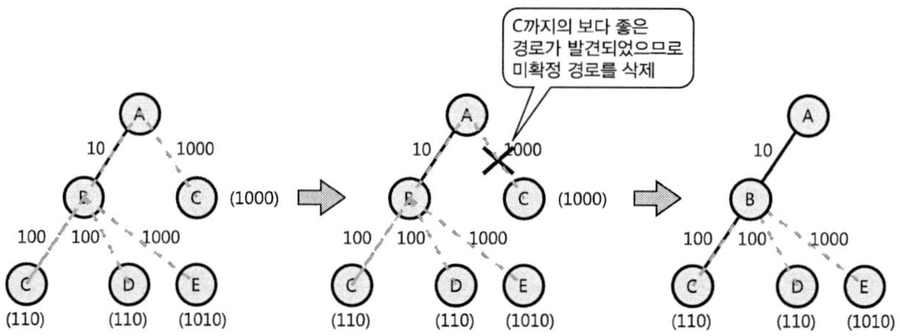

이렇게 하여 C까지의 경로가 확정되었으므로 C에 접속한 노드를 미확정 경로로 하여 최단 경로 트리에 추가한다. 이렇게 하면 A-B-C-E의 코스트 합계가 120, A-B-E의 코스트 합계가 1010이 되므로 B-E의 미확정 경로를 삭제한다.

여기에서 최단 경로 트리의 미확정 경로 중 최단 경로는 A-B-D이므로, B-D의 경로를 확정으로 한다. 또한, 확정한 D에 접속된 F를 미확정 경로로 추가한다.

이 단계에서, 최단 경로 트리의 미확정 경로 중 최단 경로는 A-B-C-E이므로 C-E의 경로를 확정으로 한다. 그리고 확정한 E에 접속된 F를 미확정 경로로 추가한다. 이렇게 하면 A-B-C-E-F의 코스트 합계가 130, A-B-D-F의 코스트 합계가 210이 되므로 D-F의 미확정 경로를 삭제한다(그림 3.13).

그림 3.13
다이크스트라법에 의한 경로 계산 (3)

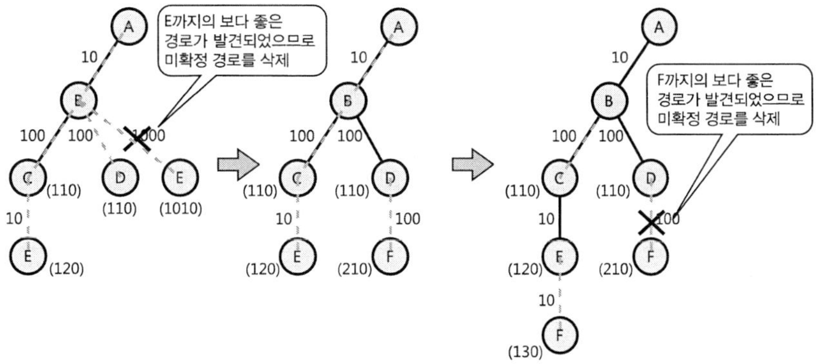

마지막으로, 남아 있는 E-F의 미확정 경로를 확정한다. 이렇게 하여 A부터 모든 노드로 이어지는 경로가 확정된다.

OpenFlow 컨트롤러는 각 OpenFlow 스위치에 대해 각각의 최단 경로 트리를 작성함으로써 OpenFlow 네트워크 전체의 경로를 계산한다. 그리고 그 결과를 기초로 하여 각 OpenFlow 스위치에 대해 플로우 엔트리를 설정한다(그림 3.14).

그림 3.14
다이크스트라법의 결과로부터 각 OpenFlow 스위치에 플로우 엔트리를 설정

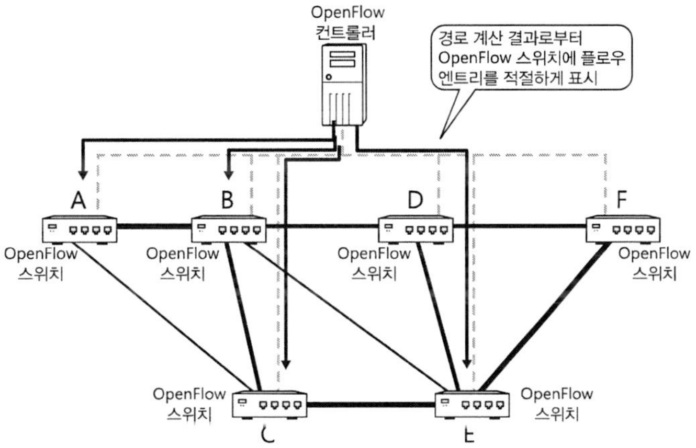

제 4 장

L2 스위치의 기능 재현으로 배우는 OpenFlow

이 장에서는 OpenFlow의 기능을 보다 실질적으로 이해하기 위해 OpenFlow를 이용하여 다양한 L2 네트워크 기능을 실현하는 방법을 고찰한다.

4.1 구체적인 네트워크 기기의 실현을 통한 OpenFlow 이해

OpenFlow를 이용하면 매우 상세한 제어가 가능해 진다. 한편, 구매하고 곧바로 사용할 수 있는 가정 내에서 이용되는 일반적인 L2 스위치와는 달리, 아무것도 설정되어 있지 않은 OpenFlow 스위치는 아무 것도 할 수 없다. 이 장에서는 OpenFlow를 이용하여 다음과 같은 L2 네트워크 기능을 실현하는 방법을 구체적인 예를 이용하여 고찰한다.

- 리피터 HUB
- 러닝브릿지
- 태그드VLAN

OpenFlow의 사양을 읽는 것만으로는 이해하기 어려운 점이 많지만, 평소 이용하고 있는 네트워크 기기와 동일한 기능을 OpenFlow에서 실현하는 방법을 살펴봄으로써, 아무 것도 하지 않으면 아무 것도 할 수 없는 OpenFlow의 구체적인 시스템을 이해하는 것이 이 장의 목적이다. 여기에서 소개하는 예와 같은 설정을 실현하고자 하는 네트워크 기능에 따라 커스터마이즈(customize)하면 OpenFlow의 특징을 살린 네트워크를 만들 수 있을 지도 모른다.

그러나 여기에서 소개하고 있는 방법은 실제 네트워크에서 그대로 사용하기 위한 실질적인 것은 아니다. 그다지 효율이 좋은 방법이라고 할 수 없는 예도 있다. 어디까지나 OpenFlow의 시스템을 이해하기 위해 단순화하여 프로토콜 해설용으로 작성한 예제임에 주의해야 한다.

또한, 이 책의 집필 시점에서는 주요 OpenFlow 하드웨어가 OpenFlow 1.0을 베이스로 구현되어 있으므로, 여기에서의 예도 OpenFlow 1.0을 전제로 하고 있다. 단, 실정에 입각하지 않는다는 점에서, 이후의 버전에서 명칭이 변경된 용어에 대해서는 OpenFlow 1.1 이후의 표기를 이용하여 해설한다(예를 들면 [시큐어 채널]이 아니라 [OpenFlow 스위치]로 표기하고 있다).

4.2 리피터 HUB

우선 리피터 HUB를 OpenFlow에서 실현하는 방법을 소개한다. 지금은 거의 이용되지 않지만 20년 전에는 다양한 장소에서 리피터 HUB가 이용되고 있었다.

리피터 HUB는 수신한 패킷을 입력 포트 이외의 모든 포트로 복사하여 송신하는 매우 단순한 구조이다.

4.2.1 이 예의 네트워크 구성

이 예에서는 그림 4.1과 같은 네트워크 구성에서 OpenFlow 네트워크가 구성되어 있는 것으로 한다.

그림 4.1
리피터 HUB 예의 네트워크 구성

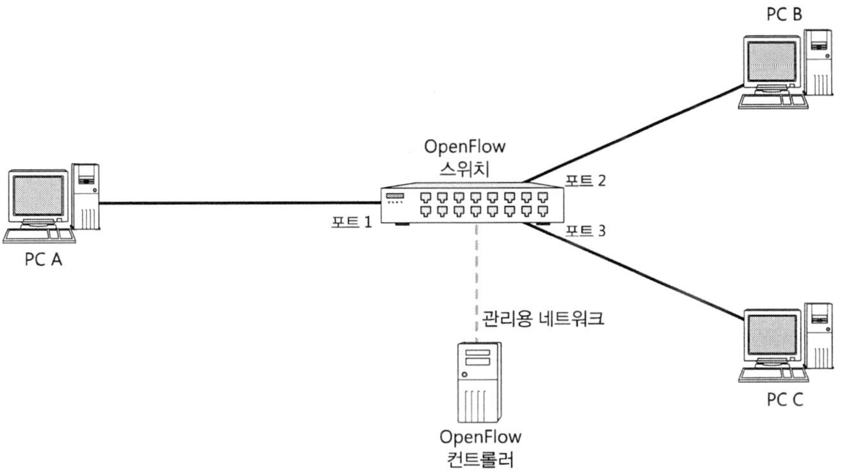

OpenFlow 스위치에는 3개의 물리 포트가 있으며 각 포트에는 PC가 접속되어 있다. OpenFlow 컨트롤러는 OpenFlow 스위치와 OpenFlow 채널로 접속되어 있다.

단순한 리피터 HUB와 동등한 기능을 OpenFlow에서 실현하는 방법은 크게 나누어 2종류가 있다. 하나는, 처음부터 모든 플로우 엔트리를 설정해 두는 프로액티브형 설정을 활용한 방법이다. 또 하나는, 새로 패킷이 도달하고 나서 OpenFlow 컨트롤러가 판단하는 리액티브형 설정을 활용한 방법이다.

4.2.2 프로액티브형 설정으로 실현

프로액티브형 설정으로 리피터 HUB를 실현하는 경우, OpenFlow 스위치로부터의 OpenFlow 채널을 확립한 후에 OpenFlow 컨트롤러는 OpenFlow 스위치에 Flow-Mod 메시지를 송신한다.

그림 4.2
프로액티브형으로 실현하는 경우

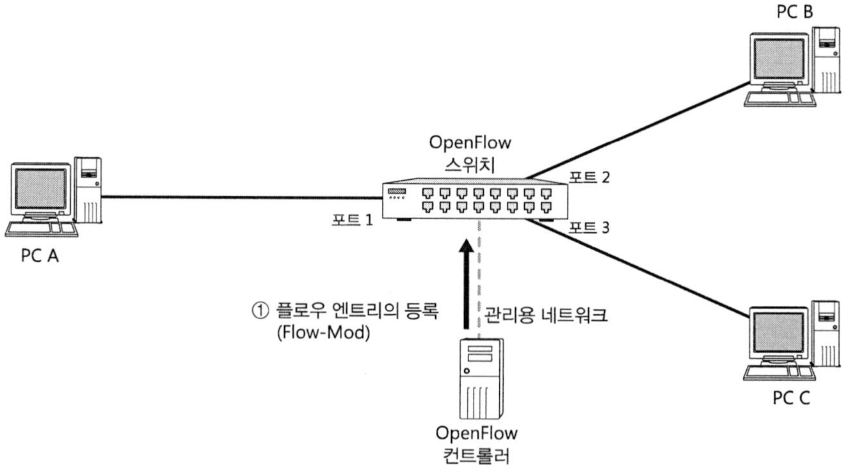

Flow-Mod 메시지는, 각 포트로부터의 입력 패킷을 입력 포트 이외의 모든 포트로 전송하는 액션을 설정한다(액션 타입이 OFPAT_OUTPUT, 출력 포트가 OFPP_ALL). 어떤 패킷이라도 플로우 엔트리에 매칭되도록 와일드카드 필드도 [모두]를 나타내는 값으로 설정되어 있다. idle_timeout 및 hard_timeout 양쪽을 모두 0으로 함으로써 플로우 엔트리의 타임아웃을 방지한다. 이 설정 예에서는 리피터 HUB만의 기능밖에 실현하지 않으며, 다른 설정은 들어가지 않으므로 우선도는 최대가 되는 65535로 하고 있다.

송신되는 Flow-Mod 메시지의 주요 설정 내용을 정리하면 표 4.1과 같다.

표 4.1
프로액티브형 설정에서의 Flow-Mod 메시지

<table>
<tr><th colspan="2">주요 필드</th><th>내용</th><th>값</th></tr>
<tr><td>매치</td><td>와일드카드</td><td>지정 필드 없음(모두 ANY)</td><td>OFPFW_ALL
((1 << 22) - 1)</td></tr>
<tr><td rowspan="2">타임아웃</td><td>idle_timeout</td><td rowspan="2">양쪽이 0인 경우는 타임아웃하지 않는다.</td><td>0</td></tr>
<tr><td>hard_timeout</td><td>0</td></tr>
<tr><td colspan="2">우선도</td><td>최대</td><td>65535</td></tr>
<tr><td rowspan="2">액션</td><td>Type</td><td>스위치의 포트로 송신</td><td>OFPAT_OUTPUT(0)</td></tr>
<tr><td>out_put</td><td>입력 포트 이외의 모든 포트로 송신</td><td>OFPP_ALL(0xfffc)</td></tr>
</table>

플로우 엔트리가 표시된 OpenFlow 스위치는 그림 4.3과 같이 동작한다.

PC A로부터의 패킷이 OpenFlow 스위치에 도달하면 플로우 엔트리를 확인하는데, 이 예에서 플로우 엔트리는 한 개뿐이다. 그 1개의 플로우 엔트리는 임의의 패킷과 매칭되도록 와일드카드 필드가 설정되어 있어 임의의 패킷이 플로우 엔트리에 기술된 액션을 실행한다. 플로우 엔트리에 기술된 액션은 입력 포트 이외의 포트에 대한 포워드가 되므로 리피트 HUB와 동등한 기능이 실현된다.

그림 4.3 리피터 HUB로써의 동작

플로우 테이블

매치필드			idle_ timeout	우선도	액션
필드	매칭 조건	값			
지정 없음	ANY	지정 없음	0	65535	OFPAT_OUTPUT OFPP_ALL

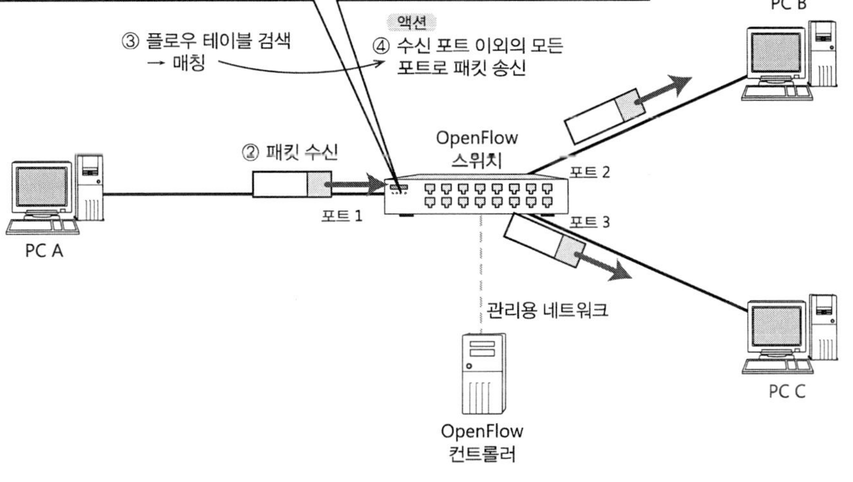

사실, 이러한 [모두 매칭한다]는 설정은 실천적인 OpenFlow 네트워크에서도 활용되는 경우가 있다. 주요 용도는 리피터 HUB를 실현하는 목적이 아니라, 어느 것에도 매칭되지 않는 플로우를 Packet-In 시키도록 하는 플로우 엔트리를, 우선도를 최저로 한 다음 디폴트 상태로써 명시적으로 표시하는 것이다.

4.2.3 모든 패킷을 OpenFlow 컨트롤러에 Packet-In하는 방법

OpenFlow 스위치가 패킷을 수신할 때마다 OpenFlow 컨트롤러에 확인하여 리피터 HUB를 실현하는 방법을 소개한다.

■ 프로액티브형 설정

우선, 명시적으로 OpenFlow 컨트롤러로 패킷을 전송하는 플로우 엔트리를 OpenFlow 스위치에 설정한다.

이 방법으로 리피터 HUB를 실현하기 위한 프로액티브형이 설정이 되는 Flow-Mod 메시지는 표 4.2와 같은 설정이 된다.

표 4.2 모든 패킷을 OpenFlow 컨트롤러로 전송하는 경우의 프로액티브형 설정용 Flow-Mod 메시지

주요 필드		내용	값
매치	와일드카드	지정 필드 없음(모두 ANY)	OFPFW_ALL ((1 << 22) - 1)
타임아웃	idle_timeout	양쪽이 0인 경우는 타임아웃하지 않는다.	0
	hard_timeout		0
우선도		최대	65535
액션	type	스위치의 포트로 송신	OFPAT_OUTPUT(0)
	out_port	OpenFlow 컨트롤러로 송신한다.	OFPP_CONTROLLER (0xfffd)

이 설정에서는 모든 패킷이 매칭되도록 모든 와일드카드를 유효로 하였다. 또한, idle_timeout 및 hard_timeout을 무효화하고 있다. 액션으로는 OpenFlow 컨트롤러로의 송신을 나타내는 Output CONTROLLER 액션(Output을 지정하는 송신포트가 OFPP_CONTROLLER)을 지정하고 있다.

■ Packet-In 메시지의 내용

플로우 엔트리가 설정된 상태에서 OpenFlow 스위치에 패킷이 도달하면 그림 4.4와 같이 패킷이 Packet-In 메시지로 OpenFlow 컨트롤러에 송신된다.

그림 4.4 모든 패킷을 OpenFlow 컨트롤러에 전송하는 방법(Packet-In)

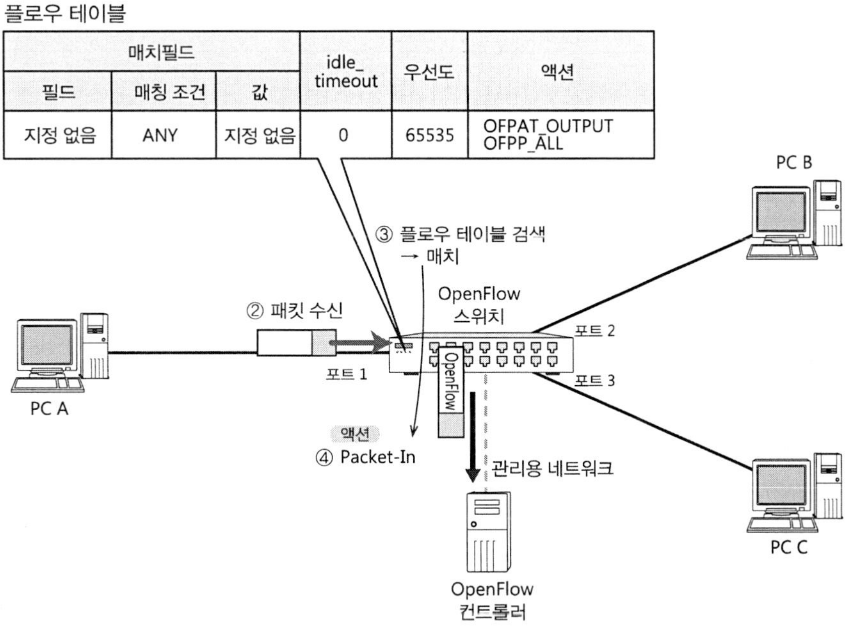

Packet-In 메시지는 표 4.3과 같은 구성이 된다. 이 예에서는 OpenFlow 스위치의 버퍼를 이용하지 않고 패킷 전체를 OpenFlow 컨트롤러로 전송하고 있으므로 buffer_id는 -1이 된다. OpenFlow 스위치가 패킷을 수신한 물리 포트번호는 1이므로, in-port는 1이다. Packet-In 메시지의 마지막에 패킷 데이터가 첨부된다.

표 4.3 Packet-In 메시지의 주요 항목

주요 필드	내용	값
buffer_id	버퍼의 ID. 스위치의 버퍼를 사용하지 않고 패킷을 전송하는 경우에는 −1로 한다.	−1
total_len	수신한 프레임 사이즈 + OpenFlow 헤더(8바이트) + Packet-In 메시지 헤더(10바이트)	
in_port	입력 포트	1
reason	명시적으로 컨트롤러로 보내는 액션	OFPR_ACTION(1)
data	수신한 프레임의 이미지	수신한 프레임

■ Packet-Out 메시지

Packet-In 메시지를 수신한 OpenFlow 컨트롤러는 메시지 내용을 판단하여 그 패킷을 어떻게 처리해야 하는가를 OpenFlow 스위치에 명령한다. 이 예에서 OpenFlow 컨트롤러는 Packet-Out 메시지를 OpenFlow 스위치로 송신하고, OpenFlow 스위치 2번과 3번 포트로부터 패킷을 송출시킨다.

그림 4.5

모든 패킷을 OpenFlow 컨트롤러에 전송하는 방법(Packet-Out)

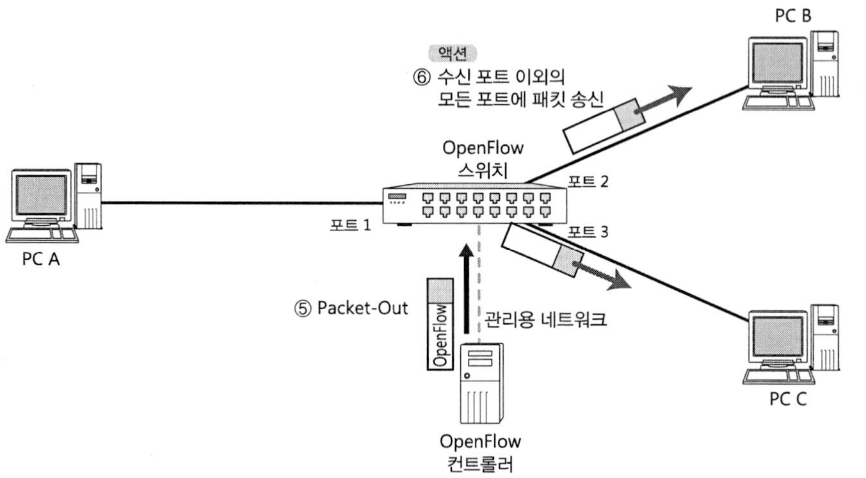

이 예에서의 Packet-Out 메시지의 주요 내용을 표 4.4에 나타내었다.

표 4.4

Packet-Out 메시지의 주요 항목

주요 필드		내용	값
buffer_id		스위치의 버퍼를 사용하지 않고 패킷을 전송하는 경우에는 –1로 한다.	–1
in_port		입력 포트	OFPP_NONE(0xffff)
actions_len		액션의 길이. 1개의 액션이므로 8바이트	8
액션	type	스위치 포트로 송신	OFPAT_OUTPUT(0)
	out_port	입력 포트 이외의 모든 포트에 송신	OFPP_ALL(0xfffc)
data		수신한 프레임의 이미지	수신한 프레임

이 예에서 OpenFlow 스위치로부터의 Packet-In 메시지는 buffer_id가 -1로 송신된다. 이 때문에 Packet-Out 메시지에서도 buffer_id는 이용되지 않고 -1이 설정되어 있다.

Packet-Out 메시지가 지정하고 있는 액션은 패킷을 출력할 것을 요구하는 OFPAT_OUTPUT으로, 출력지가 입력 포트 이외의 모든 포트를 의미하는 OFPAT_ALL이다. Packet-Out 메시지의 마지막에 Packet-In 메시지로 OpenFlow 컨트롤러가 수신한 패킷 데이터가 첨부된다.

■ 이 방식에 의한 리피터 HUB의 문제점

이 예와 같은 방식으로 리피터 HUB와 동등한 기능을 실현하고자 할 경우 모든 패킷이 OpenFlow 컨트롤러에 송신되는 경우가 발생한다.

그러므로 구성과 용도가 매우 단순하다면, 어떤 경우마다 OpenFlow 컨트롤러에 확인을 요하는 방식이 아니라, 프로액티브형 설정을 활용하여 OpenFlow로 리피터 HUB를 실현하는 것이 효율적이다.

모든 패킷을 OpenFlow 컨트롤러로 Packet-In 하지 않는 방법도 고려할 수 있다. 예를 들어, 미지의 플로우에 의한 패킷이 OpenFlow 컨트롤러에 Pcacket-In 되었을 때 OpenFlow 컨트롤러가 Packet-Out을 실행할 뿐만 아니라, Flow-Mod를 이용하여 동일 플로우가 도달했을 때 Packet-In이 발생하지 않도록 설정하는 것도 가능하다. 단, Flow-Mod를 이용하는 경우에는 플로우의 정의나 플로우 엔트리의 타임아웃 등의 입도를 조정할 필요가 있다.

4.3 러닝브릿지

OpenFlow 1.0을 이용하여 러닝브릿지를 실현하는 방법을 생각해 보자. 리피터 HUB는 OpenFlow 1.0에서 비교적 쉽게 실현할 수 있었지만 러닝브릿지를 OpenFlow 1.0에서 실현하려면 다소 까다롭다.

러닝브릿지는 각 포트에 어떤 기기가 접속되어 있는가를 학습하여 필요한 포트에만 패킷을 전송한다. 리피터 HUB와 같이 모든 패킷을 분산하는 것이 아니므로 네트워크의 효율적인 이용이 가능해진다. 이제 리피터 HUB는 거의 이용되지 않으며 러닝브릿지를 이용하는 것이 일반적이다.

4.3.1 이 예의 네트워크 구성

이 예의 기본적인 네트워크 구성은 리피터 HUB의 예와 같다. OpenFlow 스위치가 3대의 PC와 접속되며, OpenFlow 스위치와 OpenFlow 컨트롤러는 컨트롤 프레임용의 네트워크 상에서 OpenFlow 채널을 확립하고 있다.

그림 4.6
러닝브릿지 예의 물리적 네트워크 토폴로지

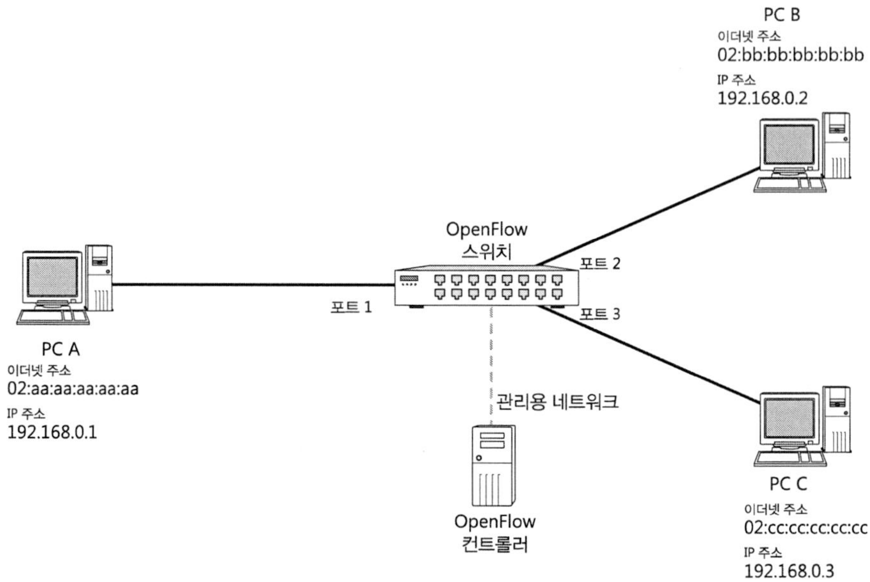

각 PC의 이더넷 주소와 IPv4 주소는 PC A가 02:aa:aa:aa:aa:aa 및 192.168.0.1, PC B가 02:bb:bb:bb:bb:bb 및 192.168.0.2, PC C가 02:cc:cc:cc:cc:cc 및 192.168.0.3이다.

이와 같은 구성의 OpenFlow 네트워크에서, OpenFlow 스위치가 러닝브릿지와 동일한 동작을 할 수 있도록 해 보자.

4.3.2 OpenFlow 1.0에서 러닝브릿지에 도전!

단순한 리피터 HUB와 동등한 기능을 OpenFlow에서 실현하는 경우, 리액티브형 설정을 실행하기보다 프로액티브형 설정만으로 실행하는 것이 효율적이다. 그러나 리피터 HUB보다도 기능이 많은 러닝브릿지는 각 포트에 접속된 기기정보를 학습해 갈 필요가 있으므로 고정적인 프로액티브 설정만으로는 실현할 수 없다.

이 예에서는, 미지의 플로우 패킷이 도달했을 때 OpenFlow 컨트롤러에 보내기 위해 우선 OpenFlow 컨트롤러가 OpenFlow 스위치에 대해, 매치필드로 임의의 패킷이 매칭되는 와일드카드, 액션으로 Output C인 플로우 엔트리를 설정하고 있다. 프로액티브형 설정을 실행하는 플로우 엔트리의 주요 항목을 표 4.5에 나타내었다.

표 4.5
플로우 엔트리의 주요 항목

주요 필드		내용	값
매치	와일드카드	지정 필드 없음(모두 ANY)	OFPFW_ALL ((1 << 22) − 1)
타임아웃	idle_timeout	양쪽이 0인 경우는 타임아웃하지 않는다.	0
	hard_timeout		0
우선도		최대값	0
액션	type	스위치의 포트로 송신	OFPAT_OUTPUT(0)
	out_port	컨트롤러로 송신한다 (Packet-In).	OFPAT_CONTROLLER (0xfffd)

이 예에서는 OpenFlow 스위치가 러닝브릿지와 동일한 동작을 하기 위해 다음과 같은 실현을 목표로 한다.

- 이더넷 주소 테이블에 상당하는 플로우 엔트리를 OpenFlow 스위치에 설정
- 해당하는 플로우 엔트리가 존재하는 목적지 이더넷 주소(유니캐스트)의 패킷은 단일 포트에 전송된다.
- 해당하는 플로우 엔트리가 존재하지 않는 목적지 이더넷 주소의 패킷은 브로드캐스트된다.
- 각 패킷의 발신지 이더넷 주소를 확인하여 그 이더넷 주소로 전송을 실행하는 플로우 엔트리가 존재하지 않는 경우에는, 그 이더넷 주소를 목적지 이더넷 주소로 하는 새로운 플로우 엔트리를 추가한다.
- 플로우 엔트리는 타임아웃한다.

PC A에서 PC B로의 패킷이 OpenFlow 스위치에 도착

PC A가 PC B로의 패킷을 송신하는 경우를 생각해 보자. 이때, 목적지 이더넷 주소를 기초로 매칭을 실행하는 플로우 엔트리는 OpenFlow 스위치에 대해 1개도 설정되어 있지 않은 것으로 한다.

OpenFlow 스위치는 포트 1에 패킷을 수신하면 플로우 테이블을 검색한다. 플로우 테이블에는 목적지 이더넷 주소를 기초로 한 플로우 엔트리가 존재하지 않으며, 임의의 패킷을 OpenFlow 컨트롤러에 Packet-In 메시지로 송신하는 것만이 설정되어 있으므로 패킷이 그 플로우 엔트리에 매칭된다.

OpenFlow 스위치는 매칭된 플로우 엔트리에 기술된 액션대로 Packet-In 메시지를 OpenFlow 컨트롤러로 송신한다(그림 4.7). OpenFlow 컨트롤러는 Packet-In 메시지에 의해 패킷이 OpenFlow 스위치의 포트 1에 도달했음을 인지한다.

그림 4.7
A에서 B로의 패킷 Packet-In

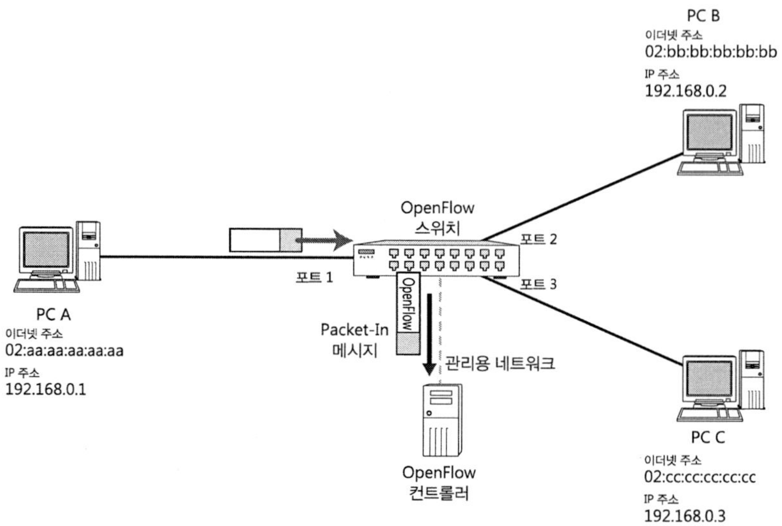

OpenFlow 컨트롤러는, PC A로부터의 패킷을 송신하려고 하지만, 이 시점에서는 아직 02:bb:bb:bb:bb:bb라는 이더넷 주소를 가지는 기기가 어디에 접속되어 있는가를 인지하지 못한다. 이 때문에, 각 포트로부터의 입력 패킷을 입력 포트 이외의 모든 포트로 전송하는 액션(액션의 타입이 OFPAT_OUTPUT), 출력 포트가 OFPP_ALL)이 Packet-Out 메시지에 설정되어 있다.

Packet-Out 메시지를 수신한 OpenFlow 스위치는 포트 2와 포트 3으로 패킷을 송신한다(그림 4.8). 포트 2에 접속하고 있는 PC B는, PC A로부터의 패킷을 수신하지만 OpenFlow 스위치는 02:bb:bb:bb:bb:bb라는 이더넷 주소를 가지는 PC B가 포트 2에 접속하고 있음을 이 시점에서도 아직 인지할 수 없다.

그림 4.8
A에서 B로의 패킷 Packet-Out

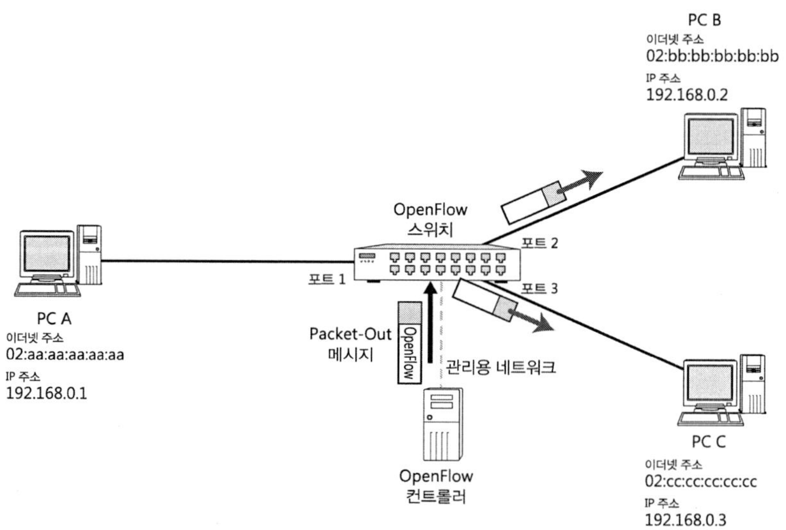

OpenFlow 컨트롤러는 앞선 Packet-In 메시지에 의해 02:aa:aa:aa:aa:aa라는 이더넷 주소를 가진 기기가 포트 1에 접속되어 있음을 인지할 수 있다. 이후부터는, 02:aa:aa:aa:aa:aa로 보내는 패킷을 OpenFlow 스위치가 스위칭할 수 있도록, 02:aa:aa:aa:aa:aa라는 목적지 이더넷 주소를 가지는 프레임을 포트 1로 전송하는 플로우 엔트리를 표 4.6과 같은 Flow-Mod 메시지에 따라 설정한다(그림 4.9).

그림 4.9
A 목적지 패킷용 플로우 엔트리 추가

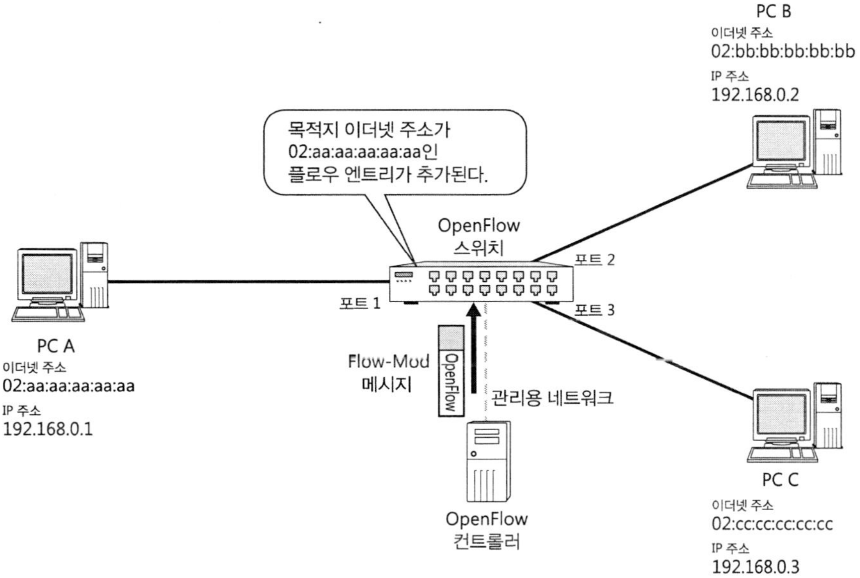

표 4.6
A 목적지 패킷용 플로우 엔트리 추가 Flow-Mod 메시지

주요 필드		내용	값
매치	dl_dst	목적지 이더넷 주소	02:aa:aa:aa:aa:aa
타임아웃	idle_timeout	패킷이 일정 기간 도달하지 않는 경우의 플로우 엔트리의 타임아웃	180
	hard_timeout	플로우 엔트리 추가로부터 경과된 시간에서 플로우 엔트리 타임아웃. 0인 경우는 무효	0
우선도		최대	65535
액션	type	스위치의 포트로 송신	OFPAT_OUTPUT(0)
	out_port	물리 포트 1로 송신	1

이 예에서는, 이때 플로우 엔트리가 일정 기간 매칭되지 않으면 타임아웃하는 idle_timeout도 설정해 둔다. hard-timeout은 무효로 하였다.

■ PC B에서 PC A로의 패킷이 OpenFlow 스위치에 도달

다음으로, PC A로부터 PC B의 패킷이 송신된 직후에 PC B에서 PC A로 회답 패킷이 송신되었을 때를 상정해 보자.

PC B로부터의 패킷을 수신한 OpenFlow 스위치는 플로우 테이블을 검색한다. 02:aa:aa:aa:aa:aa를 목적지 이더넷 주소로 하는 플로우 엔트리는 존재하므로 PC B에서 PC A에 대한 패킷은 포트 1로 전송된다(그림 4.10).

그림 4.10
B에서 A로의 패킷은 Packet-In하지 않는다.

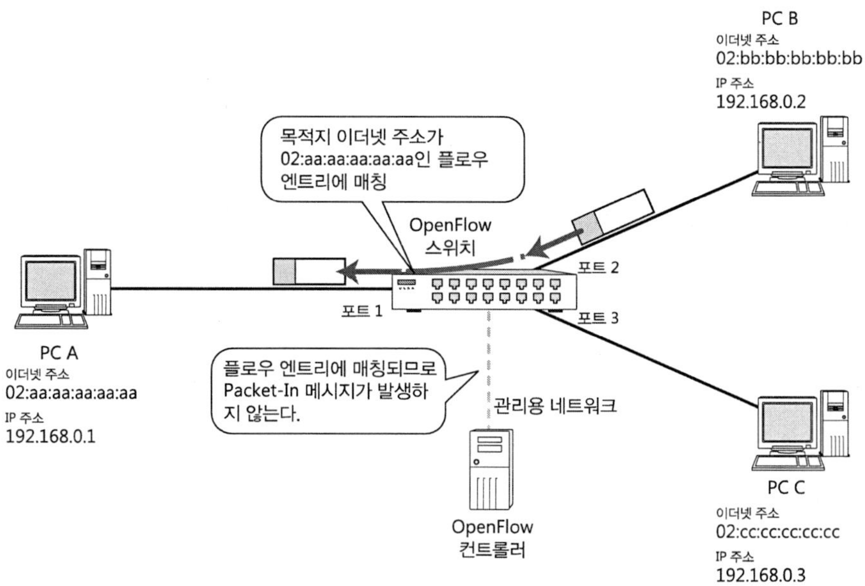

한편, 통상적인 러닝 브릿지라면 여기에서 02:bb:bb:bb:bb:bb라는 이더넷 주소가 포트 2에 접속되어 있음을 학습한다. 그러나 이 예에서는 OpenFlow 스위치는 OpenFlow 컨트롤러로 Packet-In 메시지를 송신하지 않으므로, 결과적으로 02:bb:bb:bb:bb:bb를 목적지 이더넷 주소로 하는 플로우 엔트리가 OpenFlow 스위치에 대해 설정되지 않는다.

02:aa:aa:aa:aa:aa로 보내는 패킷을 효율적으로 전송하는 동시에 미지의 발신지 이더넷 주소를 가진 기기를 발견하면 적절한 설정을 추가할 수 있도록 구성하는 것이 좋지만, 유감스럽게도 OpenFlow 1.0에서는 이미 설정되어 있는 플로우 엔트리에 해당하는 것보다 더 조건을 까다롭게 하여 새로운 액션을 지정할 수 없으므로 이러한 결과가 생겨난다.

이 책에서는 ARP를 이용하여 러닝브릿지와 유사한 기능을 실현하는 방법을 4.3.3항에서 소개하고, OpenFlow 1.1을 이용하여 러닝브릿지와 동등한 기능을 실현하는 방법을 7.3.3항에서 소개한다.

■ PC B에서 PC C로의 패킷이 OpenFlow 스위치에 도착

다음으로, 02:aa:aa:aa:aa:aa를 목적지 이더넷 주소로 하는 플로우 엔트리가 표시된 상태에서 PC B에서 PC C로의 패킷이 OpenFlow 스위치에 도달한 경우를 상정해 보자.

우선, PC C를 목적지로 하는 패킷이 PC B로부터 OpenFlow 스위치에 송신된다(그림 4.11의 ①). PC B(02:bb:bb:bb:bb:bb)에서 PC C(02:cc:cc:cc:cc:cc)를 목적지로 하는 패킷이 OpenFlow 스위치에 도착하면, OpenFlow 스위치는 플로우 테이블을 검색하는데, 해당하는 플로우 엔트리는 임의의 패킷에 매칭되는 표 4.6의 플로우 엔트리뿐이다(그림 4.11의 ②). OpenFlow 스위치에는 02:cc:cc:cc:cc:cc를 목적지로 하는 플로우 엔트리가 존재하지 않으므로, OpenFlow 컨트롤러에 대해 Packet-In 메시지가 송신된다(그림 4.11의 ③).

그림 4.11
B에서 C로의 패킷에 의한 Packet In

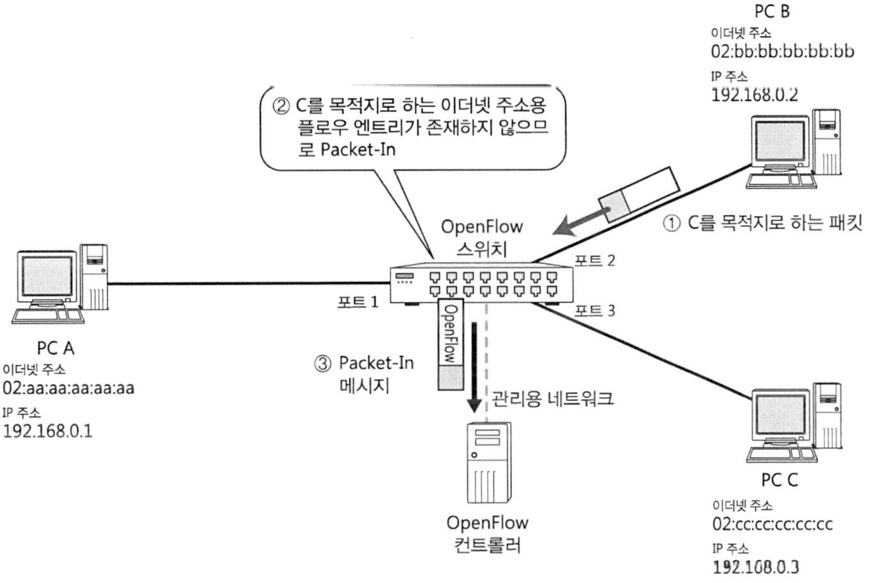

OpenFlow 컨트롤러가 Packet-Out 메시지를 OpenFlow 스위치에 송신하여 PC A와 PC C에 대해 패킷이 송신된다(그림 4.12).

그림 4.12
B에서 C로의 패킷의 Packet-Out

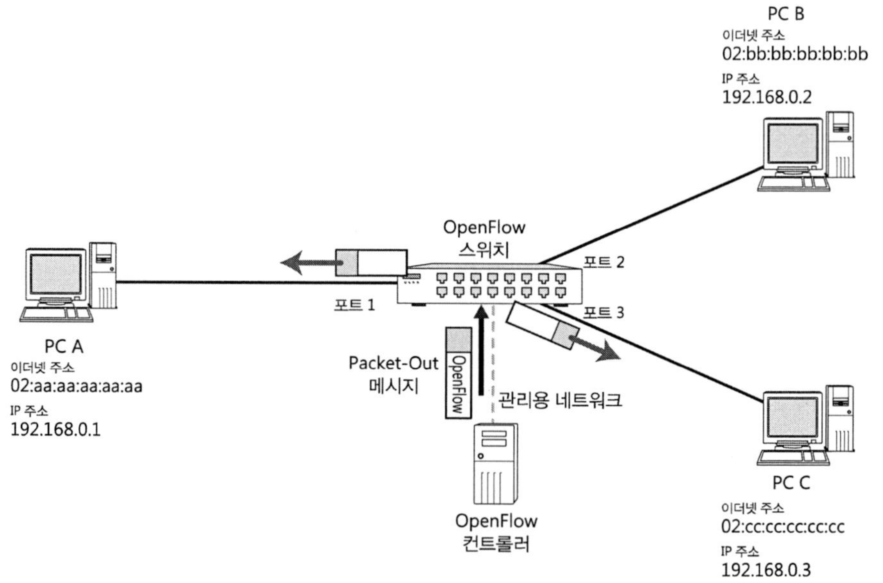

OpenFlow 컨트롤러는 Packet-In 메시지로 수신한 패킷으로부터 02:bb:bb:bb:bb:bb 가 포트 2에 접속하고 있음을 인식할 수 있으므로, 02:bb:bb:bb:bb:bb 목적의 플로우 엔트리를 OpenFlow 스위치에 설정한다(그림 4.13).

그림 4.13
B를 목적지로 하는 패킷용 플로우 엔트리 추가

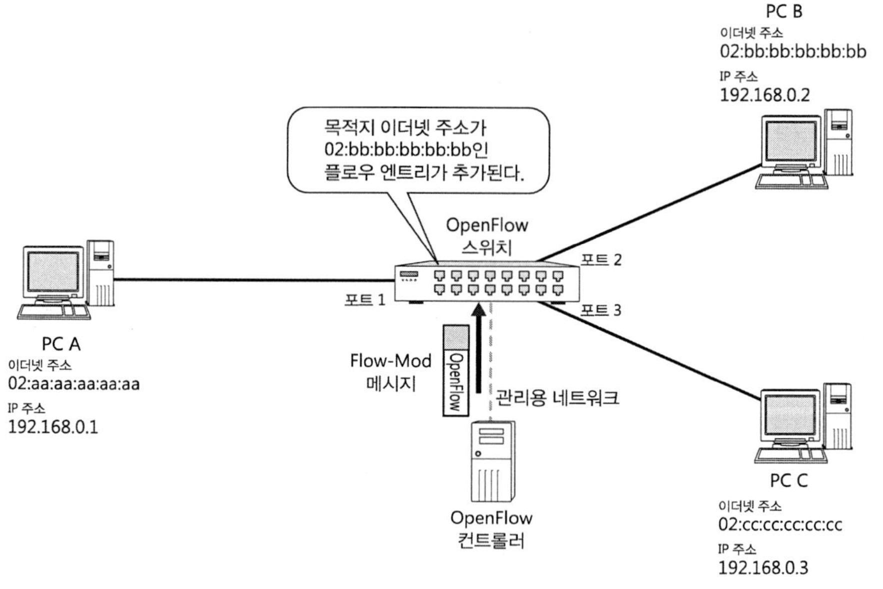

이와 같이, 플로우 엔트리가 존재하지 않는 상황이라면 새로운 목적지 이더넷 주소용의 플로우 엔트리가 추가된다.

90페이지에서 고찰한 PC B에서 PC A로의 패킷이 OpenFlow 스위치에 도착한 상황은, 목적지는 이미 알고 있고 발신지는 모르는 경우로, 이때에는 발신지의 학습이 불가능하였다. 한편, PC B에서 PC C로의 패킷이 OpenFlow 스위치에 도착한 이번 경우는, 목적지도 모르고 발신지도 모르는 경우로, 이 경우는 발신지의 학습이 가능하다.

4.3.3 ARP를 감시하여 플로우 엔트리를 작성

OpenFlow 1.0을 사용하면 이미 플로우 엔트리가 존재하는 목적지로의 패킷이 OpenFlow 컨트롤러로 전송되지 않는 경우가 있을 수 있다는 것을 소개하였다. 다음은 이에 대한 동작예를 상정해 본다.

엄밀한 의미에서 러닝브릿지는 아니지만 사실상 유사한 결과가 되는 방법으로 ARP 패킷을 감시하는 방법도 고려해 볼 수 있다.

ARP 패킷에만 한정하여 OpenFlow 컨트롤러에 Packet-In 메시지로 송신하면, OpenFlow 컨트롤러의 부하를 과도하게 상승시키지 않고 이더넷 주소에 가까운 동작을 실현할 수 있다.

ARP 패킷만을 OpenFlow 컨트롤러로 송신하기 위해서는 표 4.7과 같은 Flow-Mod 메시지를 OpenFlow 스위치에 송신하고, OpenFlow 스위치에 플로우 엔트리를 추가한다.

표 4.7
ARP 패킷을 OpenFlow 컨트롤러에 송신하기 위한 Flow-Mod 메시지

주요 필드		내용	값
매치	dl_type	이더넷 타입	ARP(0x0806)
	와일드카드	이더넷 타입 외에는 ANY	0x003fffef (OFPFW_ALL xor OFPFW_DL_TYPE)
타임아웃	idle_timeout	양쪽이 0인 경우는 타임아웃하지 않는다.	0
	hard_timeout		0
우선도		최대	65535
액션	type	스위치의 포트로 송신	OFPAT_OUTPUT(0)
	out_port	OpenFlow 컨트롤러로 송신	OFPP_CONTROLLER (0xfffd)

이 Flow-Mod 메시지는 와일드카드 중 이더넷 타입을 나타내는 OFPFW_DL_TYPE 플래그를 오프로 한 상태에서, ARP의 이더넷 타입인 0x0806을 매치필드의 이더넷 타입으로 지정하고 있다. 또한, OpenFlow 컨트롤러로의 송신을 실행하는 Output CONTROLLER 액션이 설정된 플로우 엔트리를 추가하면, 모든 ARP 패킷이 OpenFlow 컨트롤러에 대해 Packet_In으로 송신된다.

우선도를 최대로 하고 있는 것도 큰 포인트이다. OpenFlow 스위치가 복수의 플로우 엔트리에 매칭되는 패킷을 수신한 경우, 플로우 테이블 내에서 가장 우선도가 높은 플로우 엔트리가 선택된다. 다른 플로우 엔트리를 추가할 때 우선도를 65535보다 작은 값으로 해 두면, 복수의 플로우 엔트리가 후보가 되었다 하더라도 이 플로우 엔트리가 선택된다.

■ ARP 처리의 흐름

PC A로부터의 ARP 요청과 그에 대한 ARP 리플라이를 상정해 보자.

PC A가 192.168.0.2라는 IPv4 주소에 패킷을 송신하려 한다. 이때, PC A의 ARP 테이블에 192.168.0.2라는 엔트리가 존재하지 않는 것으로 한다. PC A는 192.168.0.2라는 IPv4 주소에 대응하는 이더넷 주소를 인지하지 못하므로 ARP를 사용하여 이를 해결하려 한다. PC A는 ARP 요청메시지를 L2 브로드캐스트로 송신하고 이를 수신한 PC B가 ARP 응답메시지로 회답한다. ARP 응답메시지를 수신한 PC A의 ARP 테이블에 PC B의 이더넷 주소가 기록되고, PC A는 192.168.0.2라는 IPv4 주소로 패킷을 송신할 수 있게 된다.

■ ARP 요청 (Packet_In)

우선, PC A가 ARP 요청메시지를 송신하고 이를 OpenFlow 스위치가 수신한다(그림 4.14의 ①과 ②). PC A로부터의 ARP 요청메시지를 수신한 OpenFlow 스위치는 플로우 테이블을 검색한다(그림 4.14의 ③). 프로액티브형 설정에 따라 표시된 플로우 엔트리가 매칭되고, OpenFlow 스위치는 Packet-In 메시지에 따라 OpenFlow 컨트롤러로 ARP 요청 프레임을 전송하는 액션을 실행한다(그림 4.14의 ④).

그림 4.14
ARP 패킷에 의한 Packet-In

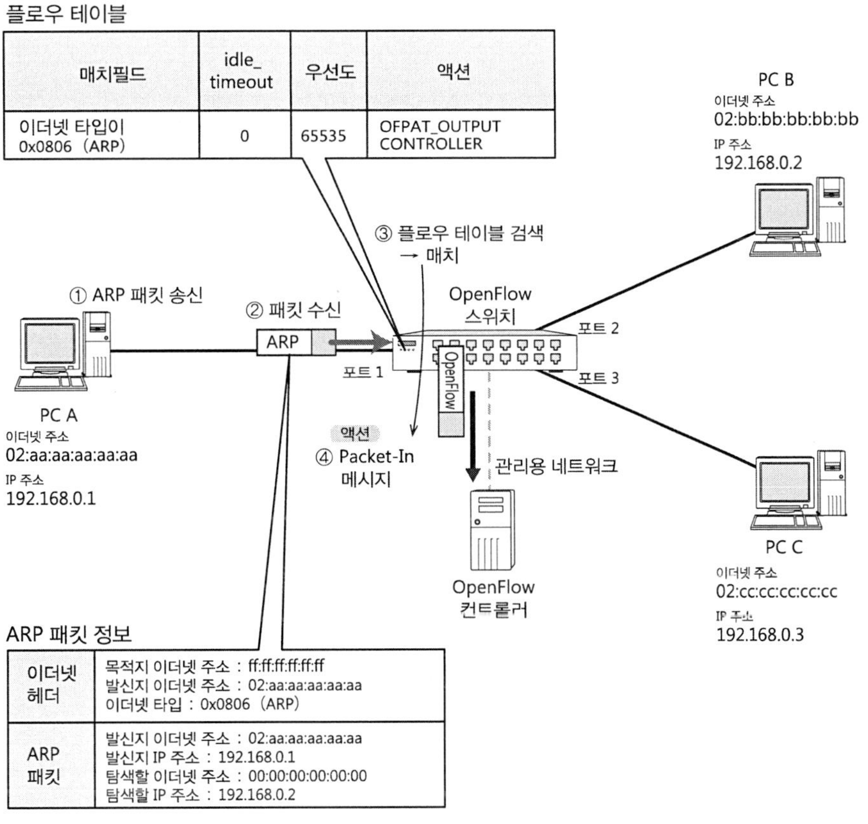

OpenFlow 스위치에서 OpenFlow 컨트롤러로 송신되는 Packet-In 메시지에 포함되는 정보는 아래의 표 4.8과 같다.

표 4.8
Packet-In 메시지의 주요 항목

주요 필드	내용	값
buffer_id	버퍼의 ID. 스위치의 버퍼를 사용하지 않고 패킷을 전송하는 경우에는 –1로 한다.	–1
total_len	수신한 프레임 사이즈 + OpenFlow 헤더(8바이트) + Packet-In 메시지 헤더(10바이트)	
in_port	입력 포트	1
reason	명시적으로 컨트롤러에 보내는 액션	OFPR_ACTION(1)
data	수신한 ARP 프레임의 이미지	수신한 ARP의 프레임

ARP 요청메시지 본체를 그대로 OpenFlow 컨트롤러에 송신하기 위해 buffer_id는 -1, PC A로부터의 ARP 요청이므로 in-port는 -1, total_len은 60이 된다. 이 예에서는, 미리 설정해 둔 플로우 엔트리에 매칭되며, 그 플로우 엔트리의 액션

이 OpenFlow 컨트롤러로의 송신이므로 reason 필드는 OFPR_ACTION이 된다.

Packet-In 메시지의 마지막에 ARP 요청 프레임의 데이터가 첨부된다. 이더넷 프레임의 프리앰블(Preamble)과 FCS(Frame Check Sequence)는 데이터에 포함되지 않는다. ARP 요청메시지의 사이즈는 28옥텟, 이더넷 프레임 헤더 14옥텟, 이더넷 프레임의 최소 사이즈가 64옥텟이 되고, 헤더와 트레일러를 제외한 48옥텟보다도 ARP 요청메시지의 사이즈가 작으므로, 나머지 부분에 패딩이 포함된 이더넷 프레임이 OpenFlow 스위치에 도착한다.

ARP 요청 (Packet-Out)

PC A로부터의 ARP 요청메시지를 OpenFlow 네트워크 내에 브로드캐스트하기 위해, OpenFlow 컨트롤러는 Packet-Out 메시지를 OpenFlow 스위치로 보낸다(그림 4.15의 ⑤). Packet-Out 메시지에는 ARP 요청 패킷 데이터와 함께 각 포트로부터의 입력 패킷을 입력 포트 이외의 모든 포트로 전송하는 액션(액션 타입이 OFPAT_OUTPUT, 출력 포트가 OFPP_ALL)이 설정되어 있다.

Packet-Out 메시지를 수신한 OpenFlow 스위치는, 포트 2와 포트 3에 ARP 요청메시지를 브로드캐스트한다(그림 4.15의 ⑥).

그림 4.15
ARP 패킷의 Packet-Out

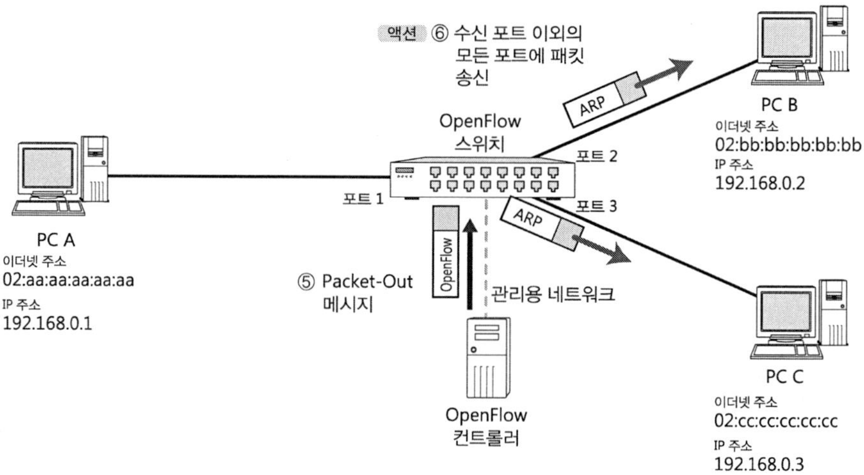

PC A의 이더넷 주소가 설정된 플로우 엔트리의 추가

Packet-In 메시지를 수신한 OpenFlow 컨트롤러는 ARP 요청메시지를 송신하고 있는 PC A가 포트 2에 접속하고 있음을 확인할 수 있다. PC A의 이더넷 주소인 02:aa:aa:aa:aa:aa를 목적지로 하는 이더넷 프레임은 포트 1로 전송하면 됨을 알 수 있으므로, 이를 실행하는 플로우 엔트리를 Flow-Mod 메시지에 의해

OpenFlow 스위치로 설정한다(그림 4.16). 이 플로우 엔트리의 우선도는 ARP용 플로우 엔트리보다도 작은 값일 필요가 있다.

그림 4.16
PC A용 플로우 엔트리 추가

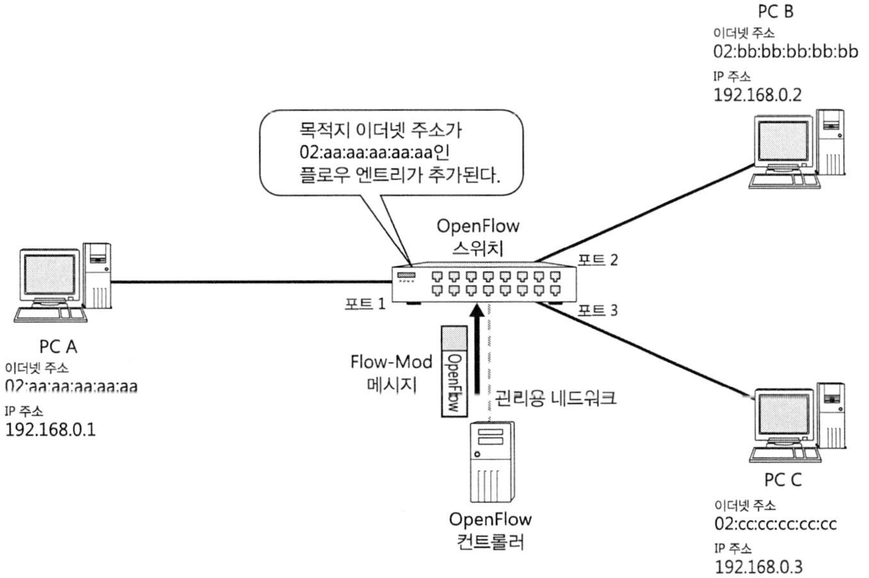

이 예에서는 플로우 엔트리에 idle_timeout도 셋팅해 둔다. OpenFlow 스위치 내에 작성되는 플로우 엔트리는 표 4.9에 나타내는 요소를 포함하고 있으며, 종래형인 L2 스위치에 의한 이더넷 주소 테이블과 같은 역할을 담당한다.

표 4.9
플로우 엔트리가 포함하는 요소

목적지 이더넷 주소	포트번호	타임아웃 값
02:aa:aa:aa:aa:aa	1	180초

■ ARP 리플라이 (Packet-In)

OpenFlow 스위치가 전송한 ARP 요청메시지를 수신한 PC B는 ARP 응답메시지를 PC A에 대해 송신한다.

포트 2로부터 ARP 응답메시지를 수신(그림 4.17의 ⑦)한 OpenFlow 스위치는, 플로우 엔트리를 따라(그림 4.17의 ⑧), OpenFlow 컨트롤러로 Packet-In 메시지를 송신한다(그림 4.17의 ⑨). Packet-In 메시지를 수신한 OpenFlow 컨트롤러는 ARP 리플라이를 해석한 뒤 OpenFlow 스위치로 전송시키기 위해 Packet-Out 메시지를 송신한다.

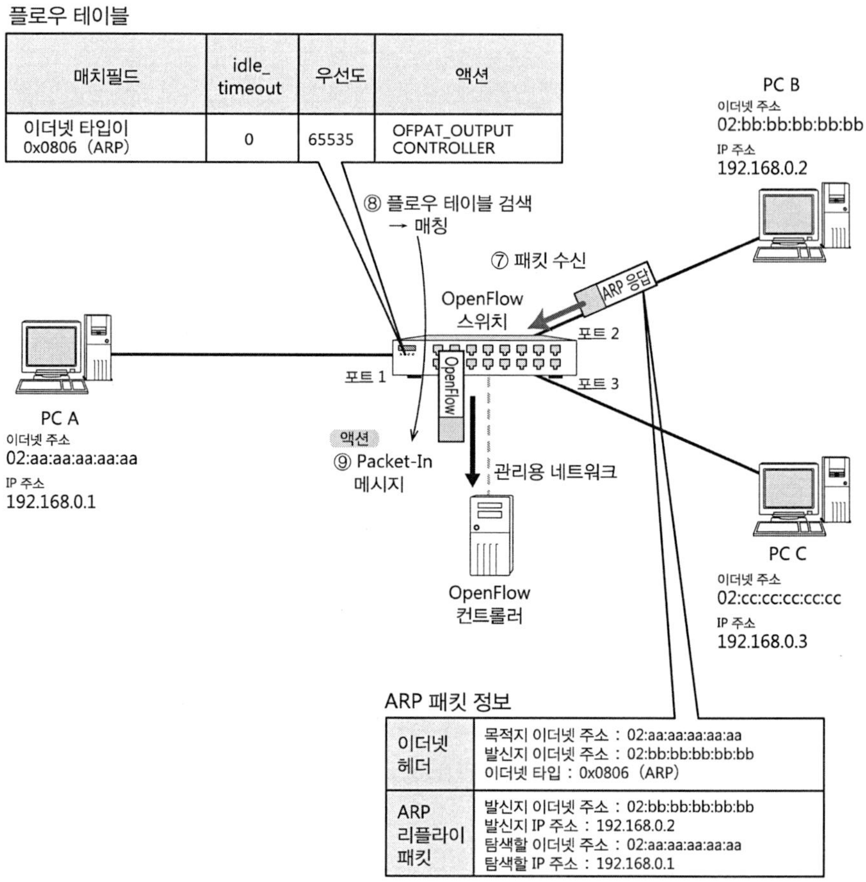

그림 4.17 ARP 리플라이의 Packet-In

■ ARP 응답 (Packet-Out)

OpenFlow 컨트롤러는 ARP 응답메시지의 목적지 이더넷 주소인 02:aa:aa:aa:aa:aa가 OpenFlow 스위치의 포트 1에 접속하고 있음을 인지하고 있다. 따라서 Packet-Out 메시지의 액션으로써 포트 1로의 출력이 설정된다(그림 4.18의 ⑩).

Packet-Out 메시지를 수신한 OpenFlow 스위치는 포트 1에 ARP 응답메시지를 송신한다(그림 4.18의 ⑪). ARP 응답메시지를 수신한 PC A는 02:bb:bb:bb:bb:bb라는 엔트리를 ARP 테이블에 등록하며, PC B와의 통신이 가능해진다.

그림 4.18
ARP 응답의 Packet-Out

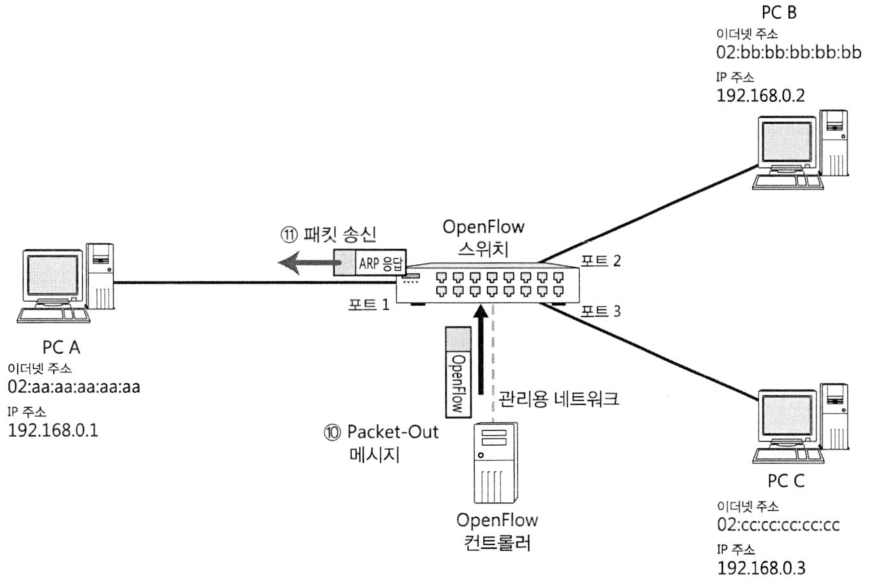

PC B의 이더넷 주소가 설정된 플로우 엔트리의 추가

Packet-In 메시지를 수신한 OpenFlow 컨트롤러는 ARP 리플라이를 송신하고 있는 PC B가 포트 2에 접속하고 있음을 인식할 수 있다. 따라서 이더넷 주소 02:bb:bb:bb:bb:bb를 목적지로 하는 이더넷 프레임은 포트 2로 전송하면 된다는 것을 알 수 있으므로, 이를 실행하는 플로우 엔트리를 Flow-Mod 메시지에 의해 OpenFlow 스위치로 설정한다.

PC B의 이더넷 주소를 플로우 엔트리로서 추가할 때에도, 이더넷 주소 테이블에서 자동적으로 삭제하기까지의 타임아웃 시간도 셋팅해 둔다. OpenFlow 스위치 내에 작성되는 플로우 엔트리는 표 4.10에 나타내는 요소를 포함하고 있으며, 종래의 L2 스위치에 의한 이더넷 주소 테이블과 같은 역할을 담당한다.

표 4.10
플로우 엔트리가 포함하는 요소

목적지 이더넷 주소	포트번호	타임아웃 값	
02:aa:aa:aa:aa:aa	1	179초	
02:bb:bb:bb:bb:bb	2	180초	← 신규추가

이와 같이 ARP 요청과 ARP 응답을 감시함으로써 러닝브릿지에 가까운 동작을 OpenFlow 1.0에서 실현하는 것도 가능하다.

4.3.4 PC A와 PC B가 바뀌면 어떻게 될까?

이 예에서는, 플로우 엔트리가 삭제되는 조건은 idle-timeout뿐이다. 그러므로 플로우 엔트리에 일치하는 목적지에 대한 패킷이 OpenFlow 스위치에 도착하는 한은 플로우 엔트리가 계속 남는다.

그러면, PC A와 PC B의 접속 위치가 물리적으로 바뀌면 어떻게 될까를 상정해 보자(그림 4.19).

그림 4.19
PC A와 PC B가 바뀌면?

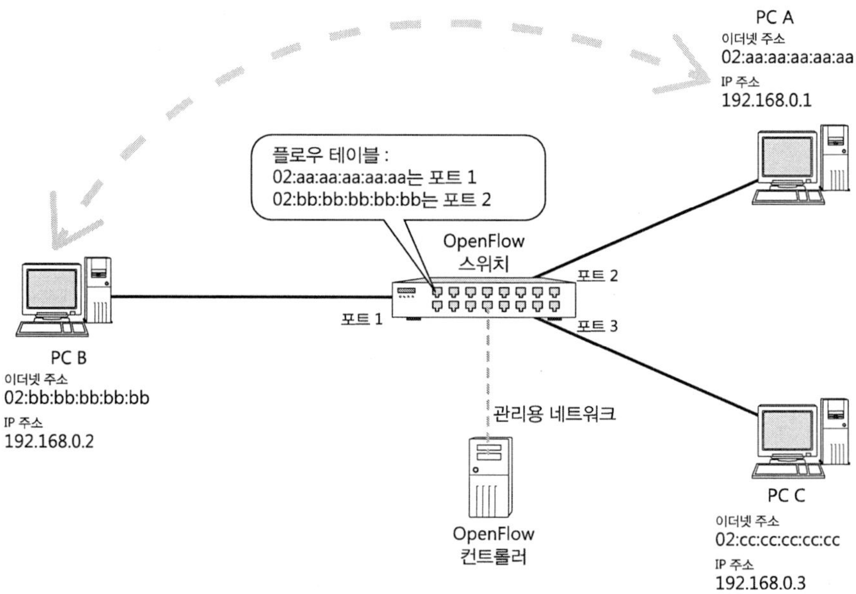

이 절의 예에서는 플로우 엔트리에 idle-timeout을 설정하지만, 이 idle-timeout을 사용하는 방법은 통상적인 러닝브릿지에서의 이더넷 주소 테이블의 타임아웃과는 근본적으로 그 의미가 다르다. 무엇이 다른가 하면 타임아웃하지 않기 위한 조건이다. 일반적인 러닝브릿지에서의 이더넷 주소 테이블의 타임아웃은 일정기간 그 포트로부터의 패킷 송신이 발생하지 않는 경우에 발생한다. 한편 OpenFlow 1.0을 이용한 이번 예에서는 일정 기간 그 포트로의 패킷 송신이 없는 경우에 플로우 엔트리가 타임아웃된다.

이와 같이 타임아웃 값이 리셋되는 조건이 완전히 다르므로, 이 절에서 나타낸 OpenFlow 1.0에서의 설정 예에서는 그 포트에 대상이 되는 이더넷 주소를 가진 기기가 없더라도, 그 목적지 이더넷 주소 쪽으로 패킷을 송신하는 기기가 있다면 플로우 테이블이 유지된다.

OpenFlow 1.0을 이용하여 러닝브릿지와 같이 발신지 이더넷 주소만을 물리 포트와 관련짓는 플로우 엔트리의 관리를 엄밀하게 실행하기 위해서는, OpenFlow 컨트롤러로 모든 패킷을 Packet-In 메시지로 송신할 필요가 있으며, 효율적인 러닝브릿지를 구축하는 것은 곤란할 수도 있다(단, 다음 절에서 소개하는 발신지와 목적지 이더넷 주소를 쌍으로 관리하는 방법은 가능하다).

4.3.5 발신지와 목적지 이더넷 주소를 쌍으로 관리하는 방법

ARP를 이용하는 방법 외에, 발신지 이더넷 주소와 목적지 이더넷 주소 쌍으로 플로우 엔트리를 관리하는 동작예도 생각해 볼 수 있다.

그림 4.10의 상황에서 문제가 발생한 것은 목적지 이더넷 주소만으로 플로우 엔트리를 구성하여 러닝브릿지와 동등한 기능을 실현하려고 했기 때문이다. 목적지 이더넷 주소뿐 아니라 발신지 이더넷 주소도 같이 플로우 엔트리의 매치필드에 설정함으로써, OpenFlow 컨트롤러로의 Packet-In 메시지가 발생하는 상황을 실현할 수 있다. 이 방법에는 ARP를 관리하는 방법보다도 간단하게 러닝브릿지 기능을 실현할 수 있다는 장점도 있다.

단, 발신지와 목적지 이더넷 주소 양쪽을 사용하는 방법은 트레이드 오프(Trade off)이기도 하다. 우선, 발신지와 목적지 이더넷 주소라는 입도로 플로우 엔트리가 작성되므로, OpenFlow 스위치에 등록되는 플로우 엔트리 수는 많아진다. 또한, 목적지 이더넷 주소를 알고 있더라도 발신지와의 조합이 미등록된 경우에는 OpenFlow 컨트롤러로의 Packet-In이 발생한다.

4.3.6 OpenFlow 1.1 이후에서의 러닝브릿지 실현 방법

이 절에서 살펴본 바와 같이 OpenFlow 1.0에서는 엄밀한 의미에서 러닝브릿지와 동등한 것을 실현하기 어렵게 되어 있다.▼

▼ OpenFlow만으로 러닝브릿지를 실행하는 경우, 이 책에서도 소개하고 있는 발신지와 목적지 이더넷 주소 양쪽을 이용하거나, ARP로 플로우 엔트리를 추가하는 워크어라운드가 채택되기도 한다. 그 외에, IP 주소도 포함하여 플로우를 관리하는 경우도 있다.

그러나 OpenFlow 1.1의 멀티플 테이블에 의한 파이프라인 처리를 이용하면 엄밀한 의미에서 러닝브릿지와 동등한 작업을 실행하기가 쉬워진다(7.3.3항 참조).

이외에, 플로우 엔트리를 이용하지 않고 OpenFlow 1.1에서 정의되어 있는 OpenFlow 하이브리드 스위치 기능을 사용하는 방법도 있다(7.8.2항 참조). OpenFlow 하이브리드 스위치는 OpenFlow 1.1의 사양이지만, 러닝브릿지 기능을 OpenFlow 스위치 기능과 동시에 다룰 수 있는 OpenFlow 1.0 제품도 있다. 각종 유스케이스를 고려하면, 이런 제품에서의 러닝브릿지 기능은 실제 운영을 검토하는 과정에 숨겨진 키포인트일 수도 있다.

4.4 태그드 VLAN

여기에서는 태그드 VLAN을 OpenFlow에서 실현해 본다. OpenFlow 1.0에는 VLAN 태그를 추가하거나 삭제하는 기능이 있다. 이 예는 그 기능들을 활용한 것이다.

4.4.1 태그드 VLAN 구성 대상 네트워크

이 예의 네트워크 구성을 그림 4.20에 나타내었다. OpenFlow 스위치 1과 2 각각에 2대씩 PC가 접속되며, OpenFlow 스위치 1의 포트 3이 OpenFlow 스위치 2의 포트 1과 접속되어 있다.

그림 4.20 태그드 VLAN 예의 네트워크 구성

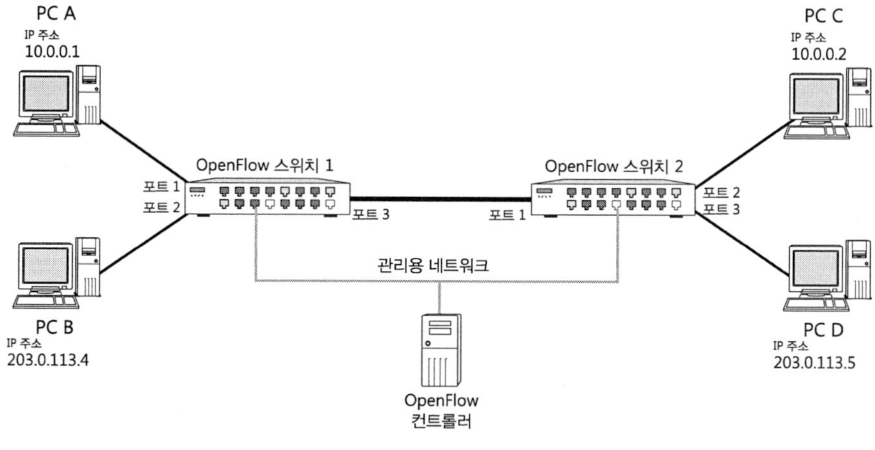

이 예에서는 그림 4.21과 같이, PC A와 PC C가 ID 10이라는 VLAN에 속해 있다. 마찬가지로, PC B와 PC D가 ID 203이라는 VLAN에 속해 있다.

PC A와 PC C, PC B와 PC D는 각각 같은 브로드캐스트 도메인을 공유하고 있다. 한편, VLAN 10과 VLAN 203은 각각 격리되어 있어서 서로 통신할 수 없다.

그림 4.21
VLAN 10과 VLAN 203

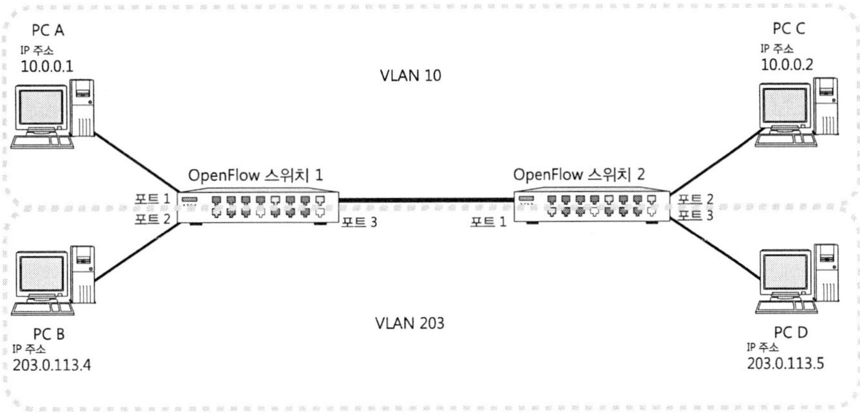

위 그림과 같은 환경을 실현하기 위해, OpenFlow 스위치 1과 OpenFlow 스위치 2 사이는 VLAN 태그를 이용한 통신을 실행한다(그림 4.22). PC A 및 PC C로부터의 패킷은 ID 10의 VLAN 헤더가, PC B 및 PC D로부터의 패킷은 ID 203의 VLAN 헤더가 각각의 OpenFlow 스위치로 Set VLAN 액션에 의해 추가된다. 그리고 PC와 접속된 OpenFlow 스위치의 포트에 패킷이 전송되기 전에 Strip VLAN 액션에 의해 VLAN 헤더가 제거된다.

그림 4.22
Set VLAN ID와 Strip VLAN

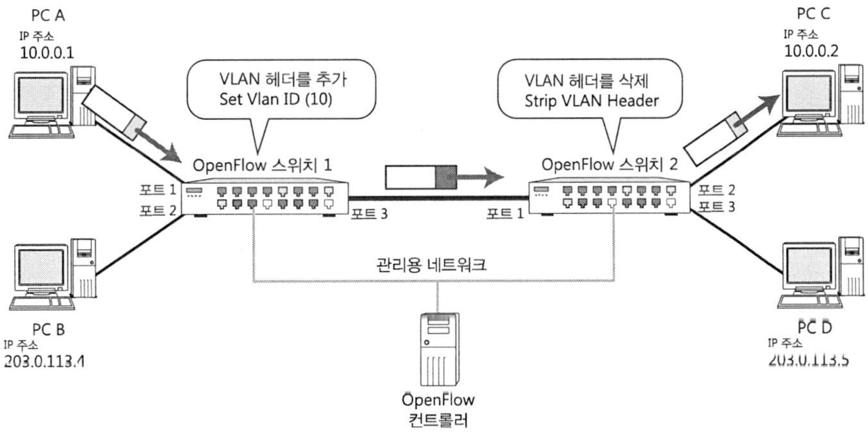

이 절의 예는 OpenFlow 1.0에서 실행되고 있다. OpenFlow 1.1부터는 VLAN 태그를 추가하는 액션이 Push VLAN, VLAN 태그를 제거하는 액션이 Pop VLAN으로 각각 바뀌어 있다(7.8.1항 참조).

4.4.2 태그드 VLAN을 실현하는 설정(OpenFlow 스위치 1)

OpenFlow 스위치 1에 대한 설정을 살펴본다.

OpenFlow 스위치 1에 대한 설정은 프로액티브형으로 사전에 실행된다(그림 4.23). OpenFlow 컨트롤러로부터 OpenFlow 스위치 1로 4개의 Flow-Mod 메시지가 송신되고, 4개의 플로우 엔트리가 OpenFlow 스위치 1에 추가된다. 이 플로우 엔트리는 OpenFlow 컨트롤러로부터의 명시적인 삭제 명령이 없는 한 유지된다.

그림 4.23
태그드 VLAN 실현을 위한 프로액티브형 설정 (OpenFlow 스위치 1)

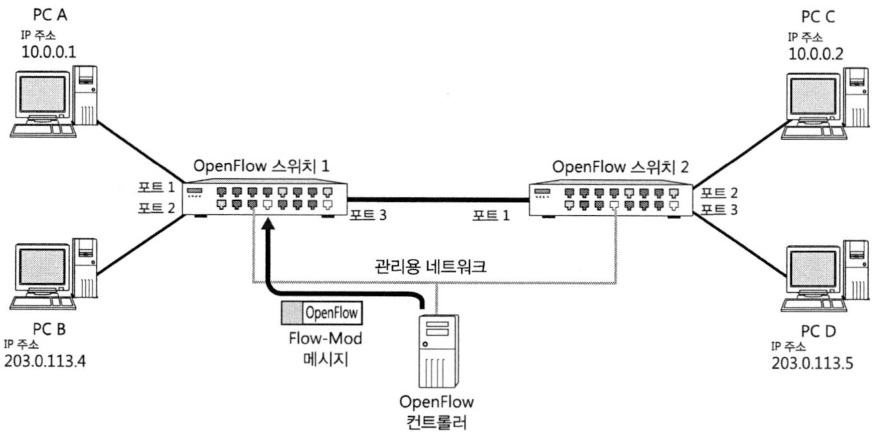

PC로부터의 입력 패킷을 위한 설정

표 4.11은 PC A로부터의 패킷이 OpenFlow 스위치 1의 포트 1로부터 입력되고, 포트 3으로부터 출력될 때에 ID 10의 VLAN 태그가 삭제되어 전송되기 위한 설정이다.

주요 특징으로는, 매치필드의 in-port가 1, 액션이 2개 있다는 점을 들 수 있다.

첫 번째 액션이 VLAN 태그를 추가하는 Set VLAN ID이다. Set VLAN ID는 VLAN 태그가 존재하지 않는 패킷에 대해서는 VLAN 태그를 추가하고, VLAN 태그가 이미 존재하고 있는 패킷에 대해서는 ID 부분을 변경하게 되어 있는 사양이다(사양이 애매하여 OpenFlow 1.1에서는 내용이 변경되었다). 이 예에서는 포트 1로부터의 패킷에는 VLAN 태그가 연결되지 않은 것으로 하므로 VLAN태그가 새롭게 추가된다.

두 번째 액션이 물리 포트로의 전송이다. ID 10의 VLAN 태그가 연결된 후에 포트 3으로 패킷이 전송된다.

표 4.11
VLAN ID 10용 Flow-Mod 메시지의 주요 항목

주요 필드		내용	값
매치	in_port	PC A에 접속되어 있는 포트번호	1
	와일드카드	입력 포트 외에는 ANY	0x003ffffe(OFPFW_ALL xor OFPFW_IN_PORT)
타임아웃	idle_timeout	양쪽이 0인 경우는 타임아웃하지 않는다.	0
	hard_timeout		0
우선도			20000
액션	type	VLAN 태그의 추가	SET VLAN ID(1)
	vlan_vid	VLAN ID	10
	type	스위치의 포트로 송신	OFPAT_OUTPUT(0)
	out_port	OpenFlow 스위치끼리 접속되어 있는 포트	3

VLAN ID 203용의 설정은 표 4.12와 같다. 기본적인 방식은 표 4.11과 같지만 VLAN ID 입력 포트번호가 다르다.

그림 4.12
VLAN ID 203용 Flow-Mod 메시지의 주요 항목

주요 필드		내용	값
매치	in_port	PC B에 접속되어 있는 포트번호	2
	와일드카드	입력 포트 외에는 ANY	0x003ffffe(OFPFW_ALL xor OFPFW_IN_PORT)
타임아웃	idle_timeout	양쪽이 0인 경우는 타임아웃하지 않는다.	0
	hard_timeout		0
우선도			20000
액션	type	VLAN 태그의 추가	SET VLAN ID(1)
	vlan_vid	VLAN ID	203
	type	스위치의 포트로 송신	OFPAT_OUTPUT(0)
	out_port	OpenFlow 스위치끼리 접속되어 있는 포트	3

■ OpenFlow 스위치로부터의 입력 패킷을 위한 설정

OpenFlow 스위치 쪽에서 도착하는 VLAN 태그가 있는 패킷을 처리하기 위한 설정을 살펴본다.

PC A와 PC C가 접속되어 있는 ID 10의 VLAN을 실현하기 위한 OpenFlow 스위치 1의 설정은 표 4.13과 같다.

매치 필드에서는 ID가 10이 되어 있는 VLAN 태그가 붙어 있고 in-port가 3인 패킷을 대상으로 하고 있다.

이 플로우 엔트리에는 2개의 액션이 설정되어 있다. 첫 번째 액션이 VLAN 태그를 삭제하고, 두 번째 PC가 접속되어 있는 포트로 패킷을 전송한다.

표 4.13
VLAN ID 10용 OpenFlow 스위치 1의 설정

주요 필드		내용	값
매치	Ingress port	OpenFlow 스위치 2와 접속되어 있는 포트번호	3
	VLAN id	VLAN ID 10	10
	와일드카드	입력 포트와 VLAN Id 외에는 ANY	0x003ffffc(OFPFW_ALL xor(OFPFW_IN_PORT | OFPFW_DL_VLAN))
타임아웃	idle_timeout	양쪽이 0인 경우는 타임아웃하지 않는다.	0
	hard_timeout		0
우선도			20000
액션	type	VLAN 태그의 삭제	Strip VLAN(3)
	type	스위치의 포트로 송신	OFPAT_OUTPUT(0)
	out_port	PC A가 접속되어 있는 포트	1

PC A와 PC C가 접속되어 있는 ID 203의 VLAN을 실현하기 위한 OpenFlow 스위치 1의 설정은 표 4.14와 같다. 기본적인 방식은 표 4.13과 같다.

표 4.14
VLAN ID 203용 OpenFlow 스위치 1의 설정

주요 필드		내용	값
매치	Ingress port	OpenFlow 스위치 2와 접속되어 있는 포트번호	3
	VLAN id	VLAN ID 203	203
	와일드카드	입력 포트와 VLAN id 외에는 ANY	0x003ffffc(OFPFW_ALL xor(OFPFW_IN_PORT | OFPFW_DL_VLAN))
타임아웃	idle_timeout	양쪽이 0인 경우는 타임아웃하지 않는다.	0
	hard_timeout		0
우선도			20000
액션	type	VLAN 태그의 삭제	Strip VLAN(3)
	type	스위치의 포트로 송신	OFPAT_OUTPUT(0)
	out_port	PC B가 접속되어 있는 포트	2

4.4.3 태그드 VLAN을 실현하는 설정(OpenFlow 스위치 2)

이어서 OpenFlow 스위치 2의 설정도 살펴보자. 기본적인 방식은 OpenFlow 스위치 1과 동일하다.

OpenFlow 스위치 2에 대한 설정도 OpenFlow 스위치 1과 마찬가지로 프로액티브형으로 사전에 실행된다(그림 4.24). OpenFlow 컨트롤러로부터 OpenFlow 스위치 2로 4개의 Flow-Mod 메시지가 송신되고 4개의 플로우 엔트리가 추가된다. 이 플로우 엔트리는 OpenFlow 컨트롤러로부터의 명시적인 삭제 명령이 없는 한 유지된다.

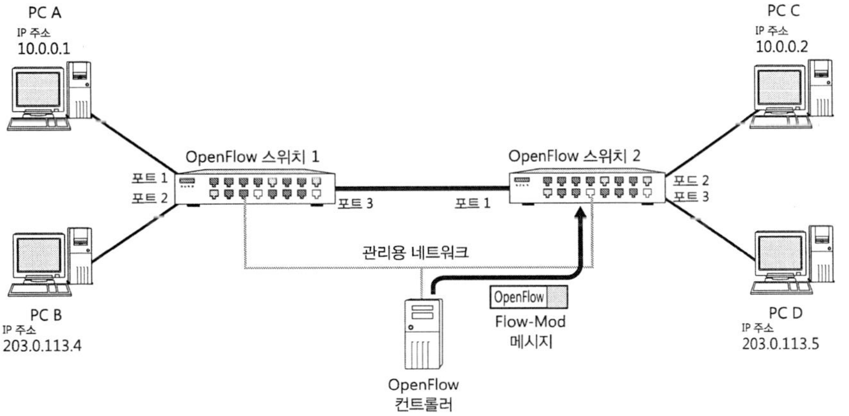

그림 4.24 태그드 VLAN 실현을 위한 프로액티브형 설정(OpenFlow 스위치 2)

PC로부터의 입력 패킷을 위한 설정

PC C로부터의 패킷에 ID 10의 VLAN 태그를 추가하는 설정이 표 4.15와 같고, PC D로부터의 패킷에 ID 203의 VLAN 태그를 추가하는 설정이 표 4.16과 같다.

표 4.15 PC C로부터의 패킷에 ID 10 VLAN 태그를 추가하는 설정

주요 필드		내용	값
매치	Ingress port	PC C와 접속되어 있는 포트번호	2
	와일드카드	입력 포트 외에는 ANY	0x003ffffe(OFPFW_ALL xor OFPFW_IN_PORT)
타임아웃	idle_timeout	양쪽이 0인 경우는 타임아웃하지 않는다.	0
	hard_timeout		0
우선도			20000
액션	type	VLAN 태그의 추가	Set VLAN ID(1)
	vlan_id	VLAN ID	10
	type	스위치의 포트로 송신	OFPAT_OUTPUT(0)
	out_port	OpenFlow 스위치끼리 접속되어 있는 포트	1

표 4.16 PC D로부터의 패킷에 ID 203 VLAN 태그를 추가하는 설정

주요 필드		내용	값
매치	Ingress port	PC D와 접속되어 있는 포트번호	3
	와일드카드	입력 포트 외에는 ANY	0x003ffffe(OFPFW_ALL xor OFPFW_IN_PORT)
타임아웃	idle_timeout	양쪽이 0인 경우는 타임아웃하지 않는다.	0
	hard_timeout		0
우선도			20000
액션	type	VLAN 태그의 추가	Set VLAN ID(1)
	vlan_id	VLAN ID	203
	type	스위치의 포트로 송신	OFPAT_OUTPUT(0)
	out_port	OpenFlow 스위치끼리 접속되어 있는 포트	1

■ OpenFlow 스위치로부터의 입력 패킷을 위한 설정

OpenFlow 스위치 1로부터의 패킷에서 VLAN 태그를 삭제한 후, PC C에 전송하기 위한 설정이 표 4.17이고, PC D에 전송하기 위한 설정이 표 4.18이다.

표 4.17 OpenFlow 스위치 1로부터의 패킷을 PC C에 전송하기 위한 설정

주요 필드		내용	값
매치	Ingress port	OpenFlow 스위치 1과 접속되어 있는 포트번호	3
	VLAN id	VLAN ID	10
	와일드카드	입력 포트와 VLAN ID 외에는 ANY	0x003ffffc(OFPFW_ALL xor(OFPFW_IN_PORT | OFPFW_DL_VLAN))
타임아웃	idle_timeout	양쪽이 0인 경우는 타임아웃하지 않는다.	0
	hard_timeout		0
우선도			20000
액션	type	VLAN 태그의 삭제	Strip VLAN(3)
	type	스위치의 포트로 송신	OFPAT_OUTPUT(0)
	out_port	PC C가 접속되어 있는 포트	2

표 4.18
OpenFlow 스위치 1로부터의 패킷을 PC D에 전송하기 위한 설정

주요 필드		내용	값
매치	Ingress port	OpenFlow 스위치 1과 접속되어 있는 포트번호	1
	VLAN id	VLAN ID	203
	와일드카드	입력 포트와 VLAN ID 외에는 ANY	0x003ffffc(OFPFW_ALL xor(OFPFW_IN_PORT | OFPFW_DL_VLAN))
타임아웃	idle_timeout	양쪽이 0인 경우는 타임아웃하지 않는다.	0
	hard_timeout		0
우선도			20000
액션	type	VLAN 태그의 삭제	Strip VLAN(3)
	type	스위치의 포트로 송신	OFPAT_OUTPUT(0)
	out_port	PC D가 접속되어 있는 포트	3

4.4.4 태그드 VLAN 구성

실용적인 태그드 VLAN 기기를 실현하기 위해서는 동일 네트워크에 속하는 포트를 그룹으로 다루는 동시에 각 브로드캐스트 도메인 내에서 러닝브릿지 기능도 필요하게 된다. 여기에서 소개한 것은 단순히 VLAN 태그의 추가와 삭제를 실행하는 것이다.

이 예에서는 OpenFlow 1.0을 기본으로 소개하였지만, OpenFlow 1.1부터 액션이 변경되어 있는 점에도 주의가 필요하다. OpenFlow 1.0에서는 1단계 VLAN 태그의 조작만이 가능했지만 OpenFlow 1.1부터는 다단계의 태그 조작이 가능하게 되었다. OpenFlow 1.1에 관해서는 제7장을 참조한다.

제 5 장

OpenFlow와 가상화

가상화는 OpenFlow 자체의 표준기능으로 제공되는 것은 아니지만 OpenFlow의 활용방법으로 설정되어 있는 테마이다. 이 장에서는 OpenFlow에 의한 네트워크 가상화, VMware 등에 의한 서버 가상화와 OpenFlow의 관계 등을 소개하기로 한다.

서버 가상화에 따른 라이브 마이그레이션(VMotion–Live Migraiton–)을 어떻게 다룰까 하는 것은 이 책의 집필 시점에서는 세간의 핫토픽 중 하나이다. 또한, OpenFlow에서의 실현방법에 더하여 SDN이라는 보다 큰 묶음으로써의 논의가 활발해지고 있다. 이 분야는 이 책의 출판 후에도 더욱 발전해 갈 것으로 예상된다.

5.1 서버 가상화와 네트워크 가상화

우선 이 장의 배경이 되는 서버 가상화와 네트워크 가상화에 대해 소개한다.

5.1.1 서버 가상화

서버 가상화란, 1개의 물리 서버 상에서 복수의 가상 머신을 이동시킴으로써 마치 복수의 서버가 존재하고 있는 것처럼 다룰 수 있도록 하는 기술이다. 물리 서버 내에 가상 머신을 가동시킨다는 기본적인 기술 자체는 이전부터 존재하였다. 그러나, 조직 내의 복수 서비스를 가상 머신으로 가동시켜서 집약시키거나, 데이터센터 등에서 제공하는 서비스를 가상 머신으로 제공한다는 흐름과 그 실행을 위한 주변 기술은 비교적 최근에 발전한 것이고, 저서를 집필하는 현재에도 급속하게 발전을 거듭하고 있는 분야이다.

물리 서버에서 가동하는 가상 머신은 그림 5.1과 같은 구성에서 동작한다. 물리 서버 내에 가상 머신을 가동시키는 것은 하이퍼바이저(Hypervisor)라고 불리는 소프트웨어이다. 하이퍼바이저는 물리 서버의 자원을 활용하는 동시에 마치 복수의 하드웨어가 있는 것처럼 보임으로써 복수의 OS를 가동시킬 수가 있다. 각 가상 머신에서 동작하는 OS나 그 OS 상에서 이용되는 애플리케이션은 가상 환경을 위한 특별한 것일 필요는 없다는 것도 큰 특징이다.

그림 5.1
가상 머신의 구성

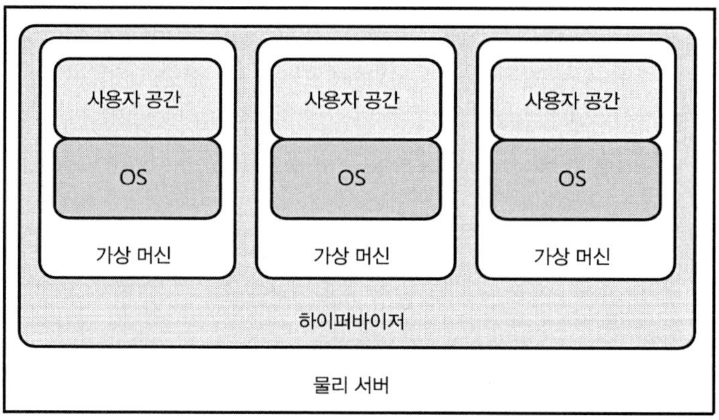

가상 머신을 운용하는 방법으로 그림 5.2와 같이 물리 서버 내에 복수의 가상 머신을 동작시킨 상태에서, 각 가상 머신이 가상 스위치(환경에 따라서는 가상 라우터)에 접속하고, 가상 스위치가 물리 서버의 물리 NIC를 경유하여 외부와 통신을 실행하는 방법도 있다.

그림 5.2
가상 스위치에 의한 통신

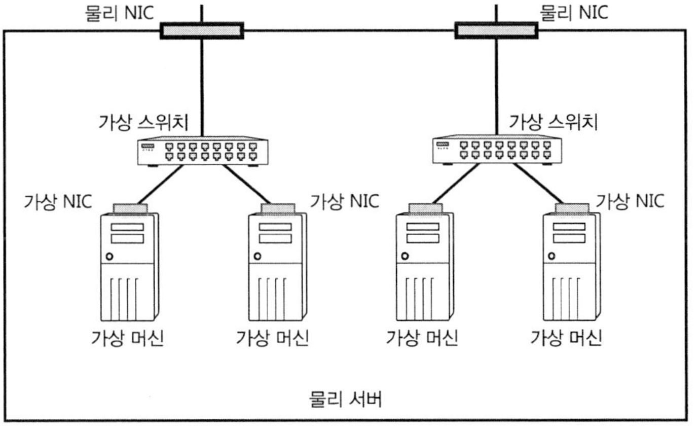

예를 들어, 각 가상 머신을 개별 사용자가 이용하는 경우, 가상 스위치로 악의적인 ARP 패킷이나 DHCP 패킷 등을 필터링할 수도 있다. 가상 스위치에서 물리 NIC를 경유하여 외부와 통신을 실행하는 패킷에 대해, 가상 스위치가 VLAN 태그를 붙이는 운용도 실행하기 쉬워진다.

5.1.2 라이브 마이그레이션

서버 가상화를 실현하는 환경을 구축하는 데에 매우 중요한 요소가 되는 것이 [라이브 마이그레이션]이다.

라이브 마이그레이션이란 상이한 물리 서버 간에 가상 머신을 이동시키는 것이다. 라이브 마이그레이션을 활용함으로써 물리적인 부품교환 등 하드웨어의 유지관리나 특정 하드웨어에 일시적으로 집중되어 있는 부하를 분산하는 운용이 가능해진다.

가동하고 있는 가상 머신을 그대로 정지시키지 않고 계속 서비스하는 상태에서 이동시키는 라이브 마이그레이션과는 반대로, 일단 서비스를 정지하고 재가동하여 가상 머신을 이동시키는 것은 [콜드 마이그레이션]이라 불린다.

라이브 마이그레이션으로는 가상 머신의 메모리 스냅샷 등을 네트워크를 매개로 하여 짧은 시간 내에 다른 물리 서버로 이동시킨다. 가상 머신 상에서 가동하고 있는 OS나 소프트웨어는 그대로 정지하지 않고 가동을 계속한다. 이때, 사용자에게 라이브 마이그레이션의 발생을 인식시키지 않고 서비스를 계속하기 위해 이동 전후에 완전히 동일한 IP 주소를 계속 이용할 수 있는 네트워크 설계가 요구된다. 구체적으로는 가상 머신이 접속되어 있는 네트워크 세그먼트가 이동 전후에 같을 필요가 있다.

그림 5.3
라이브 마이그레이션

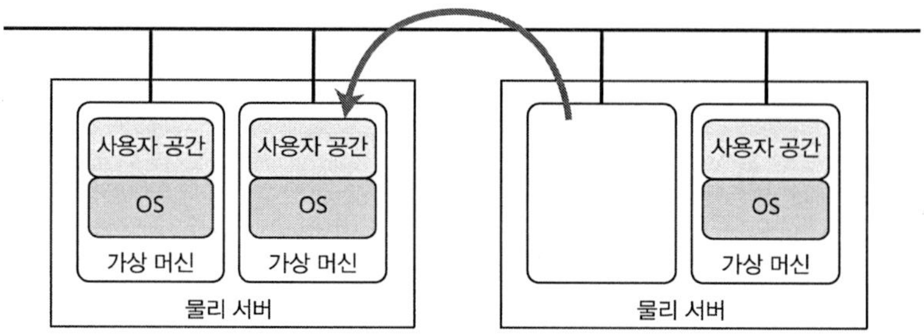

라이브 마이그레이션의 후처리로 일반적으로 실행되는 것이 가상 머신에 의한 Gratuitous ARP의 송신이다. Gratuitous ARP는 다른 호스트가 이미 동일 IPv4 주소를 가지고 있지 않은지를 확인하기 위해 사용되는 ARP 패킷이다. 만약, 다른 호스트가 이미 동일 IPv4 주소를 가지고 있다면, Gratuitous ARP를 송신한 호스트에게 ARP에 대해 ARP 응답메시지가 송신된다.

네트워크 상의 스위치는 라이브 마이그레이션이 실행된 가상 스위치로의 Gratuitous ARP에 의해 이더넷 주소 테이블을 갱신할 수 있다. Gratuitous ARP는, ARRP(Virtual Router Redundancy Protocol)[12] 등의 프로토콜에서도 이용되고 있다.

5.1.3 멀티테넌트 (Multi-Tenant)

[멀티테넌트]라는 개념도 서버 가상화와 OpenFlow를 설명함에 있어 중요한 요소이다. 이는 1개의 시스템 내에 가상적으로 격리된 복수의 환경을 마련하고, 각각의 고객(테넌트)에 대해 개별 가상공간에서 서비스를 제공하는 것이다. 복수의 테넌트에 대한 서비스를 통합하여 제공함으로써 기기나 운영에 들어가는 코스트를 삭감하는 데에 목적이 있다.

■ 멀티테넌트와 그렇지 않은 환경의 차이

기업이나 학교 등의 조직 내부 등 멀티테넌트가 아닌 환경과 데이터센터 사업자나 호스팅 사업자 등이 제공하는 멀티테넌트 환경을 실현하는 데 있어서의 차이점으로, 예를 들면 다음과 같은 것이 있다.

그림 5.4는 기업 내에서 종종 볼 수 있는 간단한 가상화 시스템의 예이다. 이 그림에서, 각 물리 서버는 리던던시(Redundancy)를 실현하기 위해 상위 2개의 L2 스위치에 접속하고 있다. 그리고 각 물리 서버 내에서 복수의 가상 머신이 가동하고 있다. 가상 머신과 VLAN으로 구성되는 논리 네트워크는 관리 부분이나 담당자 차이 등의 이유로 복수의 세그먼트로 나뉘어 있다. 동일 조직 내의 네트워크이며, 특히 시큐리티적인 분리의 필요성이 없는 환경에는 네트워크가 스위치만으로

구성되어 VLAN 간의 라우팅도 가능해졌다.

그림 5.4
멀티테넌트가 아닌 경우

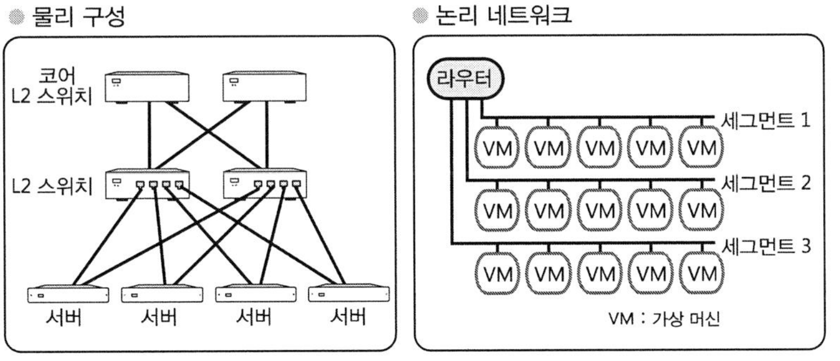

한편, 클라우드 서비스 등에서 볼 수 있는 멀티테넌트의 구성 예로, 그림 5.5와 같은 경우를 들 수 있다.

그림 5.5
멀티테넌트의 경우

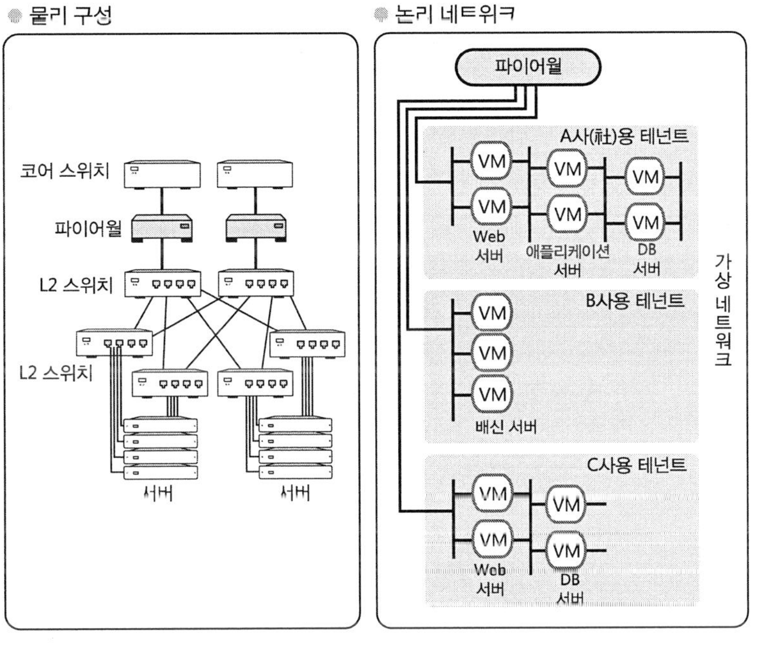

단일 조직 내에서 세그먼트를 분할하고 있는 경우와는 달리, 멀티테넌트 환경에서는 각 테넌트끼리 완전히 다인인 것이 일반적이다. 그 때문에, 각 테넌트 사이에서 상호간에 통신할 필요성은 발생하지 않으며, 오히려 고객 시스템 간에서의 웜 감염이나 정보 누출 등이 발생해서는 안 된다는 시큐리티 요건이 있다.

이런 이유로, 멀티테넌트의 경우 각 테넌트의 서버가 다른 테넌트의 서버와 통신할 수 없도록 하기 위해 라우팅을 분리하고, 방화벽 등으로 액세스 제어를 실행하는 것이 일반적이다. 파이어월은 물리적인 기기인 경우도 있지만 가상 머신에 의한 가상 어플라이언스인 경우도 있다.

▼[web 3층 아키텍처]라는 별칭으로 표현되는 경우도 있다.

3계층 시스템▼이라 불리는 구성을 그대로 가상화하는 경우도 있다. 이 경우, 1개의 테넌트 내에서 이용되는 VLAN이 복수가 되고, 각 VLAN 간의 라우팅도 필요하게 되어 가상 라우터라 불리는 L3 기능을 가지는 가상 머신이 가상 네트워크 내에서 운용된다.

또한, 각 테넌트 내에서 프라이빗 IPv4 주소가 이용된 경우 등, 복수 테넌트의 내부에서 동일 IP 주소가 중복되는 경우도 생각할 수 있다.

5.1.4 네트워크 가상화

VLAN이나 복수 라우팅 테이블을 1대의 라우터로 동시에 이용하는 VRF(Virtual Routing and Forwarding) 등의 네트워크 가상화는 이전부터 존재하였으므로, 네트워크를 가상화하는 발상 자체가 완전히 새로운 것이라 할 수는 없다. 그러나 라이브 마이그레이션이나 멀티테넌트 등의 트렌드과 함께 네트워크 가상화가 재차 주목받게 되었다.

네트워크 가상화를 이용하지 않는 종래의 네트워크는 서비스나 시스템의 목적에 따라 전용 하드웨어를 마련하여 상이한 네트워크를 구축하여 왔다. 네트워크의 가상화 기술은 종래 제각각 구축되었던 이러한 물리 네트워크를 논리분산하면서 물리통합하기 위해 이용 가능한 기술이다.▼

▼라이브 마이그레이션을 실행하기 위해 L2 네트워크를 서버 간에 연결하는 오버레이형 네트워크 기술을 [네트워크 가상화]라고 부르는 경우도 있다.

네트워크 가상화의 이점

네트워크 가상화의 이점으로 우선 꼽을 수 있는 것은 서버 가상화와 동일하게 물리적인 기기의 수를 줄이는 것이다. 시큐리티나 가용성의 관점에서 기간계, 정보계, 개발계로 독립한 네트워크를 가지는 경우, 네트워크를 물리적으로 통합하여 기기 코스트 및 운용 코스트의 삭감을 지향하는 경우도 있다. 캐리어 등에서, 서비스마다 물리적인 네트워크가 존재하므로 기업과 마찬가지로 통합이 실행되는 경우가 있다.

네트워크의 풀(pool)화

서버 가상화에 맞추어 네트워크 가상화를 활용하는 방법으로 네트워크의 풀(Pool) 화가 있다. 물리적으로 리소스를 풀(Pool)화 해 두고, 시스템의 리소스 요구가 있을 때 논리적으로 슬라이스를 할당함으로써 종래 시스템 개개의 물리적인 준비에 대한 부담을 경감한다. 클라우드 서비스 등에서 복수의 테넌트 시스템을 1개의 물리 리소스 상에 구축하는 경우, 상호 서버에 액세스가 가능해서는 안 되므로, 가상적으로 별도의 네트워크를 구축하여 상호 통신이 불가능한 환경을 개별 제공한다.

5.2 OpenFlow에 의한 네트워크 가상화 실현 방법의 예

OpenFlow를 활용하여 네트워크 가상화를 실현하는 방법의 예를 소개한다. 멀티테넌트 시스템 상에서 라이브 마이그레이션을 다루기 위해서는 사전에 가능성이 있는 모든 물리 포트에 VLAN 설정을 실행해 두거나, 라이브 마이그레이션 자체를 제어하고 있는 가상 서버 관리용 서버와 연계하는 방법을 상정할 수 있다.

이 책에서는 그 어느 쪽도 아닌 OpenFlow 네트워크만으로 라이브 마이그레이션을 다루는 경우를 소개한다. OpenFlow는 매우 유연한 프로토콜이므로, 라이브 마이그레이션에 대한 대응 방법은 여기에서 소개하는 것에 한정되는 것은 아니다. 예를 들면, 오케스트레이터(orchestrator)가 OpenFlow 컨트롤러에 명령을 내려 OpenFlow 네트워크를 제어하는 유스케이스가 제창되는 경우도 있다.

여기에서 소개하는 방법의 예는 다음의 2종류이다.

- VALN ID를 이용한 것
- 물리 포트/논리 포트를 이용한 것

이 방법들은 어떤 특정한 특징을 가지는 플로우를 자동적으로 특정의 가상 네트워크에 연결하여 다루는 것이다. 각 물리 포트에 어떠한 가상 네트워크를 설정하는 것이 아니라 OpenFlow 컨트롤러에 등록된 플로우의 특징에 따라 일괄하여 가상 네트워크를 설정하므로, 동적으로 가상 머신의 위치가 바뀌는 라이브 마이그레이션이 발생하더라도 OpenFlow 네트워크가 자동적으로 따라간다.

여기에서 소개하는 2가지 구현 방법은 각각 유사하지만, 플로우의 특징을 어떠한 요소로 매치하는가로 상정되는 유스케이스가 달라진다.

5.2.1 VLAN ID 이용

우선, OpenFlow 컨트롤러로 VLAN ID로 참가하는 가상 네트워크를 지정하는 방법이다. 이 방법의 유스케이스로는 OpenFlow가 아닌 L2 스위치나 블레이드 서버의 L2 스위치 카드와 OpenFlow 스위치가 직접 접속하는 경우 등을 상정할 수 있다.

OpenFlow 스위치에 접속된 L2 스위치는 필요한 포트로의 VLAN 설정 등 정적인 가상 네트워크 설정만을 실행하며, 가상 네트워크로의 배분 등의 동적인 부분을 OpenFlow 스위치로 실행한다.

5.2.2 물리 포트/논리 포트 이용

OpenFlow 컨트롤러로 OpenFlow 스위치의 물리/논리 포트에 따라 참가하는 가상 네트워크를 지정하는 방식이다.

유스케이스로는 종래의 서버 접속이나 플로어 LAN에서의 이용을 고려할 수 있다. 물리 포트마다 어느 가상 네트워크에 참가하는지를 결정하므로, 종래와 같이 서버를 접속할 때에는 물리적인 지정을 실행한다. 서버를 관리하는 시스템 관리자와 네트워크 관리자가 다른 경우에는 네트워크 관리자가 시스템 관리자에게 [어느 스위치의 어느 포트에 접속하라]와 같은 대화로 물리적인 위치를 지정하는 경우가 상정된다. 플로어 LAN에서도 종래와 같이 플로어 층에서 IP 주소가 다른 물리적인 환경에 따라 물리 포트가 결정되는 경우는 이러한 물리 포트에서의 지정을 실행한다.

가상화 서버의 가상 스위치로 OpenFlow에 대응하고 있는 경우 논리 포트가 사용되는 경우가 있다. 이 경우, 가상 머신이 사용하는 논리 포트를 어느 가상 네트워크에 참가시키는지를 지정하는 운용이 상정되어 있다.

5.2.3 OpenFlow 컨트롤러의 구현 포인트

이 방법들은 해당 플로우가 어느 가상 네트워크의 VLAN에 참가하는지를 사전에 등록해 둘 필요가 있다. 또한 각 가상 머신이 어느 포트에 접속되어 있는지, 즉 어느 이더넷 주소가 어느 물리 포트에 접속하고 있는지, 종래의 스위치의 MAC 테이블과 동일한 스테이션 정보를 관리할 필요도 있다. 그런 다음, 어느 가상 머신이 어느 가상 네트워크에 참가하고 있는지를 알 필요가 있다.

가상 네트워크 내의 모든 가상 머신에 대한 브로드캐스트 프레임을 바르게 VLAN 내에 송신할 수 있도록 할 필요도 있다. 상이한 가상 네트워크의 물리 포트 간에 통신 요구가 있었다 하더라도 이 패킷은 폐기하고, Packet-Out 메시지에 의한 송신이나 OpenFlow 스위치로의 플로우 엔트리를 등록하지 말 것도 요구된다. 위와 같은 포인트에 주의하면서 가상 네트워크 내에서 러닝브릿지로써의 기능을 제공한다.

이 방법에서 주의해야 할 것은, 방법이 다르다 하더라도 최종적으로 OpenFlow

스위치에 설정되는 플로우 엔트리에 큰 차이가 없을 가능성도 있다는 점이다. 라이브 마이그레이션에 의해 이동한 가상 머신은, 가상 네트워크에 의한 네트워크 세그먼트에 접속하고 있는데, 이 네트워크 세그먼트는 러닝브릿지(L2 스위치)로써의 기능을 가지고 있기 때문에 OpenFlow 스위치에 설정되는 플로우 엔트리는 제4장에서 소개한 러닝브릿지의 예와 같은 방식으로 구성된다. 라이브 마이그레이션의 후처리로 송신되는 Gratuitous ARP를 기초로 OpenFlow 컨트롤러가 플로우 엔트리를 설정하는 경우도 있다.

이런 이유로 플로우 엔트리를 OpenFlow 스위치에 설정하기 위한 방식이 다르다고 하더라도 최종적으로 표시되는 플로우 엔트리는 유사한 것이 되기 쉽다. 이는 OpenFlow 스위치 쪽에 설정된 플로우 엔트리만 보더라도 OpenFlow 컨트롤러가 블랙박스인 경우에는 그 안에서 실행되고 있는 로직이 반드시 완전하게 이해할 수 있는 것이 아님을 시사하고 있다.

5.2.4 그 외의 방법

그밖에, 5.3절에서 소개하는 FlowVisor를 이용하여 OpenFlow 컨트롤러의 부하를 분산시키면서 가상 네트워크를 분할 관리하는 방법과 6.1절에서 소개하는 이더넷 주소를 이용한 사용자 관리와 같은 방법을 가상 머신에 대해 실행하는 방법 등도 생각해 볼 수 있다.

5.3 FlowVisor

가상화를 실행하려고 할 때, OpenFlow 컨트롤러가 파악, 제어해야 하는 대상이 폭발적으로 증가한다. 이러한 상황에 대처하기 위해, 각 OpenFlow 컨트롤러가 담당 부분을 구분할 수 있는 시스템으로 FlowVisor[13][14]와 같은 것이 마련되어 있다.

5.3.1 FlowVisor 개요

FlowVisor는 사양이 아니라 소프트웨어 구현물의 명칭이다.

FlowVisor의 기능은 OpenFlow 컨트롤러의 리버스 프록시와 같은 것이다. 복수의 OpenFlow 컨트롤러가 있고 각각에 대해 네트워크의 어떤 공간을 처리시키는 설정을 FlowVisor로 해 두면, OpenFlow 스위치로부터 Packet-In 메시지가 표시되었을 때, 예를 들면 VLAN ID, IP 주소, 이더넷 주소, TCP 번호 등으로 판단하고 이는 컨트롤러 A, 컨트롤러 B와 같은 형태로 연결한다.

OpenFlow 스위치나 OpenFlow 컨트롤러는 사이에 FlowVisor가 들어가 있음을 특별히 의식하지 않고 동작 가능하다.

5.3.2 FlowVisor와 OpenFlow 컨트롤러 간의 OpenFlow 채널

FlowVisor에 대해 OpenFlow 채널을 확립하는 OpenFlow 스위치는 OpenFlow 컨트롤러와의 접속과 완전히 같은 수순으로 FlowVisor에 접속되어 있다.

한편, FlowVisor로부터의 OpenFlow 채널을 접수하는 OpenFlow 컨트롤러도 마찬가지이다. FlowVisor로부터의 OpenFlow 컨트롤러에 대한 OpenFlow 채널은 OpenFlow 컨트롤러가 제어하는 OpenFlow 스위치의 수와 같은 수로 확립된다.

다시 말해, FlowVisor로부터 OpenFlow 컨트롤러로 하나의 OpenFlow 채널 상에서 복수의 OpenFlow 스위치 용 메시지가 공유되는 일은 없다. 이는 1개의 OpenFlow 채널이 1개의 OpenFlow 컨트롤러와 1개의 OpenFlow 스위치 간에 통신을 실행하기 위한 것으로, 복수의 OpenFlow 스위치로 1개의 OpenFlow 채널을 공유할 수는 없기 때문이다.

OpenFlow 스위치의 식별자인 datapath_id가 OpenFlow 채널 확립 시의 핸드셰이크에서의 OpenFlow 스위치로부터 발신되는 Features 응답 메시지로만 통지되고 그 후는 통지되지 않는 것에서 보더라도, OpenFlow 채널이 복수 OpenFlow 스위치에서의 OpenFlow 채널 공유를 전제로 하고 있지 않음을 알 수 있다.

예를 들면, TCP 포트 80번 플로우를 모두 OpenFlow 컨트롤러 A로 제어하고, TCP 포트 25번을 OpenFlow 컨트롤러 B로 제어하는 구성은 그림 5.6과 같다.

그림 5.6
FlowVisor 이용 예

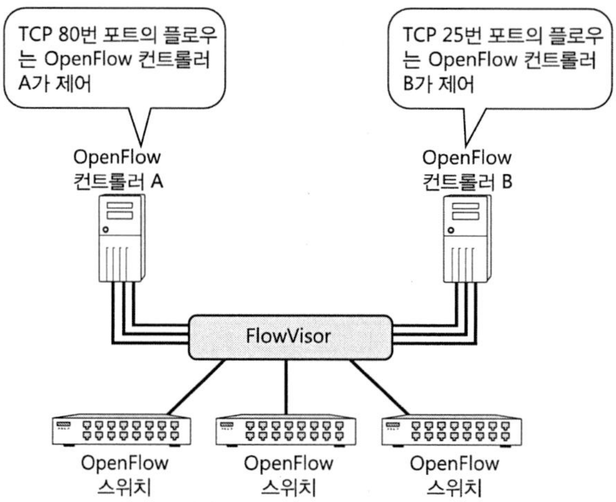

이 예에서 OpenFlow 스위치는 3대 있지만, FlowVisor로의 OpenFlow 채널 접속은 각 OpenFlow 스위치에서 하나씩이다. 이번 예에서는 OpenFlow 컨트롤러 A와 B 양쪽이 OpenFlow 스위치 3대 모두와 연관되므로, 각 FlowVisor로부터의 OpenFlow 컨트롤러에 대한 OpenFlow 채널은 3개가 된다.

5.3.3 FlowVisor의 다단 접속

FlowVisor는 통과적인 존재로써 OpenFlow 스위치와 OpenFlow 컨트롤러 사이에 들어가므로, FlowVisor와 FlowVisor를 연결하는 것도 가능하다. 예를 들어, 그림 5.7과 같이 FlowVisor에 대해 FlowVisor를 다단으로 연결하는 것도 가능하다.

그림 5.7
다단 FlowVisor 이용 예

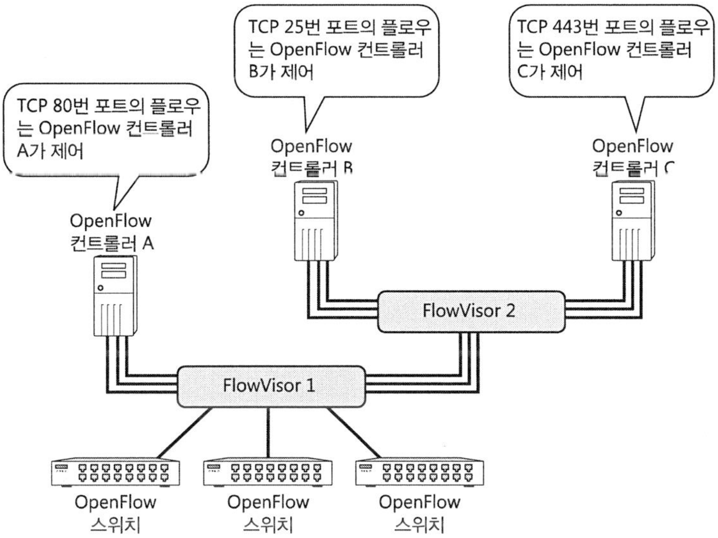

어떠한 플로우를 어느 OpenFlow 컨트롤러로 제어하는가에 관한 설정은 FlowVisor에서 이루어진다. OpenFlow 컨트롤러 쪽은 FlowVisor에서 보내지는 각종 메시지에 대해 통상적인 제어를 실행한다.

5.3.4 FlowVisor와 가상 네트워크

FlowVisor를 이용하여 가상 네트워크마다 개별 OpenFlow 컨트롤러를 할당할 수도 있다.

그림 5.8의 예에서는 OpenFlow 스위치 1의 물리 포트 1이 가상 네트워크 1에 접속되고, 물리 포트 2가 가상 네트워크 2에 접속되어 있다. 그리고 OpenFlow 스위치 2의 물리 포트 1이 가상 네트워크 2에 접속되고, 물리 포트 2가 가상 네트워

크 1에 접속되어 있다.

OpenFlow 스위치 1의 datapath_id가 1, OpenFlow 스위치 2의 datapath_id가 2일 때, 가상 네트워크 1을 OpenFlow 컨트롤러 A가 제어하고, 가상 네트워크 2를 OpenFlow 컨트롤러 B가 제어하기 위한 FlowVisor 설정은 표 5.1과 같다.

표 5.1
그림 5.8의 FlowVisor 설정

스위치(datapath_id)	물리 포트	컨트롤러
0000000000000001	1	컨트롤러 A
0000000000000001	2	컨트롤러 B
0000000000000002	1	컨트롤러 B
0000000000000002	2	컨트롤러 A

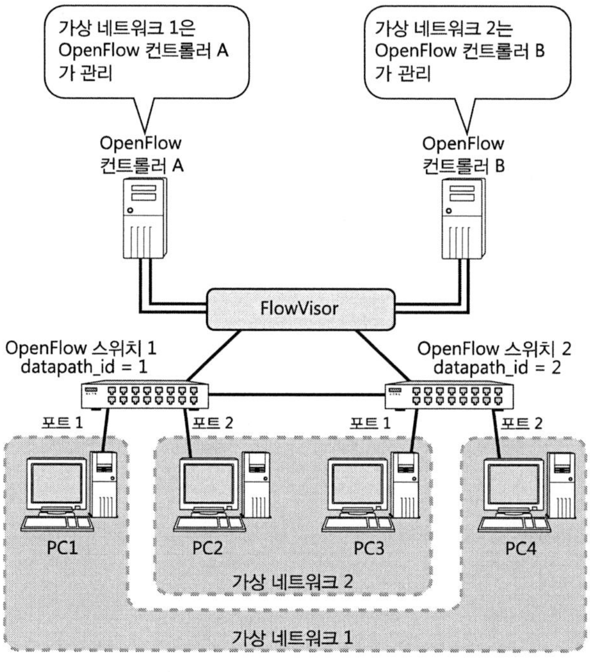

그림 5.8
가상 네트워크마다 OpenFlow 컨트롤러를 할당한다

이 예에서는, 물리 포트에서 설정을 나누고 있지만, 예를 들어, VALN ID로 나누는 방법 등도 가능하다. 5.2절에서 소개한 OpenFlow에 의한 가상 네트워크 관리 방법 등과 조합하면서 동시에 OpenFlow 컨트롤러의 부하 분산을 실행하기 위해 FlowVisor를 활용할 수도 있다.

5.3.5 FlowVisor 설정 시의 주의점

FlowVisor 설정 시 주의해야 할 것은 설정의 경합이다. 예를 들면, OpenFlow 컨트롤러 A가 10.0.0.0/8이라는 목적지 IPv4 주소의 플로우를 담당하고, OpenFlow 컨트롤러 B가 TCP 포트 80번 플로우를 담당하는 경우, 10.0.0.1로 보내는 TCP 포트 80번 패킷을 OpenFlow 컨트롤러 A나 B 어느 쪽에서 제어할 것인가를 명확하게 해야 한다.

FlowVisor에서 경합 플로우를 다루는 방법으로는 다음과 같이 2종류의 방법이 가능하다.

- FlowVisor에서 플로우가 경합하는 설정이 에러가 되어 설정을 실행할 수 없게 한다.
- 각 플로우에 우선도를 설정하여 경합한 경우에 어느 컨트롤러가 우선되는지를 설정한다.

플로우의 경합 이외에 주의해야 할 것은 어느 OpenFlow 컨트롤러도 담당하지 않는 플로우의 존재이다. 예를 들어 그림 5.6과 같이 OpenFlow 컨트롤러 A가 TCP 80번 포트를 담당하고 OpenFlow 컨트롤러 B가 TCP 25번을 담당하여 다른 플로우에 관해서는 어느 OpenFlow 컨트롤러도 담당하지 않는 경우, 그 외의 플로우를 다루는 OpenFlow 컨트롤러는 존재하지 않게 된다.

이와 같이, FlowVisor 이용 시에는 FlowVisor와 OpenFlow 컨트롤러 쌍방에서 설정을 조정할 필요가 있다.

제 6 장

유스케이스로 생각해 보는 OpenFlow

제4장에서는 OpenFlow 그 자체를 이해하기 위해 L2 스위치와 동등한 기능을 실현하는 설정 예를 중심으로 소개하였다. 이 장에서는, 유스케이스의 예를 들어 OpenFlow에 대해 살펴본다.

이 장에서의 이용방법은 어디까지나 단순 예이다. 그대로 상용으로 이용가능한 것은 아니므로 주의가 필요하다.

6.1 이더넷 주소를 이용한 사용자 관리

우선, 이더넷 주소를 이용한 사용자 관리 유스케이스의 실현 방법을 소개하기로 한다. 예를 들면, 기업이나 학교 등 LAN에서의 이용을 상정해 볼 수 있다.

사용자는 단말을 어느 물리 포트에 접속하더라도 같은 L3 세그먼트에 접속한 상태가 된다. OpenFlow 스위치의 어느 물리 포트에 연결하더라도 자신의 세그먼트밖에 접속할 수 없도록 설정함으로써 입력 물리 포트에 의존하지 않는 운용이 가능해진다.

예를 들어, OpenFlow 스위치가 각 단말에 의해 송신된 이더넷 프레임의 이더넷 주소에 따라 사전에 등록해 둔 VLAN으로 전송함으로써 실현 가능하다.

그림 6.1
사용자 PC의 이더넷 주소에 따라 접속 네트워크가 변화

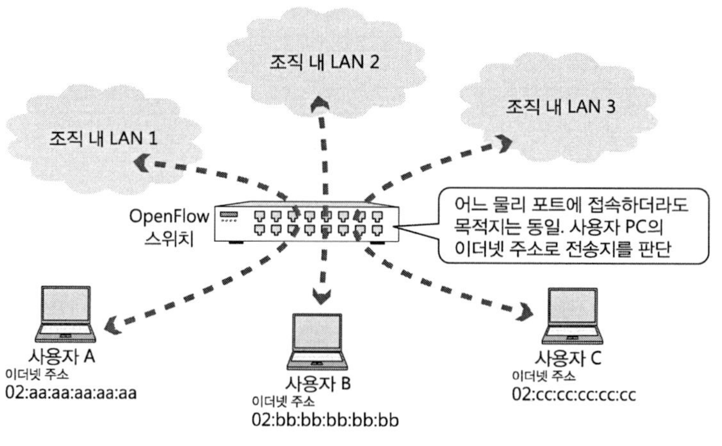

그림 6.1에서는 사용자 A는 조직 내 LAN 1로, 사용자 B는 조직 내 LAN 2로, 사용자 C는 조직 내 LAN 3으로 각각 유도되고 있다. 전제 조건으로, 이더넷 주소가 관리되고 있으며 OpenFlow 컨트롤러에 사전에 이더넷 주소가 등록되어 있을 필요가 있다. 동시에 기기가 이더넷 주소의 위장에 대비한 대책도 요구된다.

이더넷 주소 베이스 VLAN(또는 MAC 주소 베이스 VLAN)과 유사하지만 동일 VLAN ID를 사용하여 프라이빗 VLAN과 같은 구현도 가능하다.

6.1.1 컨트롤러의 구현 포인트

어느 이더넷 주소가 어느 가상 네트워크의 VLAN에 참가하는지를 OpenFlow 컨트롤러에 대해 사전에 등록해 둘 필요가 있다. 또한 각 단말이 어디에 접속되어 있는지, 즉 어느 이더넷 주소가 어느 포트에 접속되어 있는지, 종래의 스위치의

MAC 테이블과 동일한 스테이션 정보를 관리하는 동시에, 동일 VLAN ID를 가지는 기기끼리 브로드캐스트 도메인을 제공할 필요가 있다.

이 외에도, 다른 가상 네트워크의 PC 간 통신 요구가 있다고 하더라도 그 패킷은 폐기하고, Packet-Out 메시지로 전송하거나, 플로우 엔트리를 등록하지 않고 직접적인 상호 통신을 할 수 없도록 격리할 필요가 있다. 이 포인트에 주의하는 동시에 가상 네트워크 내의 경로 제어에 대해서는 러닝브릿지와 같은 통신 서비스 제공이 요구된다.

브로드캐스트 패킷의 취급도 포인트의 하나이다. 사용자의 단말이 접속되었다 하더라도 그 단말로부터 패킷이 송신되기까지는 플로우 엔트리가 OpenFlow 스위치에 설정되지 않아 그 단말이 어떤 가상 네트워크에도 속해 있지 않은 상태가 된다. 이러한 상황에 대한 동작 예는 브로드캐스트 패킷을 모든 포트에 송출하는 방법이 있다. 브로드캐스트 패킷이 다른 가상 네트워크에 송신되는 것을 방지하기 위해, 단말에서 어떤 패킷이든 송신되기까지 그 단말은 통신을 실행할 수 없도록 하는 세약 하에 운용이 선택되는 경우도 있다.

6.2 ECMP(Equal-Cost Multi-Path)

지금까지 다양한 환경에서 이용되어 온 STP(Spanning Tree Protocol)는 차선 경로 확보를 위해 마련된 복수 회선이 존재하고 있다고 하더라도 그 회선들을 동시에 사용할 수 없어 백업을 위해서만 존재하는 블럭포트가 발생하였다. 블럭포트를 발생시키지 않고 효율적으로 복수 회선을 동시 이용함으로써 구축비용(cost)을 억제하는 동시에 광대역 네트워크를 실현하는 방법으로 L2에서의 멀티 패스 기술이 주목받고 있다.

L2에서의 멀티패스 기술을 실현하는 방법에는, SPB(Shortest Path Bridging, IEEE702.laq)나 TRILL(Transparent Interconnection of Lots of Links)이 있고, 이 기술들을 조합한 이더넷 퍼블릭 등도 있는데, 여기에서는 OpenFlow를 이용한 ECMP의 실현 예를 소개한다.

6.2.1 이 예의 네트워크 구성

여기에서 소개하는 예의 네트워크 구성을 그림 6.2에 나타내었다.

그림 6.2
ECMP 예의 네트워크 구성

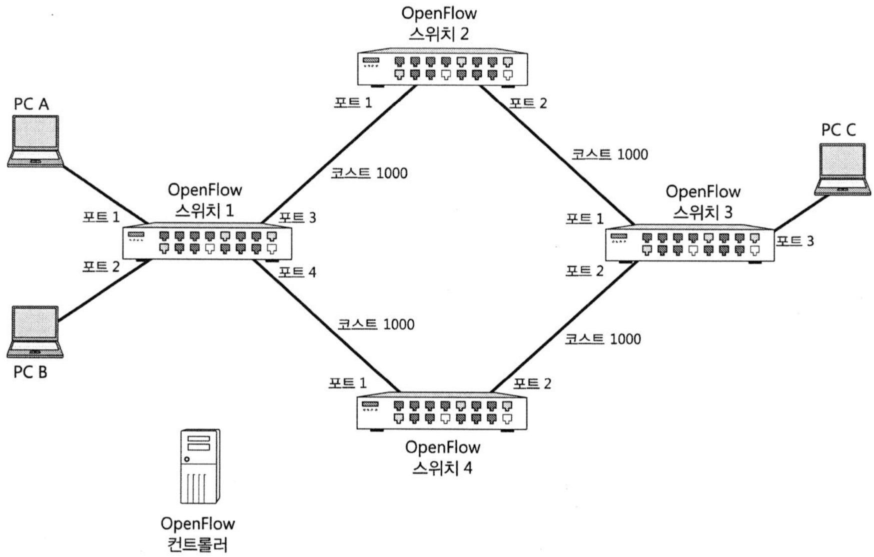

이 예에서는 LLDP를 이용하여 각 링크의 코스트를 OpenFlow 컨트롤러가 파악하고 있는 것으로 한다. 모든 링크의 코스트는 똑같이 1000으로 되어 있고, OpenFlow 스위치 1→2→3과 OpenFlow 스위치 1→4→3은 동일 코스트인 것으로 한다. 여기에서 말하는 [코스트]는 OpenFlow 컨트롤러가 경로를 선정할 때에 이용되는 것이다. OpenFlow 프로토콜 자체와는 관계가 없다.

또한, 경로 코스트가 동일해지는 경로를 설정하는 방법을 여기에서 소개하고 있는데, OpenFlow 컨트롤러는 이퀄 코스트(Equal-Cost)만이 아니라 멀티 패스 설정을 실행하는 것도 가능하다.

6.2.2 발신지 주소로 나누는 경우

PC A에서 PC C로의 트래픽과 PC B에서 PC C로의 트래픽을 따로따로 경로에서 전송해 가는 경우를 상정해 보자.

PC A로부터의 플로우를 처리하기 위한 플로우 엔트리는 그림 6.3과 같이 OpenFlow 스위치 1, 2, 3에 대해 설정된다. 이때 플로우 엔트리의 매치필드로 이더넷 주소나 IPv4 주소의 이용을 고려해 볼 수 있다. 입력 물리 포트번호에 의한 제어도 가능하다.

그림 6.3
발신지 주소로 나누는 경우(1)

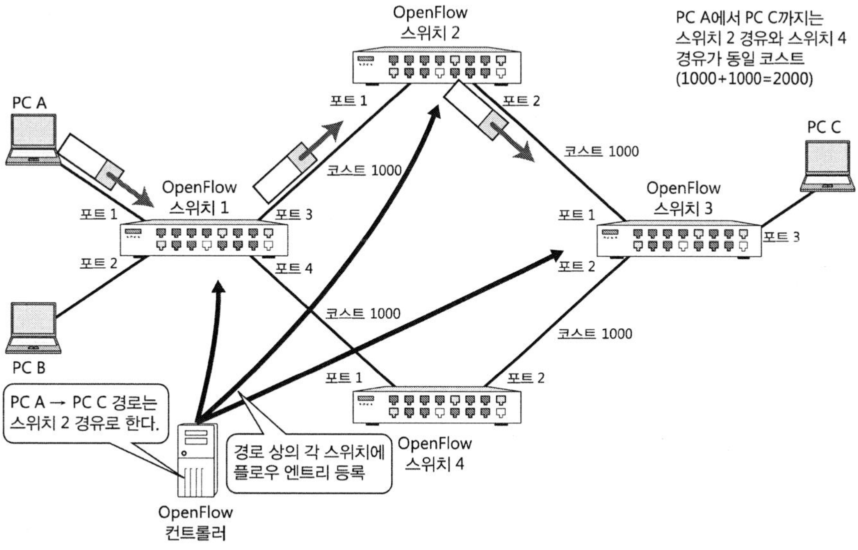

PC B로부터의 플로우를 처리하기 위한 플로우 엔트리는 그림 6.4와 같이 OpenFlow 스위치 1, 4, 3에 대해 설정된다. PC A로부터의 플로우와 마찬가지로, 플로우 엔트리의 매치필드로써 이더넷 주소, IPv4 주소, 물리 입력 포트번호 등을 고려할 수 있다.

그림 6.4
발신지 주소로 나누는 경우(2)

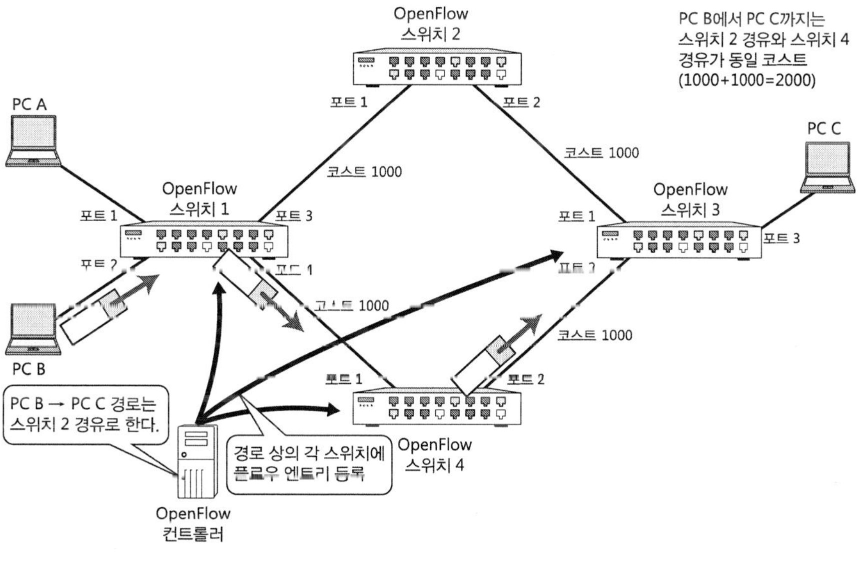

이와 같이, OpenFlow 컨트롤러가 각 플로우의 경로 상에 있는 OpenFlow 스위치에 대해 플로우 엔트리를 추가함으로써 ECMP를 실현할 수 있다.

또한, 이 예에서는 발신지 주소를 이용한 경우를 상정하고 있는데, 목적지 주소에서도 같은 상황이 가능하다.

6.2.3 TCP 포트번호로 나누는 경우

앞의 예에서는 발신지 주소로 전송 경로를 나누는 방법을 소개하였지만, 플로우 엔트리의 매치필드를 변경함으로써 그림 6.5와 같이 TCP 포트번호에 따라 상이한 경로를 전송하도록 설정하는 것도 가능하다.

그림 6.5 TCP 포트번호로 나누는 경우

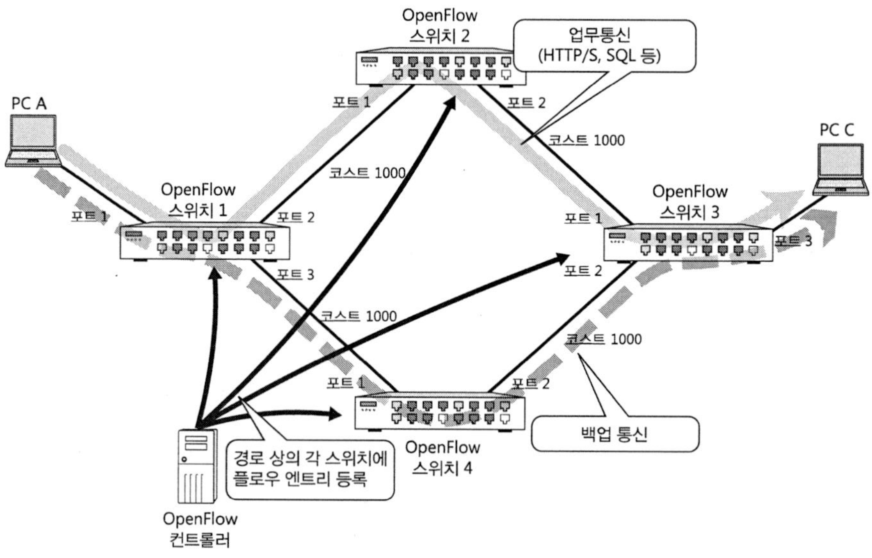

이 외에, UDP나 SCTP의 트랜스포트 프로토콜의 포트번호나 IP 프로토콜 번호 등으로 나눌 수도 있다.

6.2.4 라운드 로빈 (Round Robin) 방식

OpenFlow 1.0을 이용한 ECMP에서의 주의점은 통상적인 ECMP와 달리 각 패킷을 순서대로 복수 경로로 송신하는 라운드 로빈 방식에서의 ECMP를 실행하기 어렵다는 점을 들 수 있다. OpenFlow 1.0에서는 OpenFlow 스위치에 등록되어 있는 플로우 엔트리는 단일 플로우 엔트리에 포함되는 개별 패킷에 대해 순서대로 다른 액션을 지정할 수 없기 때문이다. 이 때문에, OpenFlow 1.0에 의해 ECMP나 트렁킹과 같은 기능을 실현하는 경우, 경로마다 어떠한 플로우를 배당할지를 고려할 필요가 있다.

OpenFlow 1.1 이후라면, 그룹테이블의 select를 이용한 라운드 로빈 동작 또는 해쉬에 의한 플로우 선정이 가능해진다. 그룹테이블에 관해서는 부록 3.4항을 참조한다.

6.3 간이 로드 밸런서

그림 6.6과 같은 구성을 구축하여, OpenFlow 스위치가 플로우를 복수 서버에 분산시키는 간이 로드 밸런서를 실현하는 것도 가능하다.

일반적인 로드 밸런서를 이용하는 구성에서는 로드 밸런서에 글로벌 IPv4 주소가 붙어 있고, NAT된 뒤쪽에 프라이빗 IPv4 주소로 운용되고 있는 복수의 서버가 준비되어 있다. OpenFlow를 이용하면, 모든 서버에 동일 글로벌 IPv4 주소와 이더넷 주소를 붙여 운용할 수도 있다. 예를 들면, 가상 머신에서 서버를 실현하는 경우, 완전히 동일한 이미지를 이용한 가상 머신을 부하에 따라 증감시키는 운용도 가능하다.

그림 6.6
간이 로드 밸런서의 예

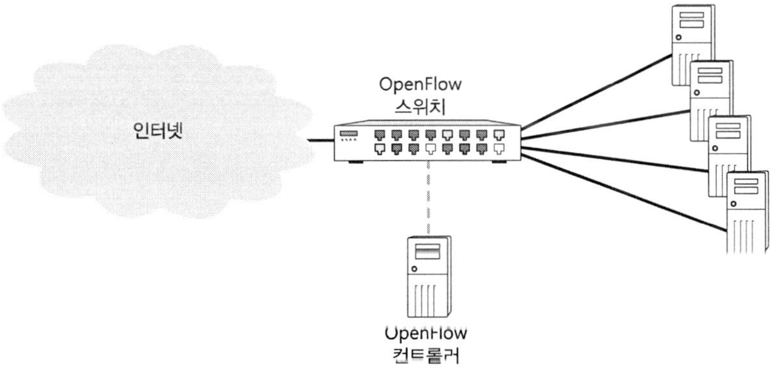

OpenFlow를 이용하면 NAT를 실행하지 않고 로드 밸런서를 실현할 수 있다는 이점이 있는 한편, 몇 가지 문제도 있다. 다음과 같은 과제를 고려해 볼 수 있다.

- 스테이트풀(Stateful)로 TCP 세션을 파악하는 것이 곤란하다(10.2.1항 참조).
- 어떠한 룰로 플로우를 할당할 것인가?

- 플로우의 입도에 따라서는 플로우 엔트리 수가 방대해지고, 플로우 테이블이 보유할 수 있는 플로우 엔트리 수의 하드웨어적 제약에 따라 실현이 곤란해 질 수 있다.
- 플로우를 변환하는 타이밍을 어떻게 동기화할 것인가?

하드웨어에 의한 OpenFlow 스위치를 이용하는 경우, 등록할 수 있는 플로우 엔트리가 그다지 많지 않은 경우가 있다. 그러한 경우에는, OpenFlow 스위치에 등록할 플로우 엔트리의 매치 필드를 상세하게 강구하지 않으면 확장성을 확보할 수 없다는 사실을 고려해야 한다. 이러한 상황에서, 예를 들어 IPv4 주소의 일정 범위마다 플로우 엔트리를 등록하는 설정을 하면, 특정 서버에만 부하가 집중하는 상황이 발생할 수 있다.

운용 중인 OpenFlow 스위치의 플로우 엔트리의 삭제나 내용 변경의 타이밍도 과제로 들 수 있다. 예를 들면, 가상 머신에 의해 실현되고 있는 서버에 대해 OpenFlow 스위치가 로드 밸런싱하는 경우, 이미 추가한 가상 머신을 삭제할 타이밍을 제대로 맞추지 않으면 기존의 통신이 전혀 다른 가상 머신에 송신되고, TCP 세션이 존재하지 않는다는 이유로 절단되어 버릴 가능성이 있다.

6.4 선택적 포트 미러링

OpenFlow를 이용한 포트 미러링도 가능하다. 여기에서는 단순하게 모두 복사하는 경우, 선택한 플로우만을 꺼내는 경우, 복수의 기기로부터 플로우를 모으는 경우 등 3종류를 상정하기로 한다.

6.4.1 단순한 포트 미러링

우선, 패킷의 선별을 실행하지 않는 단순한 포트 미러링을 생각해 본다. 네트워크 구성은 그림 6.7과 같다.

이 예에서는 OpenFlow 스위치의 물리 포트 1로부터의 입력 패킷을 모두 물리 포트 2와 3으로 송신한다.

그림 6.7
단순한 포트 미러링

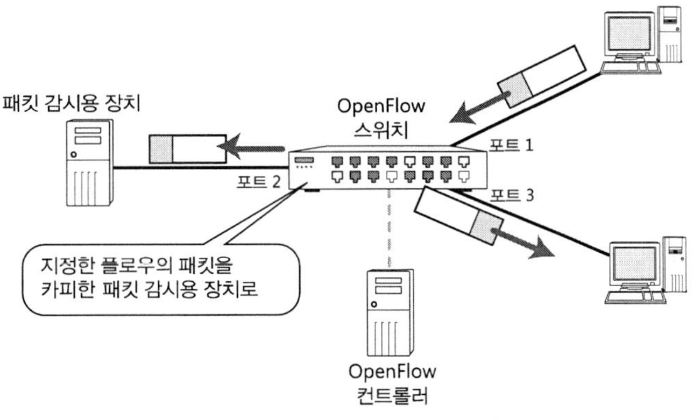

이러한 설정을 실행할 때의 Flow-Mod 메시지의 주요 필드는 표 6.1과 같다. 액션으로는 물리 포트 2번으로 송신하는 것과 물리 포트 3번으로 송신하는 것 등 2개가 설정되어 있다.

표 6.1
단순한 포트 미러링용의 Flow-Mod 메시지 예 1

주요 필드		내용	값
매치	in_port	감시대상인 포트	1
	와일드카드	입력 포트 이외에는 ANY	0x003ffffe(OFPFW_ALL xor OFPFW_IN_PORT)
타임아웃	idle_timeout	양쪽이 0인 경우는 타임아웃하지 않는다.	0
	hard_timeout		0
우선도			20000
액션	type	스위치의 포트로 송신	OFPAT_OUTPUT(0)
	out_port	감시장치의 포트	2
	type	스위치의 포트로 송신	OFPAT_OUTPUT(0)
	out_port	전송지의 포트	3

6.4.2 특정 TCP 포트만 미러링

앞의 예에서는, 모든 패킷을 미러링하고 있을 뿐이므로 OpenFlow이어야만 하는 이유는 특별히 없다. 그래서 이번에는, 플로우 단위로 선택적 미러링을 하는 방법을 고찰하기로 한다. 선택적인 미러링을 실행함으로써 감시장치에 유입되는 패킷량을 제한하는 것이 가능해진다.

그림 6.7과 같이 동일 네트워크 구성에서 목적지 TCP 포트 80 번호만을 선택하여 미러링하는 상황을 상정한다. 물리 포트 1에서 입력한 목적지 TCP 포트번호 80의 패킷을 복사하기 위해서는 표 6.2와 같은 Flow-Mod를 실행한다.

표 6.2
선택적 포트 미러링용의 Flow-Mod 메시지 예 2

<table>
<tr><th colspan="2">주요 필드</th><th>내용</th><th>값</th></tr>
<tr><td rowspan="3">매치</td><td>in_port</td><td>감시대상인 포트</td><td>1</td></tr>
<tr><td>tp_dst</td><td>목적지 TCP 포트</td><td>80</td></tr>
<tr><td>와일드카드</td><td>입력 포트와 목적지 TCP 포트 이외에는 ANY</td><td>0x003fff7e
(OFPFW_ALL xor
(OFPFW_IN_PORT |
OFPFW_TP_DST))</td></tr>
<tr><td rowspan="2">타임아웃</td><td>idle_timeout</td><td rowspan="2">양쪽이 0인 경우는 타임아웃하지 않는다.</td><td>0</td></tr>
<tr><td>hard_timeout</td><td>0</td></tr>
<tr><td colspan="2">우선도</td><td></td><td>30000</td></tr>
<tr><td rowspan="4">액션</td><td>type</td><td>스위치의 포트로 송신</td><td>OFPAT_OUTPUT(0)</td></tr>
<tr><td>out_port</td><td>감시장치의 포트</td><td>2</td></tr>
<tr><td>type</td><td>스위치의 포트로 송신</td><td>OFPAT_OUTPUT(0)</td></tr>
<tr><td>out_port</td><td>전송지의 포트</td><td>3</td></tr>
</table>

표 6.2에서는 매치필드에 입력 물리 포트와 목적지 포트번호가 설정되고, 매칭되는 패킷에 대한 액션으로 물리 포트 2와 3으로의 Output이 설정되어 있다.

목적지 TCP 포트번호 80의 패킷에 관해서는 표 6.2의 Flow-Mod로 대응이 가능하지만, 그대로는 그 외의 패킷이 전혀 전송되지 않게 된다. 따라서 표 6.3과 같이, 그밖의 패킷을 이전의 목적지 TCP 포트번호 80의 플로우 엔트리보다 더 낮은 우선도로 설정할 경우의 Flow-Mod도 필요하게 된다.

표 6.3
선택적 포트 미러링용의 Flow-Mod 메시지 예 3

<table>
<tr><th colspan="2">주요 필드</th><th>내용</th><th>값</th></tr>
<tr><td rowspan="2">매치</td><td>in_port</td><td>감시대상 포트</td><td>1</td></tr>
<tr><td>와일드카드</td><td>입력 포트 이외에는 ANY</td><td>0x003ffffe(OFPFW_ALL
xor OFPFW_IN_PORT)</td></tr>
<tr><td rowspan="2">타임아웃</td><td>idle_timeout</td><td rowspan="2">양쪽이 0인 경우는 타임아웃하지 않는다.</td><td>0</td></tr>
<tr><td>hard_timeout</td><td>0</td></tr>
<tr><td colspan="2">우선도</td><td></td><td>20000</td></tr>
<tr><td rowspan="2">액션</td><td>type</td><td>스위치의 포트로 송신</td><td>OFPAT_OUTPUT(0)</td></tr>
<tr><td>out_port</td><td>전송지의 포트</td><td>3</td></tr>
</table>

이와 같이, 구성에 따라서는, 필요한 플로우만이 아니라 불필요한 플로우를 어떻게 다룰 것인가도 설정할 필요가 있다.

6.4.3 OpenFlow 1.1의 [그룹]과 미러링

여기에서 소개한 포트미러링의 예에서는, 1개의 플로우 엔트리에 복수의 Output 액션을 등록함으로써 패킷 복사를 실행하고 있다. 개별 액션으로 복수의 Output을 지정해 버리면, 그 횟수만큼 패킷 복사가 실행되어 OpenFlow 스위치에 과도한 부하가 걸려 버릴 가능성이 있다.

OpenFlow 1.1부터 그룹(7.5절 참조)이라는 개념이 추가되어, 복수의 Output 액션과 동등한 작업을 1개의 인스트럭션으로 실행할 수 있게 되었다. 그룹 처리를 하드웨어에서 다룰 수 있다면, 복수의 Output 액션을 열거하는 것보다 더 OpenFlow 스위치로의 부하를 경감할 수 있게 된다.

6.4.4 복수의 OpenFlow 스위치로부터 선택적으로 미러링하면서 감시 기기로 전송

그림 6.8과 같이, 복수의 OpenFlow 스위치를 전송한 후, 감시 기기로 지정한 플로우를 넘기는 것도 가능하다. 이러한 환경을 실현함으로써 물리적인 구성을 변경하지 않고 필요에 따라 임의의 플로우를 특정 기기로 복사할 수 있다.

그림 6.8
복수의 OpenFlow 스위치로부터 선택적으로 미러링하면서 감시기기로 전송

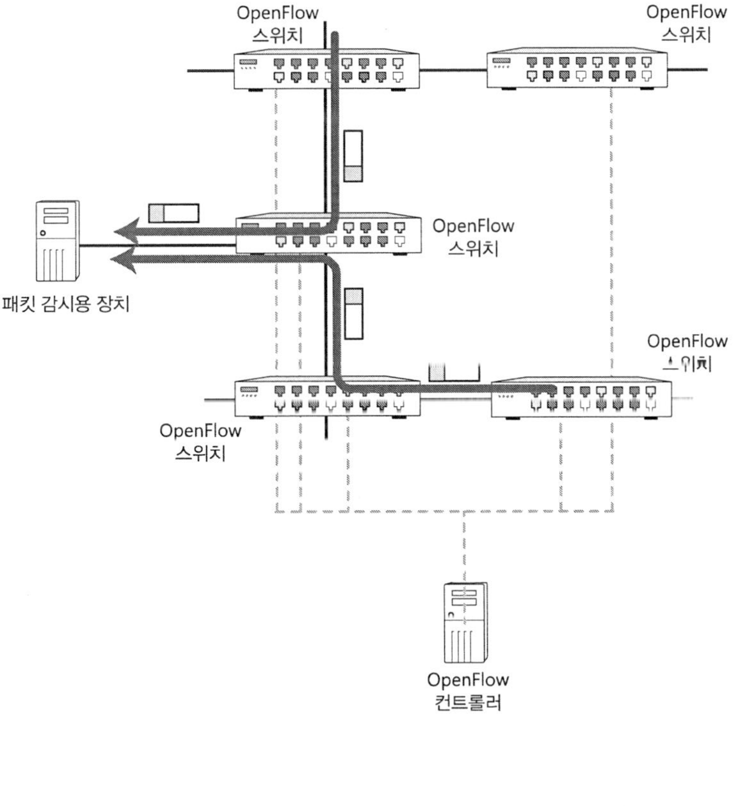

6.5 시큐리티 제품에 대한 리다이렉트(Redirect)

포트미러링 방식과 다소 유사하지만 그림 6.9와 같이 패킷을 복사하는 대신 시큐리티 제품 등으로 리다이렉트하는 방법도 가능하다.

그림 6.9
시큐리티 제품에 대한 리다이렉트 예

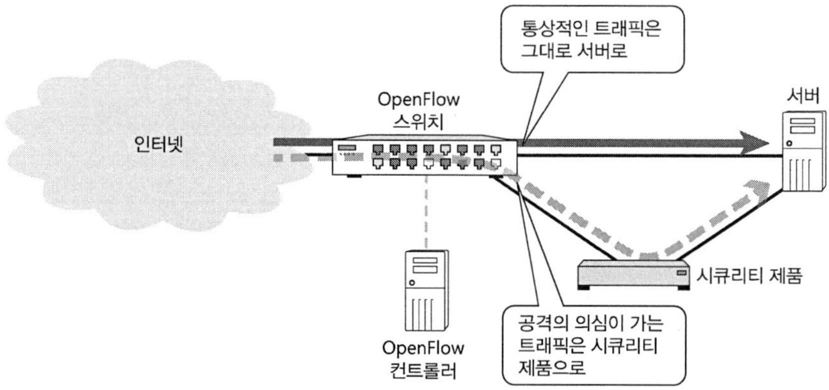

예를 들어, 6.4.4항과 같이 포트미러링으로 감시장치에서 감시하면서 어떤 공격의 의심이 드는 경우에는 감시장치에서 OpenFlow 컨트롤러로 통지하고, OpenFlow 컨트롤러로부터 OpenFlow 스위치로 경로 변경을 위한 플로우 엔트리를 지정함으로써 특정 트래픽을 시큐리티 제품으로 송신할 수 있다. 시큐리티 제품을 체크하여 문제가 있다고 판단된 플로우의 패킷을 파기함으로써 공격 트래픽을 차단하는 것이 가능하다.

시큐리티 제품에 대한 리다이렉트가 아니라 RFC 3882[15]나 RFC 5635[16]에 있는 방식으로, DDoS 공격 패킷을 파기하기 위해 OpenFlow를 활용하는 것도 가능할 것으로 생각된다.

6.6 가상 라우터와 유사한 동작 (멀티레이어(Multi-Layer) 스위치)

OpenFlow 스위치가 마치 L3 라우터와 같은 동작을 나타내는 설정도 가능하다.

6.6.1 상기 예의 네트워크 구성

이 예의 네트워크 구성을 그림 6.10에 나타내었다. OpenFlow 스위치 1에 PC A와 PC B가 접속되고, OpenFlow 스위치 2에 PC C와 PC D가 접속되어 있다.

그림 6.10
가상 라우터 예의 물리적 네트워크 토폴로지

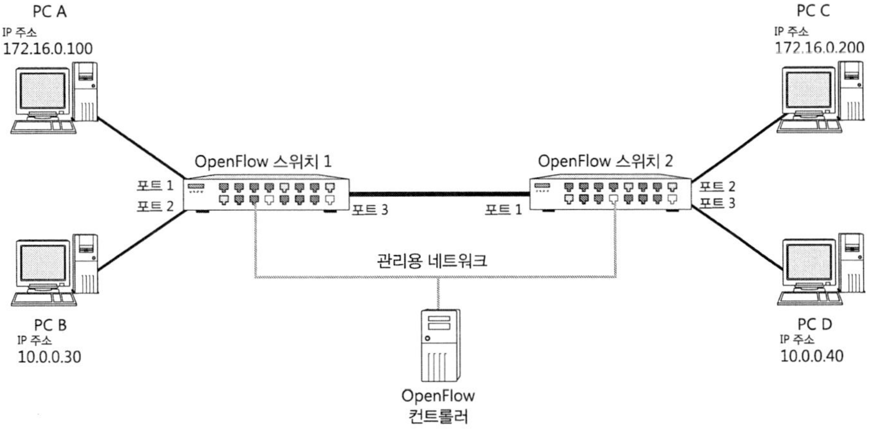

이 예의 논리 네트워크 구성은 그림 6.11과 같다. PC A와 PC C, PC B와 PC D가 동일 서브넷에 각각 속해 있다. 그 사이에 OpenFlow를 이용하여 가상 라우터와 유사한 기능을 실현하고 있다.

그림 6.11
가상 라우터 예의 논리적 네트워크 토폴로지

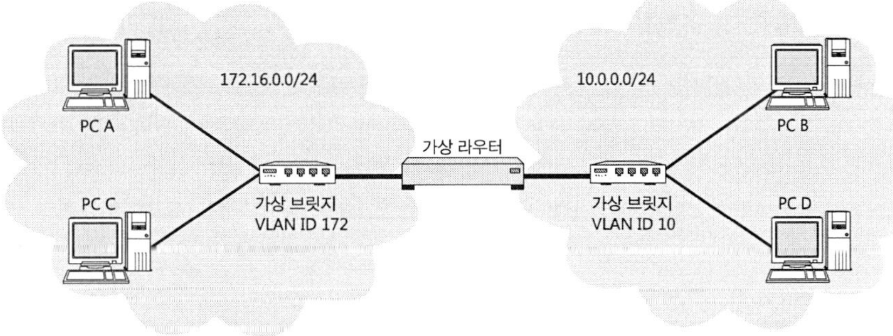

PC A와 PC C의 서브넷이 172.16.0.0/24에서 VLAN ID가 172, PC B와 PC D의 서브넷이 10.0.0.0/24에서 VLAN ID가 10이다.

172.16.0.0/24의 네트워크에 접속된 기기와 10.0.0.0/24의 네트워크에 접속된 기기가 통신을 실행하기 위해서는 OpenFlow에 의한 가상 라우터를 통과할 필요가 있다.

6.6.2 동일 서브넷 내의 패킷 전송 처리

이 예에서는, 예를 들어 PC A와 PC C가 동일 서브넷에 속해 있지만, 물리 구성을 보면 PC A에서 PC C로의 패킷은 PC A에서 OpenFlow 스위치 1로 송신되고, OpenFlow 스위치 1에서 OpenFlow 스위치 2로 VLAN 172를 통해 전송되며, OpenFlow 스위치 2에서 PC C로 전송되도록 하였다.

이때, PC A로부터 패킷을 수신한 OpenFlow 스위치 1은 Set VLAN ID에 의해 패킷에 대해 VLAN ID 172가 되는 VLAN 태그를 추가한 후, OpenFlow 스위치 2가 접속된 물리 포트 3으로 패킷을 전송한다.

OpenFlow 스위치 1로부터의 패킷을 OpenFlow 스위치 2가 물리 포트 1에서 수신한다. 이 패킷에는 VLAN ID 172의 VLAN 태그가 붙어 있으므로, OpenFlow 스위치 2는 Strip VLAN을 실행하여 VLAN 태그를 삭제한 뒤, 물리 포트 2로 패킷을 전송한다.

■ **VLAN 이외의 방법도 가능**

이 절의 예에서는 OpenFlow 스위치 1과 OpenFlow 스위치 2 사이에서 교환되는 동일 세그먼트 내의 패킷에 대해 VLAN 태그를 부가하여 전송하고 있다.

그러나 이 예의 네트워크 구성에서는 각 OpenFlow 스위치에 접속되어 있는 모든 PC에 관한 정보를 OpenFlow 컨트롤러가 얻은 후 운영되고 있다는 암묵적 전제가 있다. 가령, 그 정보가 없다면 어느 패킷을 동일 OpenFlow 스위치 안에서 처리하고, 어느 패킷을 상대의 OpenFlow 스위치로 전송해야 하는가도 판단할 수 없다.

그러므로 동일 세그먼트 내에서 교환되는 패킷이 OpenFlow 스위치 간에 전송될 때, 이더넷 주소나 IP 주소를 바탕으로 한 매치에 의한 운용도 가능하다. OpenFlow 스위치 간의 전송 시에, VLAN 태그를 붙이지 않게 구성함으로써 MTU의 문제를 회피할 수 있다는 이점이 있다.

이번 구성에서는 특별한 의미는 없으나 MPLS 태그를 붙이는 것도 가능하다.

6.6.3 가상 라우터를 초과하는 패킷 전송 처리

그림 6.11에서 가상 라우터를 초과하는 패킷의 전송처리에 대해 생각해 본다. 우선 PC A에서 PC B로의 전송이다. PC A와 PC B는 모두 OpenFlow 스위치 1에 접속되어 있지만, PC A는 172.16.0.0/24의 네트워크에, PC B는 10.0.0/24의 네트워크에 각각 속해 있어, PC A에서 PC B로의 패킷은 가상 라우터를 초과할 필요가 있다.

이 예에는, OpenFlow 스위치 1은 목적지 IPv4 주소를 확인하고 PC A에서 PC B로의 패킷을 전송한다. 이때, PC A와 PC B는 각각 다른 세그먼트에 속해 있으므로 PC A로부터의 이더넷 프레임 중 발신지 이더넷 주소를 PC A의 것부터 가상 라우터의 이더넷 주소로 바꾸어 PC B로 전송한다.

PC A에서 PC D로의 패킷은 OpenFlow 스위치 1에서 OpenFlow 스위치 2로 전송된 뒤, PC D로 전송된다. PC A로부터 PC D로의 패킷의 경우도 PC A에서 PC B로의 패킷과 마찬가지로 발신지 이더넷 주소의 변경이 실행된다. 이 변경을 실행하는 플로우 엔트리를 OpenFlow 스위치 1에서 실행해야 할지 OpenFlow 스위치 2에서 실행해야 할지의 선택지는 있다. 이 예에서 보여주고 있는 구성에서는 어느 쪽에서 변경을 실행하더라도 큰 차이는 없다.

이처럼, 네트워크의 논리 구성을 보면 가상 라우터가 존재하고 있는 것처럼 보이지만, OpenFlow 스위치에 의한 전송부분만을 보면 단순히 목적지 IPv4 주소를 확인한 뒤 이더넷 주소 부분을 변경하여 전송하고 있을 뿐이라고 말할 수도 있다.

6.6.4 가상 라우터로 ARP 요청에 응답

예를 들어, PC A가 PC B로 패킷을 보내려 할 때, PC A는 우선 172.16.0.0.1이라는 가상 라우터의 IPv4 주소를 다음 홉(Hop)으로 인식한 후, 그에 대해 이더넷 프레임을 송신한다.

PC A가 172.16.0.1로 이더넷 프레임을 송신하기 위해서는 ARP에 의해 172.16.0.1이라는 IPv4 주소를 가지는 네트워크 인터페이스의 이더넷 주소를 해결할 필요가 있는데, 이 실행을 위해 PC A는 ARP 요청을 송신한다. 가상 라우터로써 OpenFlow 스위치가 가동하는 데에는 OpenFlow 스위치가 가상 라우터로의 ARP 요청에 응답할 필요가 있다.

OpenFlow 스위치가 PC A로부터의 ARP 요청에 응답하기 위해서는 OpenFlow 스위치에 도착하는 ARP 요청 패킷을 OpenFlow 스위치가 수신했을 때 Packet-In 메시지로 OpenFlow 컨트롤러에 송신되도록 설정해 둔다. 4.3.3항과 같이, 이더넷 타입 0x0806을 OpenFlow 컨트롤러에 전송하는 플루우 엔트리를 추가하거나, 브로드캐스드되고 있는 이더넷 프레임을 OpenFlow 컨드롤러에 진송한 뒤 OpenFlow 컨트롤러가 필요해지는 ARP 요청을 식별하는 방법이 가능하다.

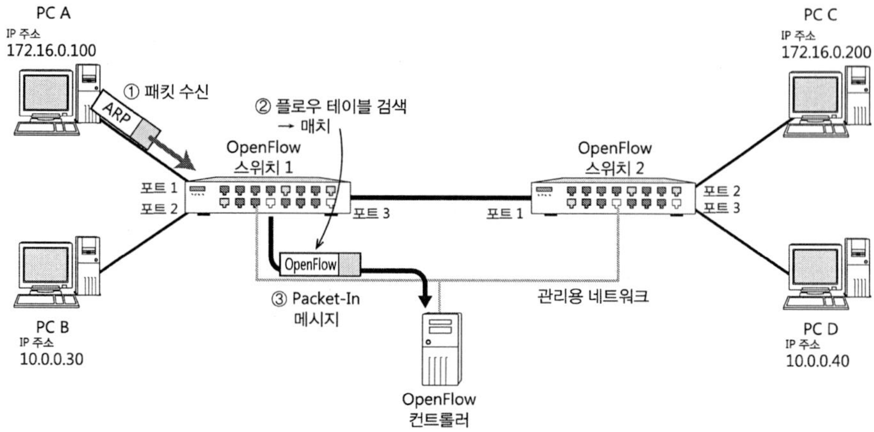

그림 6.12
ARP 요청을 위한 Packet-In

OpenFlow 컨트롤러는 172.16.0.1의 확인을 구하는 ARP 요청메시지를 수신하면, 172.16.0.1에 대응하는 이더넷 주소를 기재하여 ARP 응답메시지를 보내기 위해 OpenFlow 스위치에 대해 Packet-Out 메시지를 송신한다.

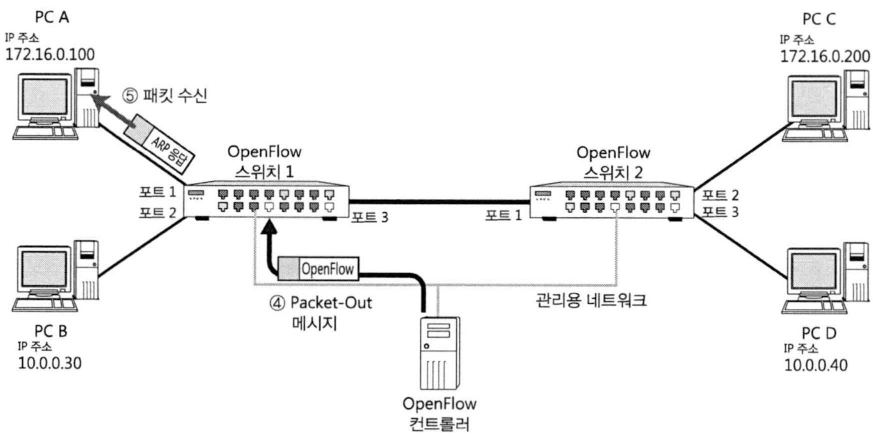

그림 6.13
ARP 응답을 위한 Packet-Out

이 책에서는 생략하지만, 가상 라우터로의 ICMP Echo Request에 대해 ICMP Echo Reply를 반송하는 처리도 Packet-In 메시지와 Packet-Out 메시지를 활용함으로써 실현이 가능하다.

6.6.5 가상 라우터가 ARP로 이더넷 주소 해결

ARP 요청에 응답할 뿐만 아니라, 상황에 따라서는 가상 라우터가 ARP 요청메시지를 송신하여 접속된 PC의 이더넷 주소를 해결할 필요도 있다. 그래서 다음은 가상 라우터가 ARP 요청메시지를 내보내는 방법에 대해 고찰해 보기로 한다.

가상 라우터가 ARP 요청메시지를 내보낼 필요성이 발생하는 경우는 미지의 호스트로 보내는 패킷을 수신했을 때이다. 예를 들어, PC A가 172.16.0.99와 같은 IPv4 주소의 식별기로 치환된 뒤, 그 기기로부터 패킷이 OpenFlow 스위치에 도착하기 전에 10.0.0.0/24에 속하는 기기로부터 172.16.0.99라는 목적지로의 패킷이 송신되었을 때, 가상 라우터는 목적지 이더넷 주소를 알아내기 위해 ARP 요청메시지를 송신할 필요가 있다.

이 기능을 실현하기 위해 OpenFlow 컨트롤러가 ARP 요청 패킷을 포함하는 Packet-Out 메시지를 OpenFlow 스위치에 송신한다. Packet-Out 메시지를 수신한 OpenFlow 스위치는 172.16.0.0/24의 네트워크로 ARP 요청메시지를 송출한다.

ARP 요청메시지를 수신한 172.16.0.99의 기기는 ARP 응답메시지를 가상 라우터에 회신하는데, 그것이 OpenFlow 컨트롤러로 Packet-In 메시지에 의해 전송된 다음, OpenFlow 컨트롤러로부터의 Packet-Out 메시지에 의해 데이터 패킷이 송신됨과 동시에 이후의 패킷 전송을 위한 Flow-Mod 메시지가 OpenFlow 컨트롤러로부터 OpenFlow 스위치로 송신되어 플로우 엔트리가 추가된다. ARP 요청메시지를 수신한 172.16.0.99의 기기는 ARP 응답메시지를 가상 라우터에 회신하는데, 그것이 OpenFlow 컨트롤러로 Packet-In 메시지에 의해 전송된다. 이 ARP 리플라이에 의해 OpenFlow 컨트롤러는 단말이 어디에 접속되어 있는가를 인식할 수 있으므로, Packet-Out 메시지로 데이터 패킷을 송신한다. 또한, 이후의 패킷 전송을 위해 경로가 되는 OpenFlow 스위치에 대해 OpenFlow 컨트롤러가 Flow-Mod 메시지를 송신하여 플로우 엔트리를 추가한다.

6.6.6 TTL의 취급

여기에서 소개하고 있는 설정 예는, 어디까지나 [라우터와 다소 유사한 동작]이지 [라우터]는 아니다. 라우터는 패킷을 전송할 때마다 IPV4 헤더의 TTL 필드 값을 1 감소시킨 다음 TTL이 0이 된 패킷은 파기하지만, OpenFlow 1.0에서는 플로우 엔트리에 등록할 액션으로써 IP 헤더의 TTL 필드를 조작할 수 없다.

그러나 OpenFlow 1.0에서 라우터와 완전히 같은 기능을 실현하는 것이 불가능하다는 것은 아니다. OpenFlow 스위치에서의 처리를 최소한으로 하면서 모든 패킷을 Packet-In 메시지로 OpenFlow 컨트롤러에 송신하고, OpenFlow 컨트롤러가 라우터로써 해야 할 처리를 적절하게 계산한 다음 Packet-Out 메시지를 송신하도록 설정하면, 보통의 라우터를 OpenFlow에서도 구현할 수 있다.

그러나 그러한 구성에서는 모든 패킷이 OpenFlow 채널을 경유하여 OpenFlow 컨트롤러로 송신되어 버려 스위치로써의 성능을 나타낼 수 없는 구성이 되고 만다.

▒ OpenFlow 1.1에서 추가된 TTL 필드 조작 기능

OpenFlow 1.1 이후라면 TTL 필드의 조작이 가능해지므로, OpenFlow 스위치에 의한 전송이 실행될 때 IP 헤더의 TTL 필드를 감산할 수 있게 된다(7.7절 참조).

그런데, TTL값의 감소에 관해서라면, 대부분 TTL 필드가 0이 된 패킷이 어떻게 처리되는가에 관해 의문을 가지리라 생각된다. 이 책의 집필 시점의 OpenFlow에서는 [TTL 필드가 1인 IPv4 패킷에 대해 TTL값의 감소를 실행한 결과, 그것이 0이 되므로 파기한다]는 처리를 액션으로써 명시적으로 기술할 수는 없다.

그러나 TTL이 0이 된 패킷을 전혀 처리할 수 없는 것은 아니다. OpenFlow 1.1에서는 부정한 TTL 값을 가지는 IPv4 또는 MPLS 패킷을 어떻게 처리할 것인지를 SET_CONFIG 메시지로 설정 가능하다. 선택사항으로 부정의 TTL 값을 가지는 패킷을 OpenFlow 스위치가 파기하도록 할지, OpenFlow 컨트롤러로 패킷을 송신할지의 두 가지가 있다.

예를 들면, TTL이 0이 된 경우에 ICMP Time Exceeded를 송신하는 것이라면, 부정의 TTL 값을 가지는 패킷을 OpenFlow 컨트롤러로 송신하는 설정을 실행한 다음 OpenFlow 컨트롤러가 ICMP Time Exceeded 패킷을 Packet-Out 메시지로 송신하는 작업도 할 수 있다.

제 7 장

OpenFlow 1.1

이 장에서는 OpenFlow 1.1에서 추가, 변경된 사양을 소개하기로 한다.

7.1 OpenFlow 1.1에서의 변경 포인트

OpenFlow 1.1에는 멀티테이블 대응이나 그룹과 같은 새로운 개념이 추가됨으로써 OpenFlow 1.0과 비교해 상당히 극적으로 바뀐 부분이 있다.

또한, 이 책에서는 상세하게 해설하지 않았지만 OpenFlow 1.0에서 [Forward 액션]이 [Output 액션], [헤더필드]가 [매치필드]로 각각 이름을 바꾸거나, IEEE 802.1D(스패닝 트리) 관련 문장이 제외되는 등 세세한 부분에서의 차이도 다수 있다.▼

▼ OpenFlow 1.1에서 규정되어 있는 사양 중에는 예를 들어 가상 포트와 같이 이후 버전에서 명칭이 변경된 것도 있다.

그 외에도, 다음 OpenFlow 1.2나 1.3에서 폐지가 되었으므로 이 장에서 소개하지 않은 OpenFlow 1.1에서의 자세한 사양 변경도 있다.

이 장에서 다루는 OpenFlow 1.0에서 OpenFlow 1.1에 걸친 주요 사양 변경은 아래와 같다.

- 매치필드의 변경(7.2절)
- 멀티테이블 사양의 변경과 파이프라인 처리(7.3절)
- 인스트럭션의 도입(7.4절)
- 그룹(7.5절)
- 가상 포트의 확장(7.6절)
- TTL 필드 조작(7.7절)
- MPLS 태그와 VLAN 태그의 push/pop 대응(7.8.1항)
- OpenFlow 하이브리드 스위치(7.8.2항)
- SCTP 대응(7.8.3항)
- ECN 대응(7.8.4항)
- OpenFlow 스위치와 컨트롤러 간 접속의 명칭 변경(7.8.5항)
- 긴급 사태 플로우 캐시의 폐지(7.8.6항)
- Vendor 메시지의 명칭 변경(7.8.7항)

7.2 매치필드의 변경

OpenFlow 1.1에서는 OpenFlow 1.0에서 [헤더필드]라 불리던 부분이 [매치필드]로 명칭이 바뀌었다. 그 다음으로 새롭게 MPLS 라벨, MPLS 트래픽 클래스, 메타데이터 등 3가지가 새롭게 매치필드에 더해졌다.

표 7.1 OpenFlow 1.1의 매치필드

내용	설명
Ingress port	입력 포트
Metadata	메타데이터. OpenFlow 1.1에서 추가된 필드
Ethernet source address	이더넷 프레임의 발신지 이더넷 주소
Ethernet destination address	이더넷 프레임의 목적지 이더넷 주소
Ethernet type	이더넷 프레임의 타입 필드
VLAN id	VLAN의 ID
VLAN priority	IEEE802.1Q의 PCP(Priority Code Point)
MPLS label	MPLS의 라벨. OpenFlow 1.1에서 추가된 필드
MPLS traffic class	MPLS의 트래픽 클래스. OpenFlow 1.1에서 추가된 필드
IP source address	IPv4 헤더의 발신지 주소(넷 마스크가 기정 가능)
IP destination address	IPv4 헤더의 목적지 주소(넷 마스크가 기정 가능)
IP protocol / ARP opcode	IPv4 헤더의 프로토콜 필드 또는 ARP 헤더의 오퍼레이션 필드
ToS	IPV4 헤더의 ToS 필드
TCP/UDP/SCTP source port / ICMP type	TCP, UDP, SCTP의 경우는 발신지 포트번호. ICMP의 경우는 ICMP 헤더의 타입
TCP/UDP/SCTP destination port / ICMP code	TCP, UDP, SCTP의 경우는 목적지 포트번호. ICMP의 경우는 ICMP 헤더의 코드

OpenFlow 1.0에도 존재하고 있던 필드의 용도가 증가한 내용도 있다.

OpenFlow 1.1에서 SCTP(Stream Control Transmission Protocol) 대응도 추가되었는데, OpenFlow 1.0에서 TCP 및 UDP 발신지 포트번호와 ICMP 타입을 위해 준비되어 있던 내용에 SCTP 발신지 포트번호가 추가되고, TCP 및 UDP의 목적지 포트번호와 ICMP 코드를 위해 준비되어 있던 내용에 SCTP 목적지 포트번호가 함께 사용되게 되었다. SCTP에 관해서는 7.8.3항에서 해설한다.

7.3 멀티테이블 사양의 변경(파이프라인 처리)

OpenFlow 1.0까지는 1개의 패킷에 매칭되는 플로우 엔트리는 1개뿐이었다. OpenFlow 1.0 사양 상 OpenFlow 스위치가 복수의 플로우 테이블을 가지는 것도 가능하지만, OpenFlow 스위치에 설정 가능한 플로우 테이블은 1개라는 구현도 존재하였다.

OpenFlow 1.1부터는 플로우 테이블을 복수 설정한 다음, 1개의 패킷에 복수의 플로우 엔트리를 매칭시키는 것이 가능하게 되었다. 복수의 플로우 테이블을 가질 수 있게 변경된 것이 아니라 [복수의 플로우 테이블에 개별적으로 기재된 플로우 엔트리를 1개의 패킷에 적용할 수 있게 되었다]는 것이 포인트이다.

플로우 테이블은 복수의 플로우 엔트리를 보유하기 위한 시스템인데, 복수의 플로우 테이블에서 1개씩 플로우 엔트리를 매칭시키는 것이 가능해지면, 1개의 플로우에 대해 다원적인 플로우 매칭를 실행하는 것이 가능해진다. OpenFlow 1.0에서는 플로우 테이블을 복수개 가질 수 있더라도 각 패킷에 매칭되는 플로우 엔트리는 1개로 한정되어 있어 복수의 관점에서 1개의 플로우를 평가할 수는 없었다.

예를 들어, 목적지 IPv4 주소가 203.0.113.1이고 목적지 TCP 포트번호가 80번, 발신지 IPv4 주소가 198.51.100.2인 플로우가 있다고 하자. 이때, 목적지 IPv4 주소가 203.0.113.0/24인 플로우 엔트리와 목적지 TCP 포트번호가 80번인 플로우 엔트리와 발신지 IPv4 주소가 198.51.100.0/24인 플로우 엔트리가 존재하더라도 OpenFlow 1.0에서는 그 중 1개밖에 매칭하지 않는다.

OpenFlow 1.1의 멀티테이블에서는 이러한 경우에도 복수의 플로우 엔트리를 매칭시키는 것이 가능해진다. 앞의 예에서, 목적지 IPv4 주소를 기재한 플로우 엔트리와 목적지 TCP 포트번호를 기재한 플로우 엔트리와, 발신지 IPv4 주소를 기재한 플로우 엔트리가 따로따로 다른 테이블에 설정되어 있다면, 각각 1개의 플로우에 매칭하게 된다.

주의해야 할 것은 OpenFlow 1.1에서도 플로우 테이블 내에서의 우선도의 취급은 OpenFlow 1.0과 마찬가지라는 점이다. OpenFlow 1.1에서도 각 플로우 테이블 내에서는 단일 플로우 엔트리만이 매칭된다. 위 3종류의 플로우 엔트리가 따로따로 플로우 테이블에 설정되어 있다면 3종류 모두를 매칭시키는 것이 가능하지만, 3종류의 플로우 엔트리가 단일 플로우 테이블에 설정되어 있다면 우선도에 따라 단일 플로우 엔트리가 선택된다.

7.3.1 파이프라인 처리

OpenFlow 1.1의 멀티테이블은 파이프라인으로써 처리된다. 파이프라인 처리에서는 하나하나의 패킷에 대해 각 플로우 테이블의 매칭이 순차적으로 실행된다.

OpenFlow 스위치에 도착한 패킷은 그림 7.1과 같이 파이프라인 처리된다.

그림 7.1 OpenFlow 1.1의 파이프라인 처리

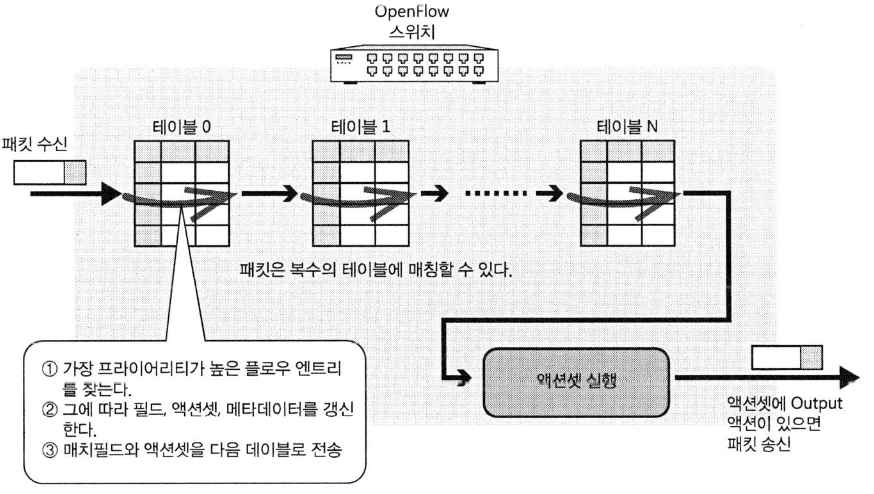

OpenFlow 스위치에 패킷이 도착하면 플로우 테이블 0번에서의 매칭이 실행되고, 필요에 따라 복수의 플로우 테이블에서의 매칭이 실행된다. 마지막의 플로우 테이블에서의 매칭이 실행되어, 플로우 엔트리를 발견한 후 액션셋▼이 실행된다. 액션셋에 Output 액션이 존재하고 있다면 패킷이 송신된다.

▼ 각 패킷에 대한 일련의 액션을 보유하기 위한 것. 146페이지 참조

각 플로우 테이블에서는 다음과 같은 처리가 이루어진다.

① 플로우 테이블 내에서 매칭되는 우선도가 가장 높은 플로우 엔트리를 발견한다.

② 플로우 엔트리에 기술되어 있는 인스트럭션▼을 실행한다.

▼ OpenFlow 1.1부터 새롭게 채택된 플로우 엔트리의 구성 요소. 상세한 설명은 7.4절 참조

a. 패킷을 변경하고 매치되는 필드를 업데이드한다(액션의 인스트럭션을 적용한다).

b. 액션셋을 업데이트한다(액션 클리어 and/or 액션의 인스트럭션을 기록한다).

c. 메타데이터를 업데이트 한다.

③ 매칭데이터와 액션셋을 다음 플로우 테이블로 송신한다.

▦ 액션셋(Action Set)

파이프라인 처리를 실행하기 위해 OpenFlow 1.1에서 [액션셋]이 새롭게 정의되었다. 액션셋은 각 패킷에 대한 일련의 액션을 보유하기 위한 것이다. 각 패킷이 OpenFlow 스위치에 도착하고 복수의 플로우 테이블에서의 매칭이 실행되기 전에 액션셋은 빈 상태로 초기화된다. 파이프라인 처리 과정에서 각 플로우 테이블에서 액션셋에 액션이 추가되고 파이프라인 처리의 마지막에 실행된다.

액션셋에 추가된 액션은 추가된 순서대로 실행되는 것이 아니라 다음과 같은 순서대로 실행된다.

표 7.2
액션셋의 실행 순서

우선순위	액션	내용
1	copy TTL inwards	TTL을 안쪽에 복사한다(7.7절 참조).
2	pop	모든 태그 팝(7.8.1항 참조) 액션을 적용한다.
3	push	모든 태그 푸쉬 액션을 적용한다(7.8.1항 참조).
4	copy TTL outwards	TTL을 바깥쪽에 복사한다(7.7절 참조).
5	decrement TTL	TTL을 1 감산한다(7.7절 참조).
6	set	Set-Field 액션을 패킷에 적용한다.
7	qos	Queue에 셋팅하는 모든 QoS 액션을 패킷에 적용한다.
8	group	Group 액션이 지정되어 있을 때는 그 리스트에서 지정된 적절한 그룹의 액션을 적용한다.
9	output	Group 액션이 지정되어 있지 않을 때는 output 액션에서 지정된 포트에 패킷을 전송한다.

액션셋에 대해 설정 가능한 액션은 타입마다 1개뿐이며 동일 타입의 액션을 복수 설정할 수도 없다. Set-Field 액션은 각 필드 타입에서 식별되므로, 액션셋은 어떤 필드 타입도 1개의 Set-Field 액션을 보유할 수 있다. 복수의 MPLS 필드를 push 또는 pop 할 때와 같이 동일 타입의 복수 액션이 요구되는 경우가 있는 타입은 Apply-Actions 인스트럭션이 사용된다.

▦ 플로우 매칭 상태 전이

파이프라인 처리에서의 플로우 매칭 상태 전이는 그림 7.2와 같다.

OpenFlow 스위치는 패킷을 수신하면 플로우 테이블 번호 0에 대한 매칭 처리를 실행한다. 매칭된 플로우 엔트리에 설정되어 있는 인트스럭션(7.4절 참조)이 실행되는데, 인트스럭션 중에 Goto 인스트럭션이 포함되어 있으면 다음 플로우 테이블에서의 매칭 처리도 실행된다. Goto 인트스럭션은 현재의 플로우 테이블 번호보다 큰 번호밖에 지정할 수 없기 때문에 플로우 테이블을 역방향으로 진행시킬 수는 없다. 매칭된 플로우 엔트리에 Goto 인스트럭션이 포함되어 있지 않으면 그 플로우 테이블이 파이프라인의 마지막 플로우 테이블이 되어 액션셋이 실행된다.

이와 같이, 모든 패킷에 대해 모든 플로우 테이블에서 매칭이 실행되는 것이 아니라, Goto 인스트럭션에 의한 명시적인 지시가 존재할 때만 복수 플로우 테이블에서의 매칭이 실행된다.

그림 7.2
OpenFlow 1.1의 플로우 매칭 상태 전이

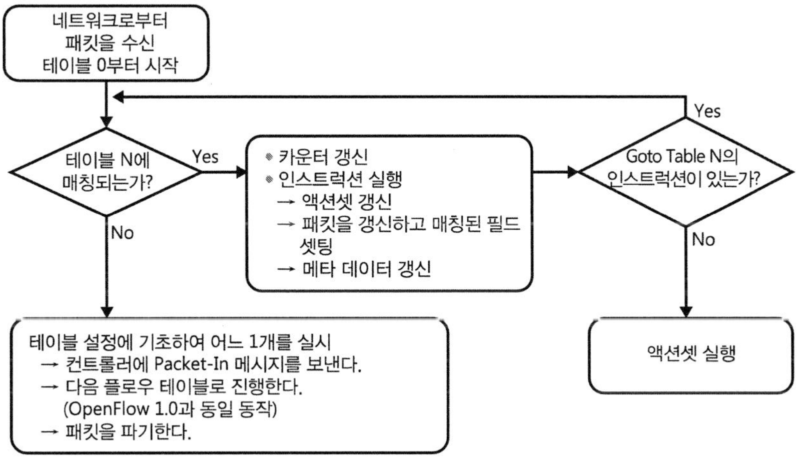

파이프라인 처리 중인 패킷에 대해 플로우 테이블에서 매칭되는 플로우 엔트리가 존재하지 않으면 [테이블 미스]가 된다. 테이블 미스 동작은 OpenFlow 1.1부터 추가된 OFPT_TABLE_MOD 메시지를 이용하여 플로우 테이블마다 설정이 가능하다. OpenFlow 1.1에서는 테이블 미스의 선택지로 아래의 3종류가 정의되어 있다.

- OpenFlow 컨트롤러로 Packet-In 메시지를 송신한다.
- 다음 플로우 테이블로 진행한다(OpenFlow 1.0과 동일 동작).▼
- 패킷을 파기한다

▼ 테이블 미스일 때 OpenFlow 1.0과 동일 동작이 되는 OFPTC_TABLE_MISS_CONTINUE는 OpenFlow 1.3에서 테이블 미스 플로우 엔트리가 삭성되었으므로 폐지되었다.

주의해야 할 것은 다른 플로우 테이블에서 매칭된 플로우 엔트리가 존재하여 액션셋이 비어 있는 상태가 아니더라도, 테이블 미스에 대한 설정이 패킷 파기가 되는 상태에서 테이블 미스가 발생하면 패킷이 파기된다는 점이다.

OpenFlow 1.2도 이와 동일한 상태 전이이며, OpenFlow 1.3에서 플로우 매칭의 상태 전이가 변경되어 있다(9.3.2항 참조).

매치필드 해석의 상태 전이

매치필드 해석의 상태 전이는 그림 7.3과 같다. OpenFlow 1.1의 매치필드 해석의 상태 전이는 2.2.1 항에서 소개한 OpenFlow 1.0의 헤더필드 해석의 상태 전이와 같은 흐름으로 이루어진다.

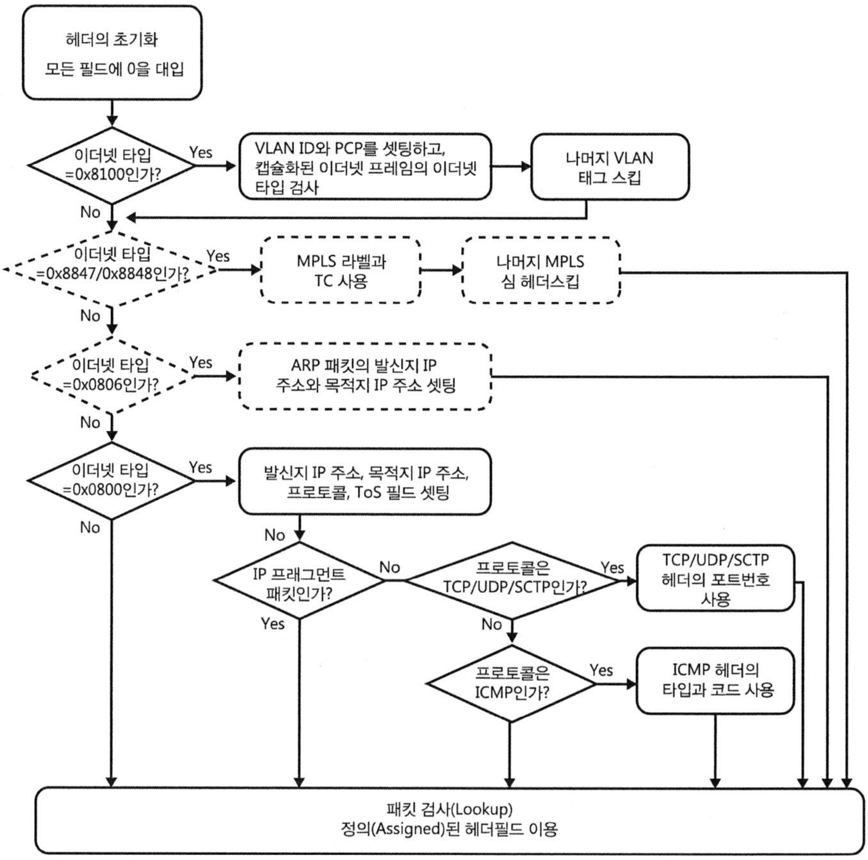

그림 7.3 OpenFlow 1.1의 매치필드 해석 상태 전이

OpenFlow 1.0과의 차이로, VLAN 태그가 복수 존재하는 경우에 대응한 경우를 들 수 있다. OpenFlow 1.0에서는, 이더넷 타입이 0x8100인 경우에 VLAN ID와 PCP를 셋팅하고, 캡슐화된 이더넷 프레임 타입을 검사하여 다음의 이더넷 타입 필드를 해석하였다. OpenFlow 1.1에서는 나머지 VLAN을 스킵하도록 되었으므로, 다단계로 VLAN 태그가 존재하여 IP 패킷 등이 포함되는 사례에 대한 대처도 가능해졌다.

MPLS나 SCTP의 매치가 더해진 것도 OpenFlow 1.1에서의 매치필드 해석의 특징이다. MPLS를 지원하고 있는 경우, 이더넷 타입 0x8847과 0x8848인지 아닌지, 0x8100인지 어떤지를 체크한 뒤에 실행한다. SCTP의 매칭은 TCP나 UDP 매칭과 동일 레벨에서 실행된다.

매치필드 해석에 관한 사양은 OpenFlow 1.2에서 삭제되었으므로 OpenFlow 1.2 이후에는 동일 사양이 존재하지 않는다(8.2.2항 참조).

7.3.2 메타데이터

OpenFlow 1.1부터 매치필드에 메타데이터가 추가되었다. 이 메타데이터 필드를 활용하여 복수의 플로우 테이블 간의 정보 전달을 실행할 수 있다.

메타데이터는 64비트의 필드인데, 여기에 기록되는 내용에 관해서는 사양의 용도가 한정되어 있지 않다. 메타데이터 필드에 대한 변경을 실행하는 인스트럭션은 비트 마스크를 지정하면서 동시에 비트 단위로 값을 변경할 수 있는 사양이 되었다.

메타데이터를 이용하면 예를 들어 그림 7.4와 같은 경우도 가능하다.

그림 7.4
메타데이터 이용 예

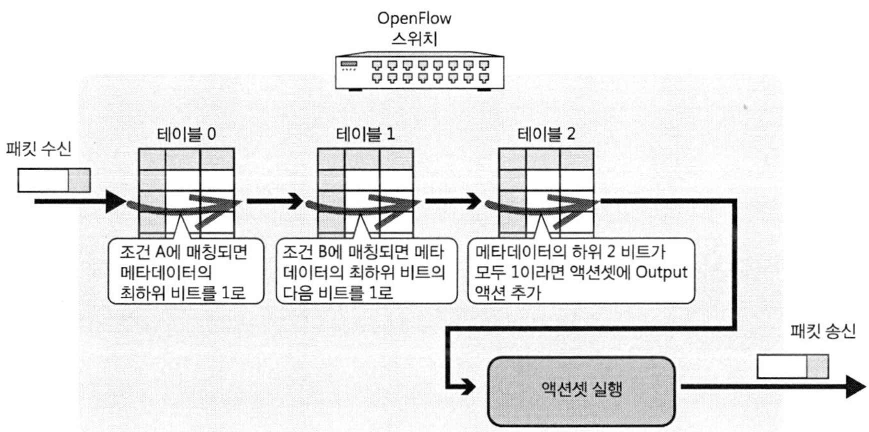

이 예에서는 메타데이터를 2개의 플래그로 이용하고 있다. 마지막 플로우 테이블에서 양쪽 플래그가 세워져 있는 경우에만 Output 액션을 액션셋에 추가하고 있다. 이러한 작업은 메타데이터가 매치필드에 들어가 있기 때문에 가능하다.

7.3.3 OpenFlow 1.1에서의 러닝브릿지 구현 방법

제4장에서 고찰한 OpenFlow 1.0에 의한 러닝브릿지 실현에서는 OpenFlow 1.0을 이용하여 일반적인 러닝브릿지와 동등한 기능을 실현하는 것이 곤란하다는 점을 소개하였는데, 러닝브릿지와 동등한 기능은 OpenFlow 1.1부터 실현이 가능해졌다.

그림 7.5와 같은 플로우 테이블을 설정함으로써 OpenFlow 1.1의 파이프라인 처리를 이용하여 러닝브릿지와 동등한 기능을 실현할 수 있다.

그림 7.5
파이프라인 처리를 활용하여 러닝브릿지 기능을 실현

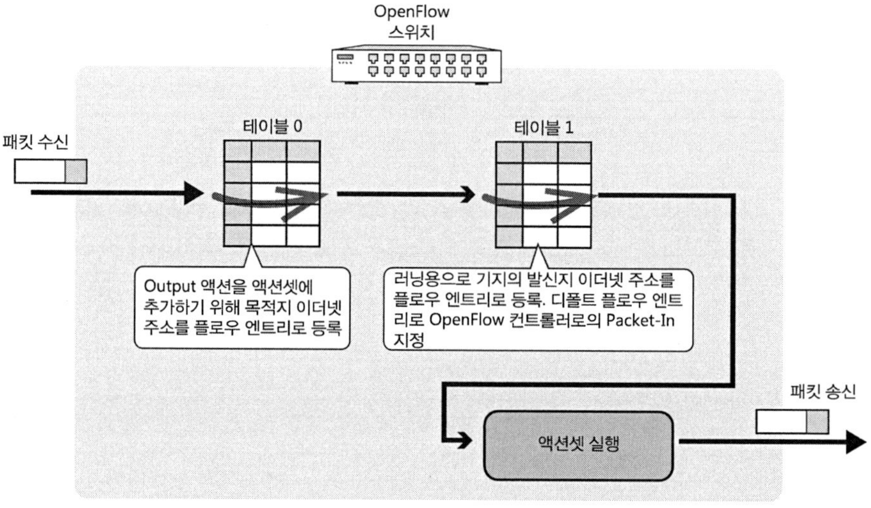

이 예에서는 테이블 0에 목적지 이더넷 주소를 기술한 플로우 엔트리를 설정하고, 그 플로우 엔트리에는 Output 액션과 테이블 1로의 Goto 액션이 기술되어 있다. 테이블 1에는 발신지 이더넷 주소를 기술한 플로우 엔트리와 미지의 발신지 이더넷 주소를 검지한 경우에 OpenFlow 컨트롤러로 Packet-In 메시지를 송신하기 위한 플로우 엔트리가 기술되어 있다.

OpenFlow 1.0에서 러닝브릿지와 동등한 기능을 실현하기 어려웠던 이유는 이번 예처럼 다른 의미를 갖는 복수의 액션을 분산하여 설정할 수 없었기 때문인데, OpenFlow 1.1부터는 이것이 가능해진 것이다.

또한, 이 예는 어디까지나 OpenFlow 1.0과 1.1의 차이를 설명하기 위해 기술하고 있으므로 주의해야 한다. 이와 같이 러닝브릿지와 동등한 기능을 OpenFlow에서 실현하는 것 자체가 중요하다고 필자진이 생각하고 있는 것은 아니다.

7.4 인스트럭션

OpenFlow 1.1부터 인스트럭션(Instruction)이라는 개념이 새롭게 채택되었다. OpenFlow 1.0에서는 플로우 엔트리의 구성 요소가 다음의 3가지였다.

- 헤더필드
- 카운터
- 액션

OpenFlow 1.1에서는 플로우 엔트리의 구성 요소에 인스트럭션이 추가되어 아래와 같이 바뀌었다.

▼ OpenFlow 1.0에서 [헤더필드]라고 불리는 부분으로 OpenFlow 1.1에서 [매치필드]로 명칭이 변경되었다.

- 매치필드▼
- 카운터
- 인스트럭션

7.4.1 인스트럭션이란?

인스트럭션은 플로우 엔트리에 매칭되는 패킷에 대해 실행되는 것으로, 액션의 실행, 나중에 종합하여 실행하기 위한 액션셋의 액션 추가와 삭제, 메타데이터 입력 등의 기능을 제공하고 있다. 지정한 플로우 테이블로 이동하는 것도 인스트럭션이며, 7.3절에서 소개한 파이프라인 처리를 실현하기 위한 근간이 되는 시스템이다.

인스트럭션에는 다음과 같은 종류가 있다.

- **Apply-Actions** : 액션셋을 변경하지 않고 지정된 액션 리스트(7.4.2항 참조)를 실행한다. 패킷을 2개의 플로우 테이블에 걸쳐 변경할 때나 같은 타입의 복수 액션을 실행할 때 이용된다.
- **Clear-Actopns** : 액션셋의 액션을 모두 소거한다.
- **Write-Actions** : 액션셋에 대해 지정된 액션군을 통합한다. 액션셋 내에 이미 같은 타입이 존재하고 있는 경우에는 덮어쓰기 되고, 같은 타입이 존재하지 않는 경우에는 추가된다.
- **Write-Metadata** : 메타데이터 입력이다.
- **Goto-Table** : Goto 문(文). 파이프라인의 뒤에 이어지는 플로우 테이블로 이동한다. 기존 위치보다 앞에 있는 플로우 테이블로의 Goto는 할 수 없다. 또한 마지막 플로우 테이블은 Goto 문을 포함할 수 없다.

7.4.2 액션, 액션셋, 액션리스트, 인스트럭션의 차이

OpenFlow 1.1에서 혼동하기 쉬운 요소가 액션, 액션셋, 인스트럭션, 액션리스트의 차이가 있다. 아래에 간단히 기능 설명을 정리해 보기로 한다.

액션

액션은 Output이나 Set-Field와 같은 개별 동작을 나타내는 것이다. OpenFlow 1.1 스위치 중에서 이용되는 액션의 구체적인 종류는 ofp_action_type으로 OpenFlow 1.1에서 정의되어 있다.

인스트럭션

플로우 테이블 내에 있는 플로우 엔트리에 기술되어 있는 것이 인스트럭션이다(7.4.1항 참조). 인스트럭션은 액션셋이나 메타데이터를 편집하거나, 액션 리스트를 실행시키거나, 다음 테이블로 이동하기 위해 준비된 명령이다.

액션셋

액션셋은 앞에서 기술한 7.3절의 파이프라인 처리를 실행하기 위한 것으로, 복수의 액션을 넣어 두는 일시적인 보관 장소이다.

OpenFlow 스위치에 패킷이 도착할 때마다 그 패킷의 파이프라인 처리 실행을 위한 액션셋의 내용물이 비워지고, 각 플로우 테이블에 설정된 플로우 엔트리에 매칭될 때마다 플로우 엔트리 내의 인스트럭션에 의해 액션셋에 액션이 추가, 갱신, 삭제된다.

파이프라인 처리의 마지막은 액션셋에 설정된 액션의 실행인데, 액션셋의 실행 순서는 추가된 순서가 아니라 액션 타입에 따라 우선도가 미리 결정되어 있다(7.3.1항 참조).

액션리스트

[액션리스트]는 액션의 리스트이다. 언뜻 액션셋과 관련이 있는 것 같지만 실제로는 액션셋과는 아무런 관계가 없다.

액션리스트가 이용되는 것은, Apply-Actions 인스트럭션에 의해 그 자리에서 패킷에 대해 액션을 실행하는 동시에 액션셋에는 접촉하지 않을 때, Packet-Out 메시지로 OpenFlow 컨트롤러에서 송신된 패킷에 대해 액션을 실행할 때에 사용된다.

액션리스트의 실행 순서는 리스트에 기재된 순서이다.

7.4.3 액션에 대한 변경

몇 가지 변경점이 있긴 하지만 OpenFlow 1.1에도 계속해서 [액션]은 존재한다. OpenFlow 1.0과 OpenFlow 1.1의 액션에서의 주요한 차이는 아래의 사항을 들 수 있다.

- OpenFlow 1.1에서는 OpenFlow 1.0의 Forward 액션이 Output 액션으로, Modify-Field가 Set-Field로 이름이 바뀌었다.
- OpenFlow 1.0의 Enqueue 액션은 Set-Queue로 변경되었는데, OpenFlow 1.0의 Enqueue는 Queue로부터의 송출을 제어할 수 있었던 데 반해, OpenFlow 1.1의 Set-Queue는 Queue에 대한 셋일 뿐 Queue로부터의 송출은 Output 액션으로부터 별도로 실행된다는 차이가 있다.
- OpenFlow 1.1부터 새롭게 Group 액션과 VLAN 태그, MPLS 태그를 push/pop하기 위한 Push-Tag/Pop-Tag 액션이 추가되었다.

OpenFlow 1.1의 액션은 부록(부록. 1.2항)을 참조한다.

7.5 그룹

OpenFlow 1.1부터 [그룹]이라는 추상화가 추가되었다. 이 추상화에 의해 복수의 포트를 [그룹]이라는 하나의 묶음으로 취급할 수 있다.

그룹에 대한 액션은 대상이 되는 그룹 ID를 [Group 액션]으로 지정하여 실행된다. Group 액션은 Output 액션이나 Set VLAN ID 액션과 마찬가지로 액션의 한 종류이다(OpenFlow 1.1의 액션 일람은 부록. 1.2항을 잠조).

7.5.1 그룹테이블

OpenFlow 1.1에서는 그룹테이블이 OpenFlow 구성 요소의 하나이다. 그룹테이블은 복수의 그룹엔트리를 보유하기 위한 것으로, 각 OpenFlow 스위치 안에 복수의 플로우 테이블과 하나의 그룹테이블이 있다(그림 7.6).

그림 7.6
OpenFlow 1.1 스위치의 구성 요소

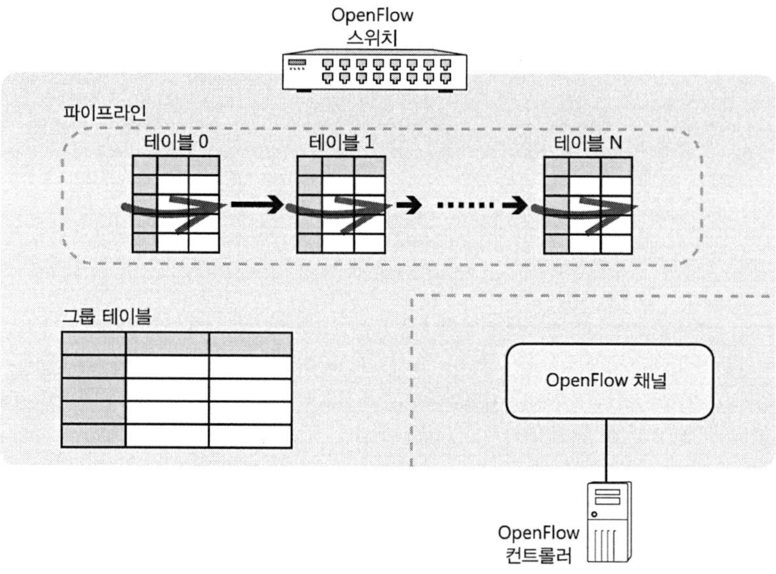

7.5.2 그룹엔트리

그룹엔트리는 아래의 요소로 구성되어 있다.

표 7.3
그룹엔트리의 구성요소

요소	내용
그룹 ID (32비트)	그룹을 나타내기 위한 식별자. 각 그룹은 이 식별자를 기초로 이용된다.
그룹 타입	그룹의 동작을 지정한다. all, select, indirect, fast failover 등 4종류가 있다.
카운터	그 그룹엔트리에 의해 처리된 패킷 수를 기록한다.
액션 버킷(Action Buckest)	복수의 액션 버킷. 각 액션 버킷은 복수의 액션과 그 실행을 위한 패러미터를 보유하고 있다.

7.5.3 그룹 타입

각 그룹 타입의 내용은 다음과 같다.

표 7.4
그룹 타입

타입	구현	내용
all	required	그룹의 모든 액션 버킷 실행
select	optional	그룹에 포함되는 1개의 액션 버킷 실행
indirect	required	액션 버킷을 1개만 가진다.
fast failover	optional	[살아있는] 첫 액션 버킷 실행

all

이 그룹 타입은 멀티캐스트나 브로드캐스트를 실현하기 위해 사용됨을 상정하고 있다. 각 액션 버킷을 위해 패킷의 복제가 생성되고 각 액션 버킷은 그것을 처리한다.

all 타입의 그룹 동작 예를 그림 7.7에 나타내었다. 이 예에서는 OpenFlow 스위치 1이 물리 포트 1로부터 수신한 패킷에 대해 all을 이용하여 물리 포트 2와 3으로 전송하고 있다.

그림 7.7
all 타입의 그룹 동작 예

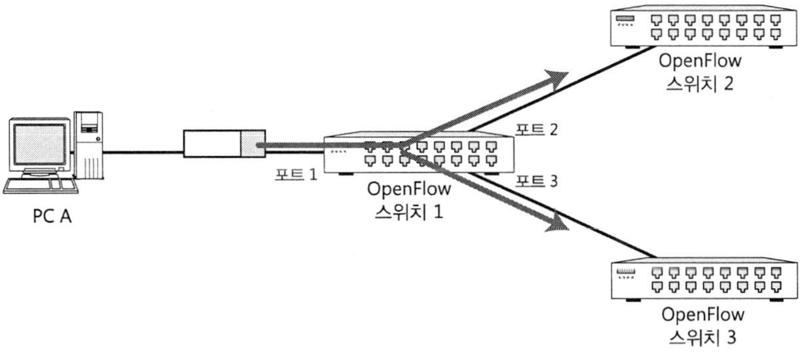

표 7.5는 OpenFlow 스위치 1의 플로우 테이블 내에 설정되어 있는 플로우 엔트리이다. 입력 포트 1로부터의 패킷에 대한 액션이 Group 액션으로, 이용하는 그룹의 그룹 ID를 8로 하였다.

표 7.5
스위치 1의 플로우 엔트리

주요 필드		내용	값
매치	Ingress port	입력 포트	1
액션	type	그룹	OFPAT_GROUP(22)
	group_id	그룹 ID	8

표 7.6은 OpenFlow 스위치 1의 그룹테이블 내에 설정되어 있는 그룹 ID 8의 그룹엔트리이다.

표 7.6
그룹 ID 8의 그룹 엔트리

주요 필드				내용	값
그룹	그룹 타입			all	OFPGT_ALL(0)
	그룹 ID			그룹의 식별자	8
	액션버킷	액션	type	스위치의 포트로 송신	OFPAT_OUTPUT(0)
			out_port	송신하는 포트	2
	액션버킷	액션	type	스위치의 포트로 송신	OFPAT_OUTPUT(0)
			out_port	송신하는 포트	3

이 예에서는, 그룹엔트리에 액션 버킷이 2개 설정되어 있다. 첫 번째 액션 버킷에는 물리 포트 2에 대한 아웃풋(Output) 액션이 1개만 설정되어 있다. 두 번째 액션 버킷에는 물리 포트 3에 대한 아웃풋 액션이 1개만 설정되어 있다.

이 예에서는 액션 버킷 내에 아웃풋 액션만이 설정되어 있지만, 액션 버킷 내에 복수의 액션을 설정하는 것도 가능하다. 예를 들면 액션 버킷 내에 Push VLAN 액션과 아웃풋 액션 등 2개를 설정하면 VLAN 태그를 추가한 다음 아웃풋이 실행된다.

select

select 타입에서 패킷은 OpenFlow 스위치가 선택한 그룹 내의 액션 버킷에 따라 처리된다. 액션 버킷의 선택 알고리즘으로는, 예를 들어 해시(Hash)나 몇 가지의 내용에 의한 사용자 지정이나 간단한 라운드 로빈 등을 생각할 수 있는데, OpenFlow 프로토콜 범주 외가 되어 OpenFlow 스위치의 구현에 의존된다.

select 타입을 이용한 패킷 단위의 라운드 로빈을 실행하는 ECMP나 LAG(Link AGgregation) 등을 들 수 있다.

select 타입의 그룹 동작 예를 그림 7.8에 나타내었다. 이 예에서는, OpenFlow 스위치 1이 물리 포트 1로부터 수신한 패킷에 대해 select를 이용하여 물리 포트 2나 3으로 전송하고 있다. 각 패킷의 처리용으로 적용되는 액션 버킷은 라운드 로빈에서 선택되는 것으로 한다.

그림 7.8 select 타입의 그룹 동작 예

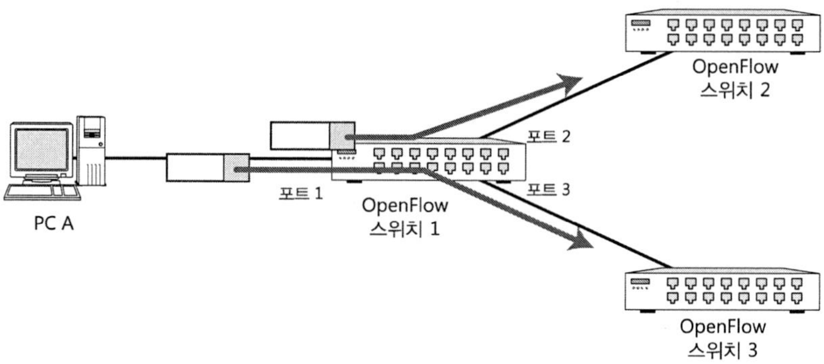

표 7.7은 OpenFlow 스위치 1의 플로우 테이블 내에 설정되어 있는 플로우 엔트리이다. 입력 포트 1로부터의 패킷에 대한 액션이 Group이고, 이용하는 그룹의 그룹 ID는 9로 하였다.

표 7.7
스위치 1의 플로우 엔트리

주요 필드		내용	값
매치	Ingress Port	입력 포트	1
액션	type	그룹	OFPAT_GROUP(22)
	group_id	그룹 ID	9

표 7.8은 OpenFlow 스위치 1의 그룹테이블 내에 설정되어 있는 그룹 ID 9의 그룹엔트리이다.

표 7.8
그룹 ID 9의 그룹엔트리

주요 필드				내용	값
그룹	type			그룹 타입	OFPGT_SELECT(1)
	group_id			그룹 ID	9
	액션버킷	weight		웨이트	1
		액션	type	스위치의 포트로 송신	OFPAT_OUTPUT(0)
			out_port	송신하는 포트	2
	액션버킷	weight		웨이트	1
		액션	type	스위치의 포트로 송신	OFPAT_OUTPUT(0)
			out_port	송신하는 포트	3

이 예에서는, 그룹엔트리에 액션 버킷이 2개 설정되어 있다. 첫 번째 액션 버킷에는 물리 포트 2에 대한 아웃풋 액션이 1개만 설정되어 있다. 두 번째 액션 버킷에는 물리 포트 3에 대한 아웃풋 액션이 1개만 설정되어 있다.

또한, 이 예에서는 양쪽의 액션 버킷의 옵션으로 weight가 1인 것으로 하였다. weight 1은 같은 무게에서의 로드셰어링을 실행할 때 이용되는 값인데, 1 이외의 값을 설정함으로써 각 액션 버킷에서 다른 무게를 지정하여 각각의 액션 버킷이 적용되는 빈도를 편중시키는 것도 가능하다. 단, OpenFlow 스위치는 1 이외의 값을 지원하지 않는 것도 가능하므로 1 이외의 weight를 사용할 수 없는 경우도 있다.

weight는 select 타입일 때에만 이용되는 옵션이다. 액션 버킷에는 이처럼 액션뿐만 아니라 액션 버킷 자체의 설정 항목도 포함되어 있다.

■ indirect

이 그룹 타입은 액션 버킷을 1개만 보유하여 실행된다. 이 타입의 그룹은 복수의 액션 버킷을 가질 수 없다.

indirect 타입은 이름 그대로, 플로우 엔트리나 그룹엔트리가 대표적인 그룹 ID

를 지정함으로써 변환작업 등을 신속하게 정리시키는 용도가 상정되어 있다. 예를 들면, IP 포워딩용의 다음 홉을 특정 그룹 ID로 관리한 다음, 그것을 이용하는 복수의 플로우 엔트리가 그 그룹 ID를 참조하도록 해 두면, 1곳을 변경함으로써 관련하는 모든 플로우 엔트리의 내용을 변경할 수 있다.

indirect 타입의 그룹은 액션 버킷이 1개인 all 타입의 그룹과 완전히 같다.

fast failover

fast failover 타입의 그룹을 이용함으로써 OpenFlow 컨트롤러의 판단을 기다리지 않고 페일오버용 동작을 선택할 수 있다.

fast failover 타입의 그룹 동작 예를 그림 7.9에 나타내었다. 이 예에서는 OpenFlow 스위치 1이 fast failover를 이용하여 물리 포트 2와 3을 감시하면서 동시에 패킷의 전송을 실행하고 있다. 물리 포트 2가 정상적으로 동작하고 있는 동안은 그것을 이용하고, 물리 포트 2에서의 장애를 검지하면 물리 포트 3으로 패킷을 전송한다.

그림 7.9 fast failover 타입의 그룹 동작 예

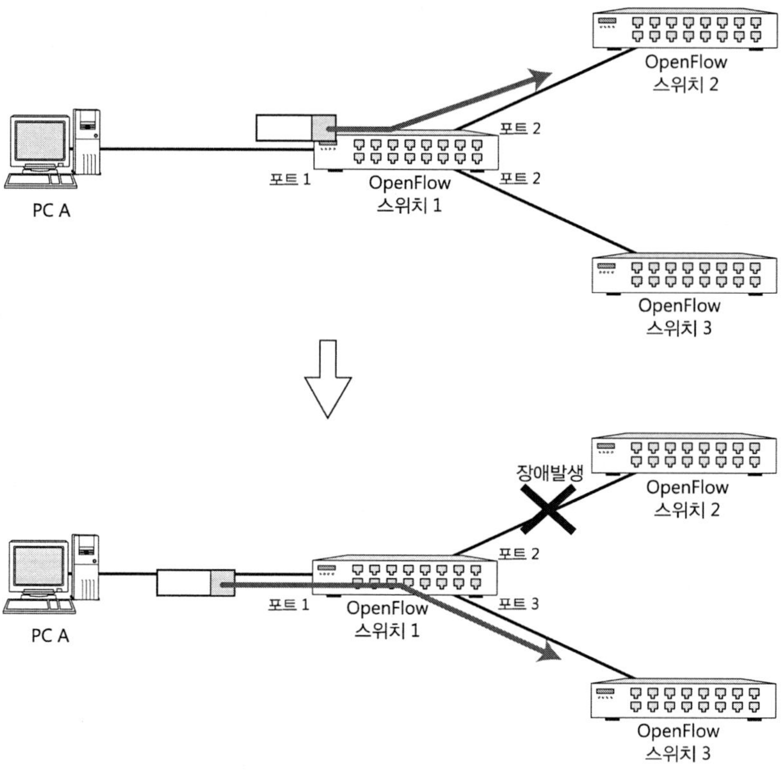

표 7.9는 OpenFlow 스위치 1의 플로우 테이블 내에 설정되어 있는 플로우 엔

트리이다. 입력 포트 1로부터의 패킷에 대한 액션이 그룹 액션으로, 이용하는 그룹의 그룹 ID는 10으로 하였다.

표 7.9
스위치 1의 플로우 엔트리

주요 필드		내용	값
매치	Ingress Port	입력 포트	1
액션	type	그룹	OFPAT_GROUP(22)
	group_id	그룹 ID	10

표 7.10은 OpenFlow 스위치 1의 그룹테이블 내에 설정되어 있는 그룹 ID 10의 그룹엔트리이다.

표 7.10
그룹 ID 10의 그룹 엔트리

<table>
<tr><th colspan="4">주요 필드</th><th>내용</th><th>값</th></tr>
<tr><td rowspan="8">그룹</td><td colspan="3">type</td><td>그룹 타입</td><td>OFPGT_FF(3)</td></tr>
<tr><td colspan="3">group_id</td><td>그룹 ID</td><td>10</td></tr>
<tr><td rowspan="3">액션버킷</td><td rowspan="3">액션</td><td>type</td><td>스위치의 포트로 송신</td><td>OFPAT_OUTPUT(0)</td></tr>
<tr><td>watch_port</td><td>감시대상 포트</td><td>2</td></tr>
<tr><td>out_port</td><td>송신하는 포트</td><td>2</td></tr>
<tr><td rowspan="3">액션버킷</td><td rowspan="3">액션</td><td>type</td><td>스위치의 포트로 송신</td><td>OFPAT_OUTPUT(0)</td></tr>
<tr><td>watch_port</td><td>감시대상 포트</td><td>3</td></tr>
<tr><td>out_port</td><td>송신하는 포트</td><td>3</td></tr>
</table>

fast failover 타입의 그룹엔트리에 이용되는 액션 버킷에는 감시 대상 포트를 설정하는 watch_port라는 설정 항목이 있다. 이 예에서는, 물리 포트 2를 감시 대상으로 하는 액션 버킷이 앞에 놓여져 있으므로, 물리 포트 2가 정상이라면 그 액션 버킷이 적용되고 물리 포트 2로의 아웃풋 액션이 실행된다.

물리 포트 2에서의 장애를 검지하면, 처음의 액션 버킷은 이용되지 않게 되고 다음 액션 버킷이 적용된다. 다음 액션 버킷의 감시 대상 포트는 물리 포트 3으로, 그 액션 버킷 내의 액션은 물리 포트 3으로의 아웃풋 액션이 설정되어 있다.

7.5.4 그룹의 그룹

그룹엔트리에 포함되는 액션 버킷은 복수의 액션을 보유하는 것이 가능한데, 그 액션의 하나로 Group 액션을 지정하면 그룹에 따라 실행되는 액션이 별도의 다른 그룹이 되는 그룹의 체인(chain)이 된다. 예를 들면, fast failover 타입의 그룹이 참조하는 앞 그룹을 select 그룹으로 하는 구성도 가능하다.

OpenFlow 스위치는 그룹의 체인을 지원하지 않는 것도 가능하다. 그룹의 체인을 지원하지 않는 OpenFlow 스위치에 대해 그룹의 체인이 발생하는 설정이 송신되었을 때에는, OFPET_GROUP_MOD_FAILED 타입에서 OFPGMFC_CHAINING_UNSUPPORTED 코드를 가지는 Error 메시지가 OpenFlow 컨트롤러로 반송된다.

그룹의 체인이 OpenFlow 스위치에서 작성 가능한 경우, 그 안에 그룹의 연결에 의한 루프가 있는지 어떤지를 설정 표시 시에 확인할 수 있는 기능을 오프 스위치가 구현하는 것도 가능하다. 그 기능이 구현되어 있는 상태에서 루프를 포함하는 설정이 OpenFlow 컨트롤러로부터 송신된 경우에는 에러가 되는데, 그 기능이 없는 경우의 동작은 정의되지 않았다.

7.6 가상 포트의 확장

OpenFlow 1.0에서의 [가상 포트]는 OpenFlow 1.0에서 정의된 번호를 나타내는 이름이었다. OpenFlow 1.1에서는 [가상 포트]가 나타내는 대상이 확장된다.

OpenFlow 1.1부터 가상 포트의 정의가 확장되어, LAG(링크 애그리게이션), 터널, 루프 백 인터페이스 등도 가상 포트로 취급할 수 있게 되었다. OpenFlow 1.0에서는 그러한 가상적인 포트에 대한 Forward 액션을 할 수 없었지만, OpenFlow 1.1부터는 Output 액션에서의 패킷 발신지로 지정할 수 있게 되었다.

이 변경에 따라 ALL, CONTROLLER, LACALM TABLE, NORMAL, INPORT, FLOOD 등 OpenFlow 1.0에서 [가상 포트]라 불리던 것은 [OpenFlow 사양에 따라 예약된 가상 포트]라는 표현으로 변경되었다.

7.6.1 포트번호의 식별자가 16비트에서 32비트로 변경

OpenFlow 1.1에서 이제까지 16비트였던 포트번호의 식별자가 32비트로 변경되었다.

이에 따라, OpenFlow 1.0에서 정의되어 있던 가상 포트(표 2.7 참조)의 값도 표 7.11과 같이 변경되었다.

표 7.11
OpenFlow 사양에 의해 예약되어 있는 가상 포트 일람

가상 포트(enum에 의한 선언)	값(32비트)
OFPP_IN_PORT	0xfffffff8
OFPP_TABLE	0xfffffff9
OFPP_NORMAL	0xfffffffa
OFPP_FLOOD	0xfffffffb
OFPP_ALL	0xfffffffc
OFPP_CONTROLLER	0xfffffffd
OFPP_LOCAL	0xfffffffe
OFPP_NONE	0xffffffff

OpenFlow 스위치 내에서 이용할 수 있는 포트번호의 최대값인 OFPP_MAX도 0xffffff00로 변경되어 있으며, 이용 가능한 포트 수의 상한이 약 43억으로 대폭 상승하였다.

또한, OpenFlow 1.2에서는 OpenFlow 스위치 상에 있는 VLAN 등에 의한 것은 [로지컬 포트], OFPP_ CONTROLLER 등의 OpenFlow 프로토콜에서 정의하고 있는 특별한 것은 [예약 포트]로 분리되었다(8.5.1항 참조).

7.7 TTL 필드 조작

OpenFlow 1.0에서는 IPv4 헤더의 TTL 필드를 조작할 수 없었으나 OpenFlow 1.1부터 조작이 가능하게 되었다. MPLS 헤더의 TTL 필드도 조작 가능하다.

OpenFlow 1.1에서 추가된 TTL 필드 조작 액션으로, TTL에 임의의 값을 설정한 액션과 TTL을 1 감소하는 액션이 있다.

7.7.1 copy TTL inwards/copy TTL outwards

이 외에, 안쪽에 있는 TTL 필드의 값을 바깥쪽의 패킷에 복사하는 액션(copy TTL inwards)과 바깥쪽에 있는 TTL을 복사하는 액션(copy TTL outwards)이 있다. TTL 복사를 사용하는 유스케이스로는 TTL을 End-to-End로 유지하는 것을 들 수 있다.

예를 들어, 그림 7.10과 같이 인터넷 - OpenFlow - 인터넷이라는 3개의 도메인이 있고, OpenFlow 도메인에 들어가는 패킷은 IP 캡슐화되어 OpenFlow 네트워

크를 전송받으며, OpenFlow 도메인으로부터 나올 때 탈(脫) IP 캡슐화가 실행되는 환경이 있는 것으로 상정하였다.

그림 7.10
copy TTL outwards / copy TTL inwards 설명용 네트워크 토폴로지

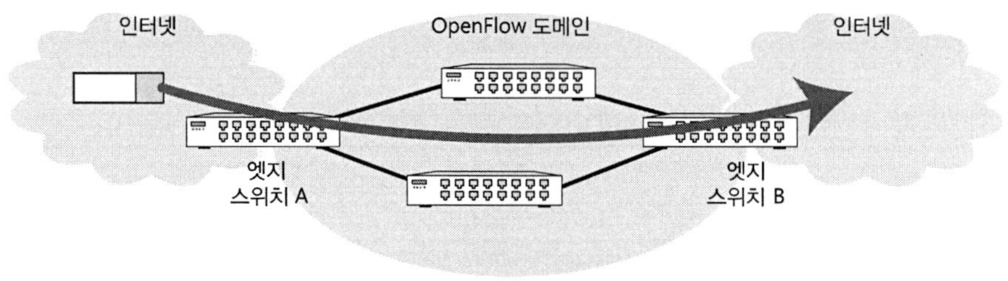

OpenFlow 도메인에 들어가는 엣지 스위치 A에서 IP 헤더가 더 추가됨으로써 OpenFlow 네트워크 내에서는 IP-in-IP에서 패킷이 처리된다. 이때, 새로 추가된 IP 헤더의 TTL이 본래의 IP 헤더의 TTL과 동일한 것이 된다고는 할 수 없다. copy TTL outwards는 내부에 있는 IP 헤더의 TTL을 외부에 새롭게 추가되는 IP 헤더의 TTL에 복사함으로써 새로운 IP 헤더의 TTL과 인터넷을 전송된 IP 패킷의 IP 헤더의 TTL을 동기시킬 때 이용할 수 있다.

그림 7.11
OpenFlow 도메인에 들어가는 패킷에 대한 헤더 Push

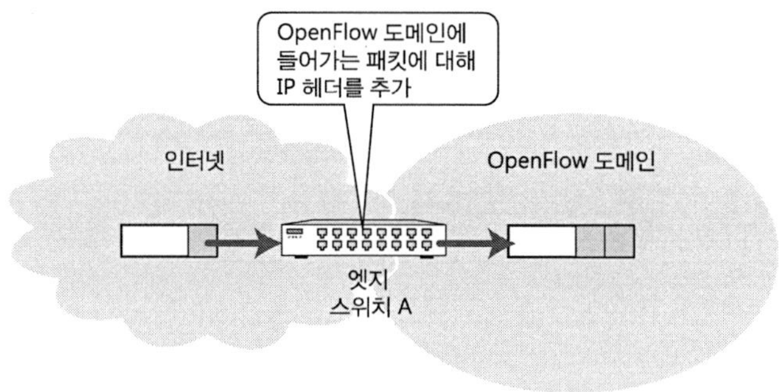

이 환경 하에서, OpenFlow 도메인 내에 있는 복수의 OpenFlow 스위치를 경유할 때, 바깥쪽에 있는 IP 헤더의 TTL이 감산되는 것으로 한다. OpenFlow 도메인을 나올 때에 바깥쪽에 있는 IP 헤더를 그대로 제거하면, OpenFlow 도메인 내에서 전송된 횟수분의 TTL이 감산되지 않는 상태가 된다. copy TTL inwards를 사용함으로써 바깥쪽에 있는 IP 헤더의 TTL을 안쪽에 있는 IP 헤더로 복사할 수 있게 되므로 OpenFlow 도메인 내에서의 홉 수도 안쪽 IP 헤더에 반영할 수 있게 된다.

이와 같이, IP헤더 TTL 처리를 OpenFlow 도메인 안과 인터넷 도메인 사이에 연속성을 유지하면서 취급할 수 있게 된다. copy TTL outwards/inwards는 IP-in-IP뿐만 아니라 IP-in-MPLS에서도 이용할 수 있으므로, MPLS 망에서의 TTL 감산을 IP 헤더 TTL 감산에 반영할 수도 있다.

7.7.2 부정한 TTL 값의 패킷을 수신했을 때의 처리

OpenFlow 1.1에서는 부정한 TTL 값의 패킷에 대한 처리를 표시하기 위해 OFPC_INVALID_TTL_TO_CONTROLLER라는 플래그가 ofp_config_flags에 추가되었다. 이 설정은 SET_CONFIG 메시지에 의해 OpenFlow 컨트롤러로부터 OpenFlow 스위치에 대해 실행된다.

이 플래그가 0인 경우에는, OpenFlow 스위치는 부정한 TTL 값을 가지는 IPv4 또는 MPLS의 패킷을 파기한다. 이 플래그가 1인 경우, OpenFlow 스위치는 부정한 TTL 값을 가지는 패킷을 OpenFlow 컨트롤러로 전송한다.

```
enum ofp_config_flags {
/* Handling of IP fragments. */
OFPC_FRAG_NORMAL = 0, /* No special handling for fragments. */
OFPC_FRAG_DROP = 1 << 0, /* Drop fragments. */
OFPC_FRAG_REASM = 1 << 1, /* Reassemble (only if OFPC_IP_REASM set). */
OFPC_FRAG_MASK = 3,
/* TTL processing - applicable for IP and MPLS packets */
OFPC_INVALID_TTL_TO_CONTROLLER = 1 << 2, /* Send packets with invalid TTL
ie. 0 or 1 to controller */
};
```

디폴트 상태에서는 OFPC_ INVALID_TTL_TO_CONTROLLER 플래그는 클리어 되어 있으므로, 부정한 TTL 값인 IPv4 패킷 또는 MPLS 패킷의 처리로써 OpenFlow 컨트롤러로의 전송을 지정하지 않는 한 부정한 TTL 값의 패킷은 파기된다.

OpenFlow 1.1 사양서에서는 부정한 TTL 값이라고 판단할 명확한 기준이나 검사 타이밍을 규정하지 않는다. 또한, OpenFlow 컨트롤러로 부정 TTL 패킷을 보낼 때의 Packet-In 메시지의 reason에 관해서도 명기되어 있지 않다. 이 사항들은 OpenFlow 1.2 사양서에 기재되었다. 부정 TTL의 검사는 모든 패킷에 대해 실행할 필요는 없지만 최소한 decrement TTL 액션이 실행되었을 때는 필요하다. OpenFlow 1.2에서는 Packet-In 메시지의 reason으로 OFPR_ INVALID_TTL도 추가되었고, 부정 TTL 값의 패킷이기 때문에 Packet-In 메시지가 발생한 것을 OpenFlow 컨트롤러에서 명시적으로 알 수 있게 되었다.

7.7.3 TTL의 매칭은 불가능

OpenFlow 1.1 이후 TTL 필드의 조작이 가능하게 되었지만, TTL 필드에 대한 매치를 실행할 수는 없다.

OpenFlow 1.1의 매치필드에 IPv4 TTL은 존재하지 않으며, 이 책의 집필 시점에서의 OpenFlow 최신 버전인 OpenFlow 1.3.2에서도 TTL 필드를 매칭하기 위한 사양이 존재하지 않는다.

7.8 OpenFlow 1.1에서의 그 외의 변경

7.8.1 MPLS 태그와 VLAN 태그의 Push/Pop에 대응

OpenFlow 1.0에서는 다룰 수 있는 VLAN 태그는 1단계뿐이었다. OpenFlow 1.1에서는 VLAN 태그의 추가, 삭제, 변경이 가능하다. 이에 따라 다단계로 VLAN 태그를 사용할 수 있으며 QinQ도 실행할 수 있게 되었다.

또한, OpenFlow 1.1에서는 MPLS shim 헤더의 추가, 삭제, 변경도 가능하게 되었다.

Strip VLAN 액션의 폐지와 Set VLAN ID의 사양 변경

OpenFlow 1.1에서 태그의 Push/Pop 액션이 추가되었기 때문에 OpenFlow 1.0의 Strip VLAN header 액션이 폐지되었다.

또한, Set VLAN ID 액션의 사양도 변경되었다. OpenFlow 1.0에서는 Set VLAN ID 액션은 VLAN 태그가 존재할 때에는 VLAN ID의 값을 변경하고, VLAN 태그가 존재하지 않을 때에는 지정된 VLAN ID가 붙은 VLAN 태그를 부가하는 2가지 의미를 가지고 있었다. OpenFlow 1.1의 Set VLAN ID는 VLAN 태그가 존재하는 경우에는 가장 바깥쪽에 있는 VLAN 태그의 VLAN ID를 변경하는 사양이 되며, VLAN 태그를 추가하는 기능은 Push VLAN header 액션으로 실행하게 되었다.

7.8.2 OpenFlow 하이브리드 스위치

OpenFlow 1.0 사양 상, OpenFlow 스위치는 OpenFlow만이 동작하는 것으로, 통상적인 L2 스위치 기능과 동등한 것을 실현하기 위해서는 OpenFlow 컨트롤러가 OpenFlow 스위치에 대해 L2 스위치와 같은 기능의 플로우 테이블을 설정할 필요가 있었다.

OpenFlow 1.1에는 OpenFlow와 통상의 L2스위치 기능을 함께 가지는 Open-

Flow 하이브리드 스위치가 정의되어 있다.

단, OpenFlow 1.0 제품 중에도 그러한 기능을 실현하고 있는 것도 존재하고 있으므로, 암묵적인 기능으로써 존재하고 있던 것이 사양화되었을 뿐이라고 보는 견해도 있다.

7.8.3 SCTP 대응

OpenFlow 1.0이 대응하고 있는 트랜스포트층 프로토콜은 UDP와 TCP뿐이었지만, OpenFlow 1.1에서는 SCTP(Stream Control Transmission Protocol, RFC 4960[17])의 포트번호의 대응도 추가되었다.

SCTP는 모바일 통신 기술인 3GPP(The 3rd Generation Partnership Project)나 LTE(Long Term Evolution)에서 이용되고 있다. OpenFlow 1.1에서의 SCTP 대응은 모바일 네트워크에서의 OpenFlow 활용을 예견한 것인지도 모른다.

SCTP는 현재 IETF에서 논의 중인 WebRTC[18]에서도 이용될 예정이다.

7.8.4 ECN 대응

OpenFlow 1.1에서 ECN(Explicit Congestion Notification[19])용 2비트의 조작을 실행할 수 있는 액션이 추가되었다. OpenFlow 1.0에서는 ToS 옥텟의 상위 6비트까지만 취급할 수 있었지만, OpenFlow 1.1에서는 ToS 필드의 8비트 모두를 취급할 수 있게 되었다.

ECN은 TCP와 관련된 시스템이다. TCP는 이용 가능한 네트워크 대역에 맞추어 패킷 송신량을 조절하는 폭주 제어 도구가 있다. 이 폭주 제어 도구는 대부분의 경우, 패킷 상실을 네트워크에서의 폭주상태로 판단하여 패킷 송신량을 줄인다. 그러나 패킷 상실은 패킷의 재전송을 발생시키므로 효율이 좋지 않다. 도중에 라우터가 각 End-to-End 세션에 대해 네트워크에서의 폭주상태를 사전에 알림으로써 각 End-to-End 세션이 자율적으로 패킷 송신량을 줄일 수 있도록 패킷에 대해 폭주 마크를 붙여 통지가 가능해지도록 제안한 것이 ECN이다.

ECN 자체는 매우 일찍부터 있던 시스템이다. ECN에 흥미가 있다면 1993년의 RED(Random Early Detection)[20] 논문, 1994년의 TCP and Explicit Congestion Notification[21]의 논문을 추천한다.

2010년에는 데이터센터 내의 버스트 트래픽에 대응하기 위해 ECN 활용을 제안한 Data Center TCP[22] 논문도 화제가 되었다.

7.8.5 OpenFlow 스위치와 컨트롤러 간의 접속 명칭 변경

OpenFlow 1.0까지 [시큐어 채널(secure channel)]이라 불리던 OpenFlow 스

위치와 OpenFlow 컨트롤러 간의 컨트롤 플레인용 접속 명칭이 [OpenFlow 채널]로 바뀌었다.

OpenFlow 1.0에서는 OpenFlow 스위치와 OpenFlow 컨트롤러 간의 접속은 TLS에 의해 암호화되어 있었으나, OpenFlow 1.1에서는 TLS에 의한 암호화 또는 TCP 평문에 의한 접속이라는 내용으로 바뀌어 있다.

TLS에 의한 암호화 부하가 크다는 이유로 OpenFlow 1.0일 때부터 암호화를 실행하지 않는 TCP 평문에서의 컨트롤 플레인 접속이 많이 이용되고 있었지만, 그것이 정식 사양으로 명기되는 동시에 그 접속 명칭도 바뀌게 된 것이다.

7.8.6 긴급사태 플로우 캐시(Emergency Flow Cache)의 폐지

긴급사태 플로우 캐시는 OpenFlow 0.9에서 추가되어 OpenFlow 1.0에 포함되어 있던 사양인데, OpenFlow 1.1에서는 삭제되었다.

긴급사태 플로우 캐시가 사양에서 사라진 것은 대부분의 벤더가 동일 기능을 채용하지 않았기 때문이다. OpenFlow 1.1에서는 긴급사태 모드 대신에 OpenFlow 컨트롤러와의 접속에 실패했을 때를 위해 fail secure mode와 fail standalone mode라는 2개의 모드가 정의되어 있다. fail secure mode에서, OpenFlow 스위치는 OpenFlow 컨트롤러와의 접속이 확립되기까지 OpenFlow 스위치로써 동작한다. fail standalone mode에서는 OpenFlow 컨트롤러와의 접속을 상실한 스위치는 통상적인 이더넷 스위치로써 동작한다.

이 책의 집필 시점에서의 최신 사양인 OpenFlow 1.3에서도 긴급사태 플로우 캐시는 여전히 삭제된 상태이다.

7.8.7 Vendor 메시지의 명칭 변경

OpenFlow 1.0에서 Vendor 메시지로 불리던 벤더 독자 확장용 메시지가 OpenFlow 1.1에서는 Experimental(실험자) 메시지라는 명칭으로 변경되었다.

Experimental ID(구 Vendor ID)가 32비트로 표현되는 점이나, 최초의 1옥텟이 0인 경우에 나머지 3옥텟이 IEEE OUI가 되는 점 등은 동일하다. 이 책에서는 Vendor 메시지의 상세한 설명은 생략한다. 자세한 내용은 OpenFlow 사양서를 참조한다.

제 8 장

OpenFlow 1.2

이 장에서는 OpenFlow 1.2에서 추가 또는 변경된 사양을 소개한다.

8.1 OpenFlow 1.2에서의 변경 포인트

OpenFlow 1.2도 OpenFlow 1.1과 마찬가지로 이전 버전에서 크게 사양이 변경된 부분이 다수 있다.

OpenFlow 1.2에서의 가장 큰 변화는 OXM(OpenFlow eXtensible Match)라고 할 수 있다. 이제까지 고정 필드로 표현되던 매치필드가 가변길이에서 자유도가 높은 방식으로 변경되었다. OXM에 의해 OpenFlow 1.1까지는 다룰 수 없었던 IPv6 대응도 가능하게 되었다.

OpenFlow 스위치가 복수의 OpenFlow 컨트롤러와 동시에 OpenFlow 채널을 확립할 수 있게 된 것도 OpenFlow 1.2의 커다란 변경 사항 중의 하나이다.

이 장에서 다루는 OpenFlow 1.1에서 OpenFlow 1.2에 이르는 주요 사양 변경은 다음과 같다.

- OXM의 채택(8.2절)
- 기본적인 IPv6 대응(8.3절)
- 복수 컨트롤러 대응(8.4절)
- 가상 포트가 로지컬 포트와 예약 포트로 분리(8.5.1항)
- Flow-Mod의 사양 변경(8.5.2항)
- 실험적 확장에 대한 대응(8.5.3항)

8.2 OpenFlow eXtensible Match(OXM)

OpenFlow 1.2부터, 지금까지의 고정길이 매치필드가 폐지되고 TLV 구조를 가진 OXM(OpenFlow eXtensible Match)으로 바뀌었다.

OXM TLV를 이용한 새로운 ofp_match 구조체는 그림 8.1과 같이 간단한 구조로 되어 있다.

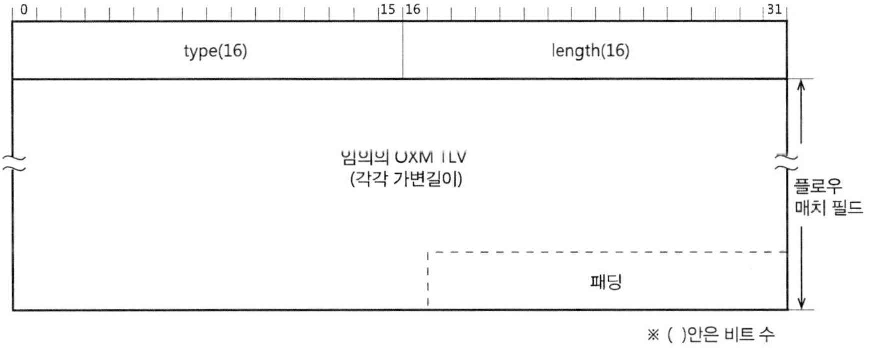

그림 8.1 OXM TLV에 의한 새로운 ofp_match 구조체

선두 16비트 type이 매치 타입, 그 다음의 16비트 length가 패딩을 포함하지 않은 ofp_match 구조체의 사이즈이다. length는 옥텟 단위로 표시되며 OpenFlow 매치 헤더의 사이즈를 포함한다. ofp_match 필드의 타입으로는 OpenFlow 1.1의 매치타입을 나타내는 OFPMT_STANDARD(0)과 OXM을 나타내는 OFPMT_OXM(1)이 정의되어 있는데, OFPMT_STANDARD는 [폐지]가 된 것으로 한다.

type과 length의 뒤에 가변길이 [플로우 매치필드]가 이어진다. 플로우 매치필드는 임의의 OXM TLV로 구성되어 있다. OXM TLV가 0개인 경우에는 OpenFlow 매치헤더의 length가 4가 된다.

ofp_match 구조체는 64 비트의 얼라이먼트가 요구된다. 64 비트 얼라이먼트를 실현하기 위해 플로우 매치 필드의 말미에 필요에 따라 패딩이 실행된다.

8.2.1 OXM TLV의 기본 구조

각 OXM TLV는 OXM TLV 헤더와 그에 이어지는 바디 부분으로 구성되어 있다. OXM TLV의 바이트 오더는 네트워크 바이트 오더이다. OXM TLV 헤더는 그림 8.2와 같은 32비트 워드의 구조를 가진다.

그림 8.2

OXM TLV 헤더

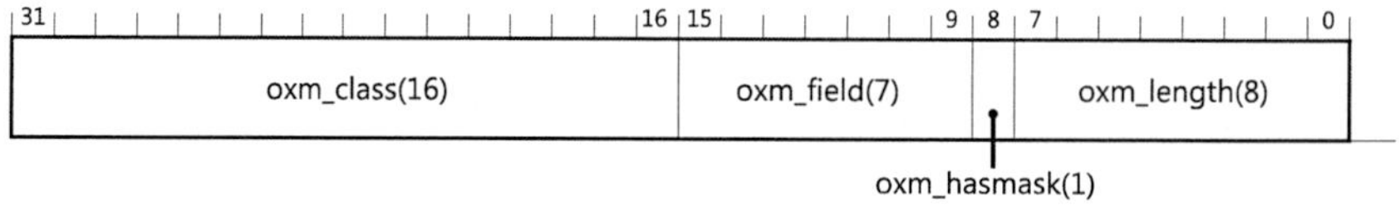

※ ( )안은 비트 수

각 필드의 의미를 표 8.2에 나타내었다.

표 8.1

OXM TLV 헤더의 필드

필드	비트길이	내용
oxm_class	16	매치클래스. 멤버클래스 혹은 예약클래스
oxm_field	7	클래스 내의 필드
oxm_hasmask	1	페이로드 중에 마스크에 관한 정보가 포함되는 경우에는 이 비트가 셋팅된다.
oxm_length	8	OXM 페이로드의 길이

각 OXM TLV의 내용은 oxm_class와 oxm_field의 조합으로 결정된다. OpenFlow 1.2에 정의되어 있는 oxm_class는 표 8.2의 4종류이다. 최상위 비트가 1인 클래스는 OpenFlow 사양 자체를 위해 ONF가 예약되어 있는 클래스, 최상위 비트가 0인 클래스는 ONF 멤버가 이용하기 위해 ONF가 할당된 클래스이다.

표 8.2

oxm_class

클래스	값	내용
OFPXMC_NXM_0	0x0000	Nicira사(2012년에 VMware가 매수)의 Nicira eXtensible Match(NXM)과의 후방호환성을 위한 값
OFPXMC_NXM_1	0x0001	
OFPXMC_OPENFLOW_BASIC	0x8000	OpenFlow의 기본적인 클래스
OFPXMC_EXPERIMENTER	0xffff	실험적 용도를 위한 클래스

기본적인 OpenFlow 클래스를 이용할 때의 oxm_class는 OFPXMC_OPENFLOW_BASIC으로, 이 경우에 이용 가능한 oxm_field에 대해서는 8.2.3항에서 소개하고 있다. 이 책에서 해설하는 oxm_field에 관한 내용은 명시적으로 지정하지 않는 한 oxm_class가 OFPXMC_OPENFLOW_BASIC인 것으로 한다.

oxm_hasmask는 OXM TLV에 마스크가 포함되어 있는지 아닌지를 나타낸다. OXM 매치필드의 종류에 따라 마스크가 부속할 가능성이 있는 것과 없는 것이 있다.

oxm_length는 OXM TLV 페이로드의 사이즈를 옥텟 수로 나타낸 것이다. OXM TLV 헤더를 포함하는 OXM TLV 사이즈는 oxm_length+4가 된다. oxm_ hasmask의 비트가 ON되어 있을 때에는 OXM TLV가 표현하는 정보와 완전히 같은 크기의 마스크가 추가되므로 oxm_hasmask는 반드시 짝수가 된다.

■ 네트워크 바이트 오더

지금은 8비트를 1바이트(1옥텟)로 취급하는 것이 거의 합의된 사항이지만, 복수 바이트를 다룰 때에 주소가 작은 바이트를 어느 쪽으로 배치할지에 관한 통일 기준, 비트를 어떻게 배열할지에 관한 통일 기준은 없다.

바이트의 메모리 배치 방법의 대표적인 것으로는 [빅엔디언]과 [리틀엔디언]이 있다. 빅엔디언은 복수의 바이트를 메모리 주소가 높은 쪽(상위)으로부터 차례대로 배열하는 방식이고, 리틀엔디언은 하위로부터 차례대로 배열하는 방식이다.

빅엔디언과 리틀엔디언의 어원은 걸리버 여행기로부터 온 것이다. 걸리버 여행기의 소인국에서 소인끼리 전쟁을 하는 발단이 [달걀껍질을 벗기는 바른 방법은 큰(둥근) 쪽부터 벗기는가, 그렇지 않으면 작은(뾰족한) 쪽부터 벗기는가]에 대한 의견 차이이다. 달걀껍질을 큰 쪽부터 벗기는 사람들이 빅엔디언이고, 달걀껍질을 작은 쪽부터 벗기는 사람들이 리틀엔디언이다.

예를 들면, 0x12345678이라는 8비트 간격의 32비트 데이터가 있을 때 빅 엔디언과 리틀엔디언은 그림 8.3과 같다.

그림 8.3
빅엔디언과 리틀엔디언

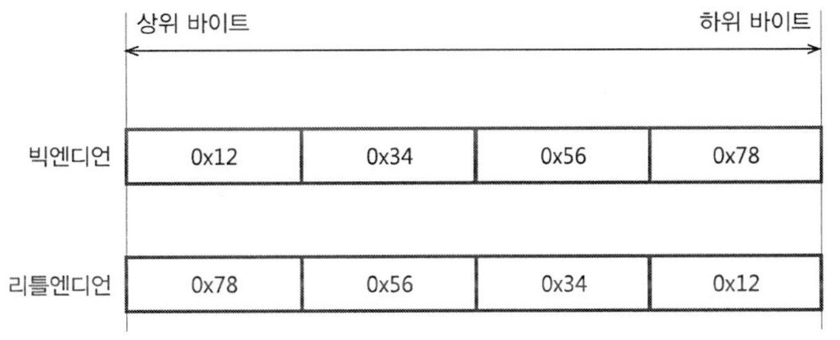

빅엔디언이나 리틀엔디언과 같은 바이트의 배열을 [바이트 오더]라고 한다. 바이트 오더는 기종에 의존한다. 예를 들면, Intel x86계 CPU는 리틀엔디언이고, SPARC나 PowerPC 등이 빅엔디언이다.

상이한 기종끼리 통신할 때 바이트 오더가 통일되어 있지 않으면 통신이 성립되지 않는다. 그 때문에, TCP/IP에서는 통신을 실행할 때의 바이트 오더를 [네트워크 바이트 오더]라 부르고, 빅엔디언을 사용하도록 규정되어 있다.

8.2.2 매치필드 해석 사양의 폐지와 Pre-requisite

OpenFlow 1.2에서는 OpenFlow 1.1까지 존재하고 있던 매치필드 해석 사양이 폐지되어, 각 매치필드에 대해 Pre-requisite(전제조건/필요조건)이 가능하였다.

Pre-requisite는 각 매치 필드를 해석하는 전제조건을 붙이는 것으로, 그 전제조건이 되는 매치 필드의 OXM TLV를 사전에 기술할 필요가 있다는 것이다. 예를 들어, IPv6 발신지 주소의 매치필드를 이용하는 것이라면, 이더넷 타입이 0x86dd (IPv6)이어야 하므로 IPv6 발신지의 OXM TLV의 앞에 반드시 이더넷 타입의 OXM TLV가 기술되어 있을 필요가 있다.

이와 같이, 모든 패킷용에 동일 해석 순서를 지정하는 사양에서, 매칭에 대해 필요한 최소한의 체크만을 실행할 수 있도록 사양이 변경되었다. OpenFlow 1.2에서는 매칭에서의 OXM TLV 기술 순서에 대한 제약은 Pre-requisite에 관한 것만으로 한다.

8.2.3 OXM 매치필드

OpenFlow 1.2에는 기본적인 매치클래스(OFPXMC_OPENFLOW_BASIC) 내의 필드로 36종류의 매치필드가 정의되어 있다. OpenFlow 1.2의 각 OXM 매치필드 일람을 표 8.3에 나타내었다.

표 8.3
OpenFlow 1.2의 OXM 매치필드에 대한 상세 내용

필드	비트길이	마스크	Pre-requisite	내용
OXM_OF_IN_PORT	32	없음	없음	OpenFlow 스위치의 입력 포트
OXM_OF_IN_PHY_PORT	32	없음	IN-PORT의 존재	OpenFlow 스위치의 입력 물리 포트
OXM_OF_METADATA	64	있음	없음	플로우 테이블의 메타데이터
OXM_OF_ETH_DST	48	있음	없음	목적지 이더넷 주소
OXM_OF_ETH_SRC	48	있음	없음	발신지 이더넷 주소
OXM_ETH_TYPE	16	없음	없음	이더넷 프레임 타입
OXM_OF_VLAN_VID	12+1	있음	없음	VLAN ID
OXM_OF_VLAN_PCP	3	없음	VLAN_VID! = NONE	VLAN의 우선도

표 8.3
OpenFlow 1.2의 OXM 매치필드에 대한 상세 내용(계속)

필드	비트길이	마스크	Pre-requisite	내용
OXM_OF_IP_DSCP	6	없음	ETH_TYPE = 0x0800 또는 ETH_TYPE = 0x86dd	DSCP (DiffServ Code Point)
OXM_OF_IP_ECN	2	없음	ETH_TYPE = 0x0800 또는 ETH_TYPE = 0x86dd	ECN (Explicit Congestion Notification)
OXM_OF_IP_PROTO	8	없음	ETH_TYPE = 0x0800 또는 ETH_TYPE = 0x86dd	IP 프로토콜 번호
OXM_OF_IPV4_SRC	32	있음	ETH_TYPE = 0x0800	발신지 IPv4 주소
OXM_OF_IPV4_DST	32	있음	ETH_TYPE = 0x0800	목적지 IPv4 주소
OXM_OF_TCP_SRC	16	없음	IP_PROTO = 6	발신지 TCP 포트번호
OXM_OF_TCP_DST	16	없음	IP_PROTO = 6	목적지 TCP 포트번호
OXM_OF_UDP_SRC	16	없음	IP_PROTO = 17	발신지 UDT 포트번호
OXM_OF_UDP_DST	16	없음	IP_PROTO = 17	목적지 UDT 포트번호
OXM_OF_SCTP_SRC	16	없음	IP_PROTO = 132	발신지 SCTP 포트번호
OXM_OF_SCTP_DST	16	없음	IP_PROTO = 132	목적지 SCTP 포트번호
OXM_OF_ICMPV4_TYPE	8	없음	IP_PROTO = 1	IPv4 ICMP 타입
OXM_OF_ICMPV4_CODE	8	없음	IP_PROTO = 1	IPv4 ICMP 코드
OXM_OF_ARP_OP	16	없음	ETH_TYPE = 0x0806	ARP의 OP 코드
OXM_OF_ARP_SPA	32	있음	ETH_TYPE = 0x0806	ARP의 발신지 IPv4 주소
OXM_OF_ARP_TPA	32	있음	ETH_TYPE = 0x0806	ARP의 목적지 IPv4 주소

표 8.3 OpenFlow 1.2의 OXM 매치필드에 대한 상세 내용(계속)

필드	비트길이	마스크	Pre-requisite	내용
OXM_OF_ARP_SHA	48	있음	ETH_TYPE = 0x0806	ARP의 발신지 하드웨어 주소
OXM_OF_ARP_THA	48	있음	ETH_TYPE = 0x0806	ARP의 목적지 하드웨어 주소
OXM_OF_IPV6_SRC	128	있음	ETH_TYPE = 0x86dd	발신지 IPv6 주소
OXM_OF_IPV6_DST	128	있음	ETH_TYPE = 0x86dd	목적지 IPv6 주소
OXM_OF_IPV6_FLABEL	20	있음	ETH_TYPE = 0x86dd	IPv6 플로우 라벨
OXM_OF_ICMPV6_TYPE	8	없음	IP_PROTO = 58	ICMPv6 타입
OXM_OF_ICMPV6_CODE	8	없음	IP_PROTO = 58	ICMPv6 코드
OXM_OF_IPV6_ND_TARGET	128	없음	ICMPV6_TYPE = 135 또는 ICMPV6_TYPE = 136	Neighbor Discovery의 타겟 주소
OXM_OF_IPV6_ND_SLL	48	없음	ICMPV6_TYPE = 135	Neighbor Discovery의 Source Link-Layer
OXM_OF_IPV6_ND_TLL	48	없음	CMPV6_TYPE = 136	Neighbor Discovery의 Target Link-Layer
OXM_OF_MPLS_LABEL	20	없음	ETH_TYPE= 0x8847 또는 ETH_TYPE= 0x8848	MPLS 라벨
OXM_OF_MPLS_TC	3	없음	ETH_TYPE= 0x8847 또는 ETH_TYPE= 0x8848	MPLS 트래픽클래스

이 필드 중, OpenFlow 1.2에서 필수로 대응되는 것은 입력 포트, 목적지 및 발신지 이더넷 주소, 이더넷 타입, IP 프로토콜 번호, IPv4와 IPv6의 목적지 및 발신

지 주소, TCP와 UDP의 목적지 및 발신지 포트번호 등 13개 필드이다.

8.2.4 OXM에서의 와일드카드

OpenFlow 1.1까지는 어느 필드를 와일드카드로 할 것인가를 지정하였다. OpenFlow 1.2에서는 OXM TLV에 의해 명시적으로 지시되지 않는 필드가 각각 와일드카드로 취급된다.

OXM TLV를 전혀 포함하지 않는 ofp_match 구조체는 모든 패킷에 매칭되는 와일드카드로 취급된다.

8.2.5 OXM TLV 예

여기에서는 OpenFlow 채널에서 교환되는 OXM TLV의 예를 나타내었다.

목적지 이더넷 주소(마스크 없음)

목적지 이더넷 주소(마스크 없음)의 OXM TLV만을 포함하는 ofp_match 구조체는 그림 8.4와 같다.

그림 8.4
OXM TLV만을 포함하는 ofp_match(목적지 이더넷 주소/마스크 없음)

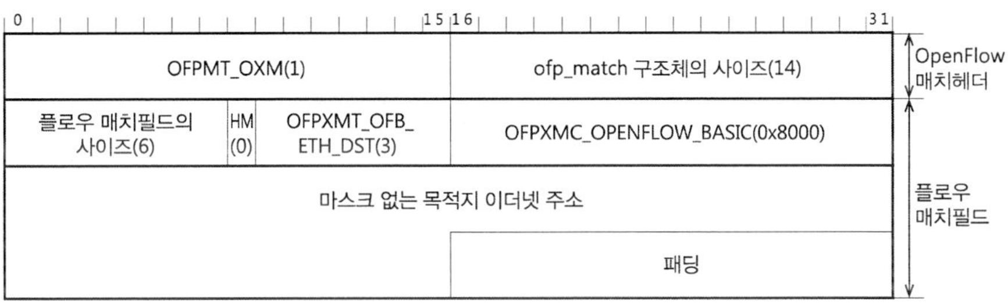

우선, 처음에 32 비트의 OpenFlow 매치헤더가 들어간다. OpenFlow 매치헤더가 나타내는 타입은 OFPMT_OXM(값이 1)으로 length가 14가 된다. length 14라는 값은 OpenFlow 매치헤더의 4옥텟과 목적지 이더넷 주소(마스크 없음)의 10옥텟을 더한 값이다. 패딩의 2옥텟은 length에 포함되지 않는다.

OpenFlow 헤더에 이어서 OXM TLV가 들어간다. 이번 예에서는 목적지 이더넷 주소(마스크 없음) 1개뿐이다.

OXM TLV의 최초 32 비트는 OXM TLV 헤더이다. 이 예에서, oxm_class는 기본적인 OpenFlow 클래스를 이용할 때의 OFPXMC_OPENFLOW_BASIC(0x8000)이고, oxm_field는 목적지 이더넷 주소를 나타내는 OFPMT_OFB_ETH_ DST(3)이다. 목적지 이더넷 주소에 마스크를 이용하지 않으므로 oxm_hasmask(그림에서는 HM으로 표기)는 0이다.

OXM TLV 헤더의 하위 7비트는 length인데, 이 값은 OXM TLV 헤더를 포함하지 않으며 목적지 이더넷 주소의 사이즈가 48비트이므로 6이 된다.

■ 목적지 이더넷 주소(마스크 있음)

oxm_hasmask 비트가 ON이 되어 있는 OXM TLV의 예를 나타내었다. oxm_hasmask 비트가 ON이 되어 있는 목적지 이더넷 주소의 OXM TLV만을 포함하는 ofp_match 구조체는 그림 8.5와 같다.

그림 8.5 OXM TLV에 의한 ofp_match(목적지 이더넷 주소/마스크 있음)

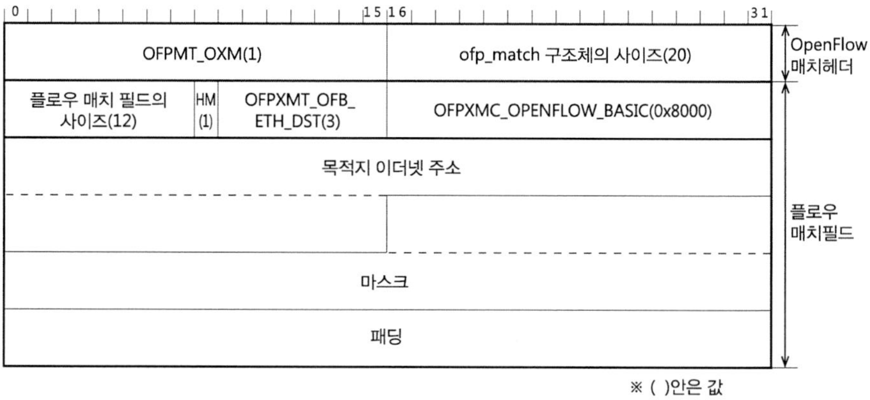

이 예와 목적지 이더넷 주소(마스크 없음)의 예에서의 OXM TLV 헤더의 차이는 oxm_hasmask 비트와 oxm_ length이다. oxm_hasmask 비트가 ON이 되었으므로, 48비트의 목적지 이더넷 주소의 직후에 마스크가 추가되어 oxm_ length가 목적지 이더넷 주소(마스크 없음) 예의 배가 되는 12(96비트)가 된다.

이때 OpenFlow 매치헤더 32비트+OXM TLV 헤더 32비트+목적지 이더넷 주소의 OXM TLV 96비트를 합산한 값이 64비트 얼라이먼트를 충족시키지 않기 때문에 32비트(4옥텟)의 패딩이 플로우 매치필드의 말미에 추가된다.

■ 연속하는 TLV의 예(이더넷 타입과 목적지 IPv4 주소)

복수의 OXM TLV가 포함되는 ofp_match 구조체의 예를 나타내었다. 이더넷 타입과 목적지 IPv4 주소(마스크 있음) 등 2개의 OXM TLV를 포함하는 ofp_match 구조체는 그림 8.6과 같다.

그림 8.6

OXM에 의한 ofp_match (이더넷 타입과 목적지 IPv4 주소)

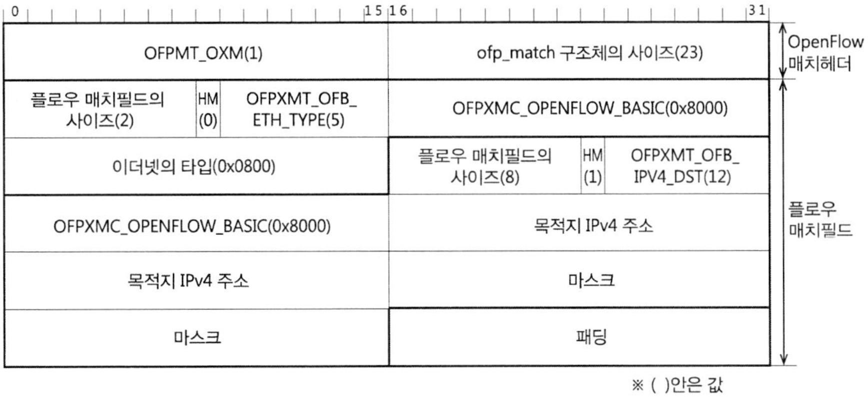

이 예에서는 2옥텟의 페이로드를 가지는 이더넷 타입의 OXM TLV에 이어서, 8옥텟의 페이로드를 가지는 목적지 IPv4 주소(마스크 있음)의 OXM TLV가 ofp_match 구조체에 포함되어 있다. 2개의 OXM TLV가 각각 따로 얼라이먼트되고 있는 것이 아니라 연속하여 구성된 다음, 마지막에 패딩이 실행되는 것이 포인트이다.▼

▼ OpenFlow 1.3.2까지의 사양에는 비트길이가 8의 배수가 아닐 때 OXM TLV를 어떻게 배치해야 할지에 관해 명기되어 있지 않으나, OXM TLV 헤더에 포함되는 oxm_length가 옥텟 단위이므로, OXM TLV의 페이로드 부분도 그에 준한 구현이 많은 듯하다.

8.2.6 OXM에 의한 Set-Field

OpenFlow 1.1까지는 매치필드와 Set-Field의 액션은 따로따로 정의되어 있었다. OpenFlow 1.2부터는 범용적인 Set-Field 액션이 정의되고, OXM 매치필드에서 이용되는 타입이 그대로 Set-Field 액션의 타입으로 이용되었다. OXM 매치필드에 존재하지 않는 IPv4 TTL이나 IPv6 Hop Limit를 조작하는 액션, 헤더와 태그의 Push/Pop을 실행하는 액션 등은 계속해서 개별 액션으로 정의되고 있다.

8.2.7 TCP, UDP, SCTP, ICMP가 동일 필드를 오버로드하여 사용하고 있던 것을 폐지

OpenFlow 1.1까지는 매치필드에서 오버로드하여 사용하고 있는 항목도 있었다. 예를 들면, TCP와 UDP, SCTP의 포트번호는 동일 항목을 오버로드하고 있으며, 프로토콜 필드의 값에 따라 동일 항목의 의미가 바뀌었다.

OpenFlow 1.2에서는 지금까지의 고정된 매치필드의 이용은 폐지되고, 매치필드는 OXM으로 표현되었으므로, 오버로드에 의해 단일 항목이 복수의 의미를 가지는 경우는 사라졌다.

이 변경을 통해서도 OpenFlow 1.1까지의 OpenFlow 매치필드와 OpenFlow 1.2의 OXM이 크게 다르다는 것을 알 수 있다.

8.3 기본적인 IPv6 대응

OpenFlow 1.2부터 IPv6 패킷에 대한 매치나 헤더의 다시쓰기 기능이 추가되었다.

IPv6 대응은 OXM 기능이 도입됨으로써 실현 가능하였다. IPv4 헤더와 IPv6 헤더는 다른 사이즈이고, OpenFlow 1.1까지와 같이 고정 필드에 의한 매치필드에서는 IPV6 대응이 곤란하였다.

OpenFlow 1.2에서 취급하는 IPv6 필드는 다음과 같다. IPv6 헤더의 모든 필드가 조작 가능한 것은 아니므로 주의가 필요하다. 예를 들어 Hop Limit 필드▼는 매칭할 수 없다.

▼ IPv4에서의 TTL 필드는 IPv6에서는 Hop Limit로 명칭이 바뀌었다.

- 발신지 및 목적지 IPv6 주소
- 프로토콜 번호
- Traffic Class
- ICMPv6 타입
- ICMPv6 코드
- IPv6 neighbor discovery
- IPv6 플로우 라벨

IPv6 확장 헤더나 IPv6 프래그먼트는 OpenFlow 1.2에서는 대응되지 않고, 일반적인 IPv6 확장 헤더는 OpenFlow 1.3에서 대응되고 있다(9.4.3항 참조).

8.4 복수 컨트롤러 대응(페일오버(Failover)와 로드 밸런싱(Load Ballancing))

OpenFlow 1.1까지는 1개의 OpenFlow 스위치가 직접 접속 가능한 OpenFlow 컨트롤러의 수는 1개뿐이었다.▼

OpenFlow 1.2부터 1개의 OpenFlow 스위치에서 복수의 OpenFlow 컨트롤러에 대한 접속이 가능해졌다. 이 기능에 의해 OpenFlow 컨트롤러의 리던던시 확보나 로드 밸런싱이 가능하게 되었다.▼

▼ FlowVisor를 경유하여 사실상 복수의 OpenFlow 컨트롤러가 OpenFlow 스위치를 제어하는 경우가 있다(5.3절 참조).

▼ 단, OpenFlow 1.2에서는 동일 OpenFlow 컨트롤러에 대해 복수의 OpenFlow 채널을 확립할 수는 없는데, 이는 OpenFlow 1.3에서 가능하게 되었다(9.4.1항 참조).

8.4.1 Role

복수의 OpneFlow 컨트롤러와의 접속이 확립된 경우, 각 OpenFlow 컨트롤러는 [Role]이라 불리는 [역할]을 담당한다. Role에는 EQUAL, MASTER, SLAVE 등 3종류가 있다.

디폴트의 Role은 EQUAL이다. Role이 EQUAL인 각 OpenFlow 컨트롤러는 각각 동등한 역할을 수행하며 OpenFlow 스위치에 대한 풀액세스를 허가받는다. EQUAL인 OpenFlow 컨트롤러는 Flow-Mod 등의 메시지를 이용하여 OpenFlow 스위치의 설정을 변경할 수 있다. 디폴트 설정에서 OpenFlow 스위치는 Role이 EQUAL인 OpenFlow 컨트롤러에 대해 모든 비(非)동기 메시지를 송신한다.

OpenFlow 컨트롤러는 OpenFlow 스위치와의 접속 확립 후에 Role을 SLAVE로 변경할 것을 요구할 수 있다. Role이 SLAVE가 된 OpenFlow 컨트롤러는 OpenFlow 스위치에 대해 Read-Only의 액세스밖에 실행할 수 없게 된다. 비동기 메시지까지 지정하지 않는 한 Port-Status 메시지 외에는 SLAVE로 송신되지 않는다.

OpenFlow 컨트롤러는 OpenFlow 스위치에 대해 Role을 MASTER로 변경할 것을 요구할 수 있다. EQUAL과 MASTER는 완전히 같은 권한을 가지고 있지만, MASTER는 동시에 1개밖에 존재할 수 없다는 점이 다르다. 1개의 OpenFlow 스위치가 동시에 접속할 수 있는 MASTER는 1개뿐이며 다른 MASTER는 SLAVE로 Role이 변경된다.

또한, MASTER가 1개 존재할 때 다른 모든 OpenFlow 컨트롤러가 SLAVE이어야 하는 것은 아니다. 1개의 MASTER와 복수의 EQUAL이 동시에 접속하는 것도 가능하다. MASTER만이 OpenFlow 스위치의 설정을 변경할 수 있는 환경을 만드는 경우에는, EQUAL인 Role에서의 접속은 실행하지 않으며 MASTER 외에는 모두 SLAVE로 접속할 필요가 있다.

그림 8.7 OpenFlow 컨트롤러의 Role 예

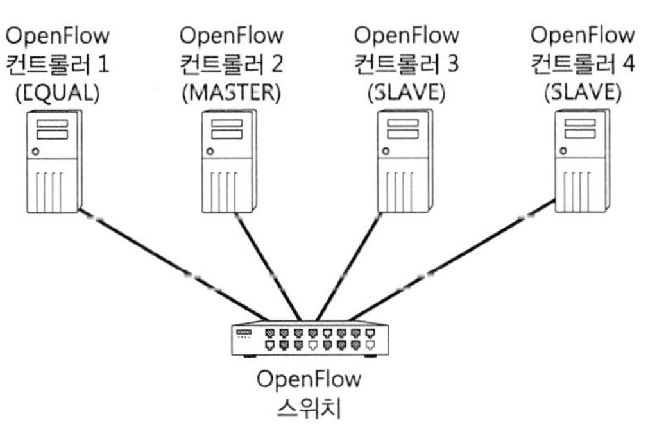

8.4.2 Role의 변경

OpenFlow 컨트롤러의 Role은 OpenFlow 컨트롤러로부터의 Role 요구 메시지에 의해 변경되며, OpenFlow 스위치 쪽에서 마음대로 결정할 수는 없다.

OpenFlow 컨트롤러의 Role이 MASTER로 바뀌는 경우, 그림 8.8과 같이 OpenFlow 컨트롤러로부터의 Role 요구 메시지(OFPT_ROLE_REQUEST)는 OFPCR_ROLE_MASTER로 송신된다. Role의 변경을 실행할 수 있는 경우에, OpenFlow 스위치로부터의 Role 응답 메시지(OFPT_ROLE_REPLY)는 OFPCR_ROLE_MASTER로 회신한다.

그림 8.8
OpenFlow 컨트롤러의 Role 변경

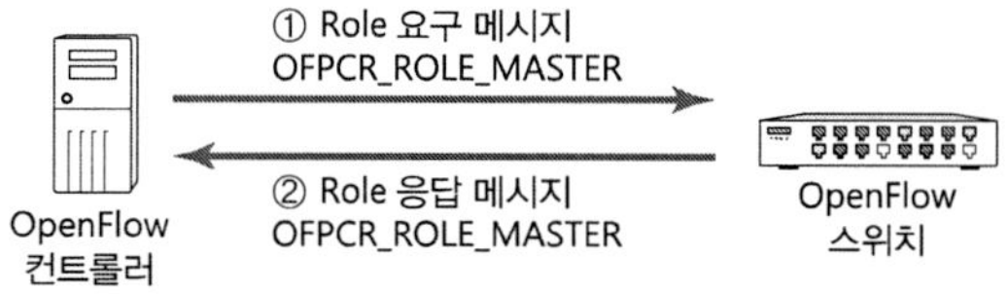

MASTER/SLAVE의 Rolw 변경 시에 오래된 메시지가 잘못 채택되지 않도록 generation_id라는 시퀀스 번호를 이용하는 방법도 정의되어 있다.▼ OpenFlow 스위치는 부정한 generation_id를 수신했을 때, Role 응답 메시지 대신에 에러 메시지를 에러 타입 OFPET_ROLE_REQUEST_FAILED 및 에러 코드 OFPRRFC_STALE로 송신한다.

▼ 상세한 내용은 OpenFlow 1.2 이후의 사양서를 참조한다.

8.4.3 OpenFlow 컨트롤러 간의 연계

복수 컨트롤러의 시스템을 제대로 작동시키기 위해서는 OpenFlow 컨트롤러끼리 바르게 연계할 필요가 있다.

그림 8.9
OpenFlow 컨트롤러 간의 연계

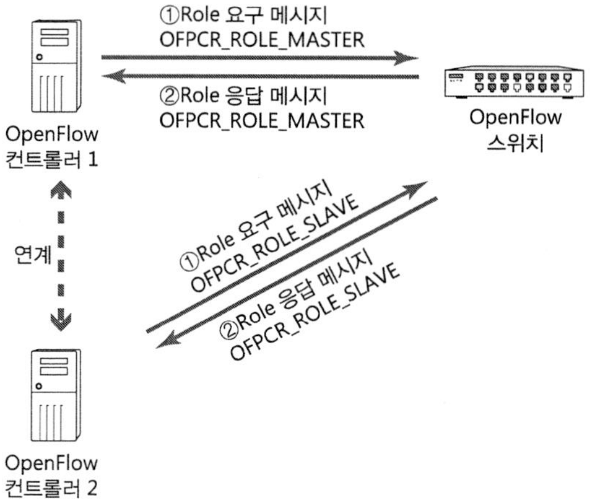

예를 들어, 그림 8.9와 같이 OpenFlow 컨트롤러끼리 연계하는 동시에 자신의 역할을 OpenFlow 스위치로 전달한다.

OpenFlow 컨트롤러끼리 연계하여 MASTER가 된 OpenFlow 컨트롤러에서 장애가 발생했을 때 다른 OpenFlow 컨트롤러가 SLAVE에서 MASTER로 자신의 역할을 변경함으로써 컨트롤러의 리던던시를 실현할 수 있다.

단, MASTER/SLAVE를 자동적으로 결정하는 구체적인 알고리즘과 OpenFlow 컨트롤러 간의 통신은 OpenFlow 프로토콜의 범주 밖이다. OpenFlow 컨트롤러끼리의 정보 공유 등이 필요한 경우에는 그렇게 하기 위한 독자적인 프로토콜이 필요하게 된다.

8.5 OpenFlow 1.2에서의 그 외의 사양 변경

이 책에서 소개하고 있는 것 외에도 다양한 변경이 각 버전에서 실행되고 있다. 상세한 내용을 알기 위해서는 사양서의 원문을 참조한다.

8.5.1 가상 포트를 로지컬 포트와 예약 포트로 분리

OpenFlow 1.1에서 [가상 포트]의 정의가 확장되었는데(7.6절 참조), OpenFlow 1.2에서는 [가상 포트]라는 표현이 폐지되고 [로지컬 포트]와 [예약 포트]로 분리되었다.

OpenFlow 1.2 사양에 정의되어 있는 포트의 일람▼을 표 8.4에 나타내었다.

▼ OpenFlow 1.3도 동일하다.

표 8.4 OpenFlow 포트

포트 이름	내용
표준 포트	OpenFlow의 표준 포트는 물리 포트, 로지컬 포트, 로컬 포트(만약 지원되고 있는 경우)의 3종류로 정의되며 입력 포트, 출력 포트로 이용된다. 그룹으로 이용하거나 카운터를 이용하는 것도 가능하다.
물리 포트	물리 포트는 스위치의 하드웨어 인터페이스와 연관이 있는 것으로, 이더넷 스위치의 이더넷 인터페이스에 1대 1로 대응된다. 가상화된 스위치의 구현에서 물리 포트는 가상 슬라이스에 대응하는 스위치의 하드웨어 인터페이스가 대표하는 경우도 있다.
로지길 포트	로지컬 포트는 OpenFlow 스위치의 물리적인 인터페이스에 대응하는 것이 아니라 링크 에그리게이션(link aggregation) 그룹이나 터널, 루프백(Loopback)과 같은 논리적인 개념이다.
예약 포트	ALL, CONTROLLER, LOCAL, TABLE, NORMAL, IN_PORT, FLOOD 등 OpenFlow 1.0에서 [가상 포트]라 불리고 OpenFlow 1.1에서 [OpenFlow 사양에 의해 예약된 가상 포트]라 불리는 것

8.5.2 Flow-Mod의 MODIFY/MODIFY_STRICT의 사양 변경

OpenFlow 1.1까지는 Flow-Mod 메시지의 커맨드인 OFPFC_MODIFY 및 OFPFC_MODIFY_STRICT에 대해 매치하는 플로우 엔트리가 존재하지 않는 경우에는 ADD와 같은 동작이 된다고 사양에 명기되어 있다. OpenFlow 1.2부터는 이 애매한 사양이 폐지되고 새로운 플로우 엔트리를 추가하지 않게 되었다.

그 밖에 카운터 값을 Flow-Mod 메시지로 리셋할 수 있도록 하는 OFPFF_RESET_COUNT 플래그의 추가라는 변경도 시행되고 있다.

8.5.3 실험적 확장에 대한 대응

OpenFlow 1.2에서는 각종 기기에 대해 실험적인 확장을 실행할 수 있는 시스템이 추가되었다. 실험적인 확장이 가능해진 항목은 다음과 같다.

- 매치필드와 Set-Field 액션
- 에러 타입의 추가나 독자적 에러 메시지
- 인스트럭션
- Queue 프라퍼티

8.5.4 변경 이력의 추가

OpenFlow 1.2부터 사양의 변경 이력을 게제하게 되었다. 이력에는 2008년의 OpenFlow 0.2.0부터 각 버전의 주요한 변경점이 기재되어 있다.

제 9 장

OpenFlow 1.3

이 장에서는 OpenFlow 1.3부터 OpenFlow 1.3.2에서 추가 또는 변경된 사양을 소개한다.

9.1 OpenFlow 1.3에서의 변경 포인트

OpenFlow 1.3에서는 OpenFlow 1.1이나 1.2만큼의 극적인 사양 변경은 없다. 그러나 메터테이블의 추가, IPv6 확장 헤더나 PBB(Provider Backbone Bridging)에 대한 대응, TCP와 UDT에 의한 보조적 OpenFlow 채널, 테이블 미스의 디폴트 동작 변경 등, 사양 변경이 결코 적지 않다.

OpenFlow 1.1부터 1.3까지의 변화가 지극히 급격했던 것이 원인이 되어 각종 벤더가 새 사양을 구현하기 어려운 상황이 발생하였다. 그로 인해, OpenFlow 1.3에서 일시적으로 새 사양의 책정이 정지되었다.▼ 단, OpenFlow 1.3에서의 문제점 해결이나 사양서의 불명료한 부분의 수정 등은 계속 실행되었으므로, OpenFlow 1.3.1과 1.3.2라는 마이너 업데이트는 실행되었다(OpenFlow 1.3.1과 1.3.2에 대해서는 9.5절에서 주요 변경점을 설명한다).

▼1.3.x에는 담지 않는다는 전제로 종래 사양의 과제에 관한 논쟁은 계속되고 있다. 2013년 6월에 OpenFlow 1.3의 상호 접속성 시험이 성공하기도 하였으며, 2013년에 OpenFlow 1.4/1.5의 논쟁이 공적으로 이루어지기 시작하였다(2013년 6월 집필 시점).

이 장에서 다루는 OpenFlow 1.2부터 OpenFlow 1.3에 이르는 주요한 사양 변경은 다음과 같다.

- 메터테이블의 추가(9.2절)
- 테이블 미스의 디폴트 동작이 Packet-In이 아니라 Drop으로(9.3절)
- OpenFlow 컨트롤러와 OpenFlow 스위치 간의 보조 접속(9.4.1항)
- IPv6 확장 헤더 대응(9.4.3항)
- OXM 매치필드의 추가(9.4.4항)
- PBB대응(9.4.5항)
- 멀티파트 프레임워크(9.4.6항)
- 플로우 엔트리의 구성 요소 변경(9.4.8항)

9.2 메터테이블(QoS 대응)

OpenFlow 1.3에서는 그림 9.1과 같이 OpenFlow 스위치의 구성 요소로 메터테이블이 추가되었다.

그림 9.1
OpenFlow 1.3의 구성 요소

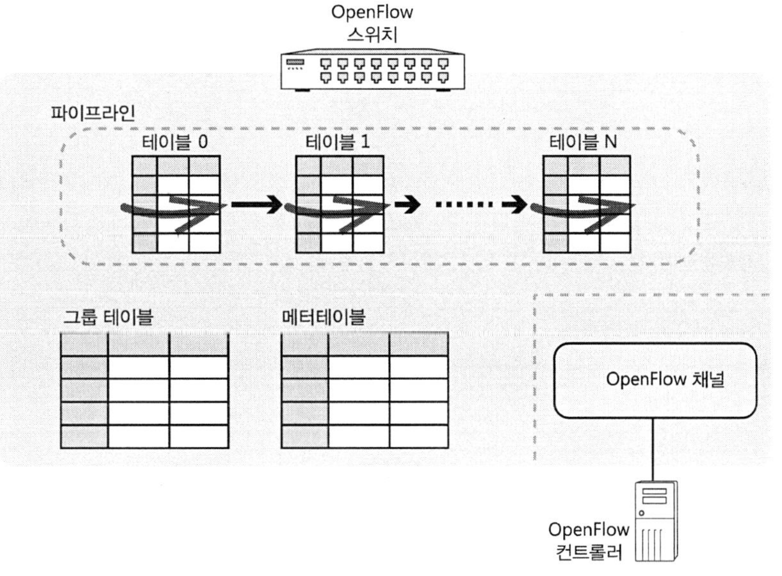

OpenFlow 1.2까지는 각 플로우의 계측을 OpenFlow의 틀 안에서 직접 실행할 수 없었으므로, QoS 기능의 직접적인 실현은 OpenFlow의 범주를 벗어난 것이었다. OpenFlow 1.3에서는 플로우의 계측을 실행하기 위한 틀로 메터테이블이 추가되었다. 메터테이블을 이용하여 플로우마다 메터링을 실행함으로써 지금까지 곤란했던 OpenFlow에 의한 직접적인 QoS 실현이 가능하게 되었다.

9.2.1 메터엔트리, 메터밴드

메터테이블에는 복수의 메터엔트리가 포함되어 있다. 메터엔트리는 플로우 엔트리에 첨부하여 이용된다. OpenFlow 1.3에서는 새로 [Meter]라는 인스트럭션이 추가되었다. Meter 인스트럭션은, 그 인스트럭션이 실행되는 패킷을 지정된 메터엔트리로 보낸다. 복수의 플로우 엔트리를 1개의 메터엔트리를 사용하여 종합해서 계측하거나 제어할 수 있다.

각 메터엔트리는 메타 ID, 밴드, 카운터 등 3개의 요소로 구성되어 있다. 각 메터엔트리는 1개 이상의 메터밴드를 보유한다. 메터밴드는 패킷이 어떤 처리를 하는지를 기술한 것으로, 밴드타입, 레이트, 카운터, 타입 의존 변수 등 4개의 요소로 구성되어 있다.

그림 9.2
메터테이블, 메터엔트리, 메터밴드

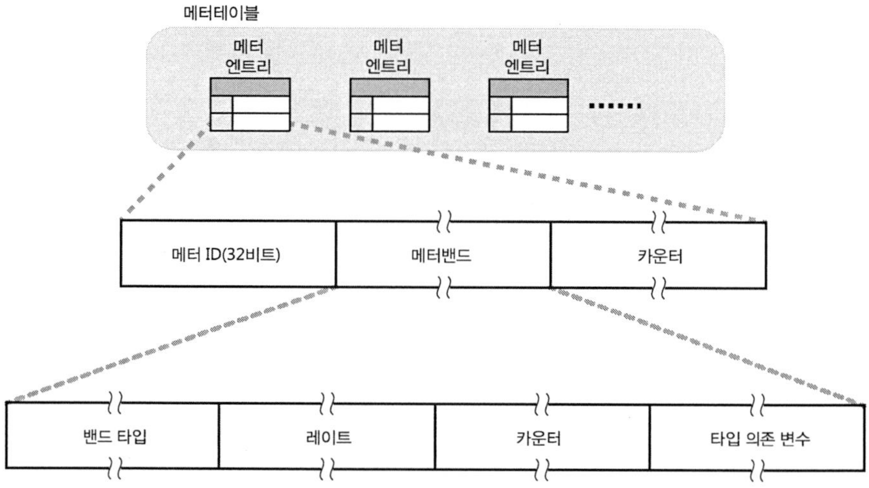

OpenFlow 1.3에 정의되어 있는 메터밴드 타입은 패킷을 파기하는 drop과 DSCP를 다시 쓰는 dscp remark 등 2종류이다.

이 메터밴드를 이용함으로써 대역 제한과 같은 간단한 QoS나, DiffServ[7]와 같이 포트마다 Queue와 연결하는 복잡한 QoS 프레임워크를 구현할 수 있다.

9.3 테이블미스의 디폴트 동작이 Packet-In이 아니라 Drop으로

OpenFlow 1.2까지는 OpenFlow 스위치에서 테이블미스의 디폴트 동작은 OpenFlow 컨트롤러로의 Packet-In 메시지 송신이었다. 그 사양을 악용하여 DDoS로 네트워크가 불안정해지는 일도 가능하였다(10.1절 참조).

OpenFlow 1.3에서 그 사양이 변경되어 [OpenFlow 스위치가 미지의 패킷을 수신하면 파기]하는 동작이 디폴트가 되었다.

OpenFlow 1.2 이전의 버전에서 미지의 패킷이 OpenFlow 컨트롤러에 대해 Packet-In 메시지로 송신되는 것을 전제로 한 설정이 실행되는 경우에는 OpenFlow 1.3 이후의 업그레이드 시에 주의가 필요하다.

9.3.1 테이블미스 플로우 엔트리

OpenFlow 1.3에서는 테이블미스의 디폴트 동작이 패킷의 파기로 변경되는 동시에 테이블미스 플로우 엔트리라는 사양이 추가되었다.

테이블미스 플로우 엔트리는 테이블미스가 발생했을 때 이용되는 플로우 엔트리이다. 테이블 미스 플로우 엔트리는 모든 필드를 와일드카드로 다루는 가장 우선도(0)가 낮은 플로우 엔트리이다.

테이블미스 플로우 엔트리는 아무것도 설정하지 않은 상태에서는 플로우 테이블에 포함되지 않으며, 설정에 따라서는 타임아웃해도 무방한 통상적인 플로우 엔트리와 동일한 동작이다. 단, 통상적인 플로우 엔트리와 테이블미스 플로우 엔트리가 완전히 같은 것이라고는 할 수는 없다. 예를 들어, 통상적인 플로우 엔트리에서는 가능하지 않은 필드를 포함하여 모든 필드를 와일드카드 지정이 가능한 것과 같이, 테이블미스 플로우 엔트리가 통상적인 플로우 엔트리와는 다른 기능을 실현하는, 그러한 구현을 실행하는 것도 허가되었다.

9.3.2 플로우 매칭 상태 전이의 변경

테이블미스 플로우 엔트리의 추가에 따라 플로우 매칭 상태 전이도 함께 변경되었다.

그림 9.3
OpenFlow 1.3의 플로우 매칭 상태 전이도

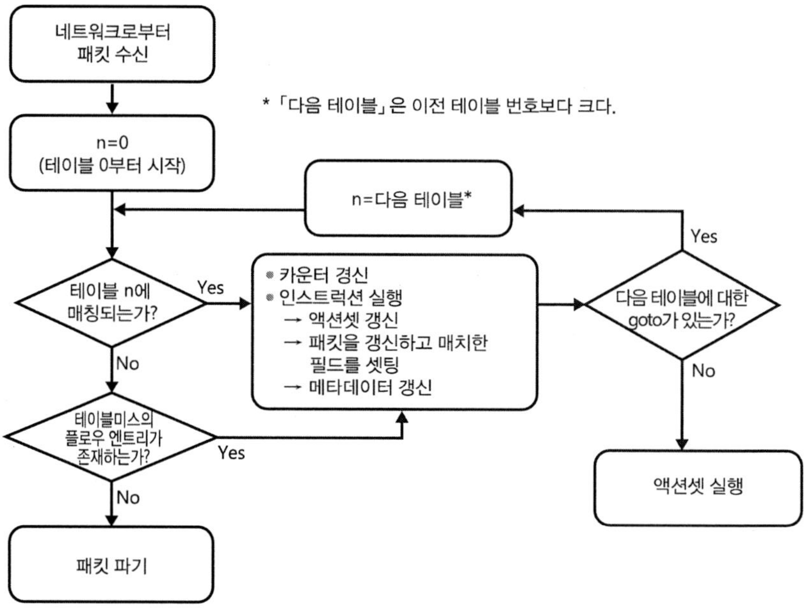

OpenFlow 1.1과 1.2에서는 테이블미스가 발생하면 OpenFlow 컨트롤러에 송신하거나, 다음 플로우 테이블 처리를 계속하거나, 패킷을 파기하는 등의 3종류의 동작 중 어느 하나가 설정에 따라 선택되었다.

OpenFlow 1.3에서는 테이블미스가 발생하면 테이블미스 플로우 엔트리가 존재하고 있는지 어떤지를 확인한다. 테이블미스 플로우 엔트리가 존재하고 있으면 기재된 설정에 따르고, 존재하지 않으면 패킷이 파기된다.

9.4 OpenFlow 1.3에서의 그 외의 변경

9.4.1 OpenFlow 컨트롤러와 OpenFlow 스위치 간의 보조 접속 (Auxiliary Connections)

OpenFlow 1.2까지는 OpenFlow 스위치가 1개의 OpenFlow 컨트롤러에 대해 복수의 OpenFlow 채널을 확립할 수 있었다.▼ OpenFlow 1.3에서는 OpenFlow 스위치와 OpenFlow 컨트롤러 사이에서의 병렬 처리를 가능하기 하기 위해, 메인

▼ OpenFlow 1.2에서 추가된 복수 컨트롤러 기능은 1개의 OpenFlow 스위치가 복수의 OpenFlow 컨트롤러와 OpenFlow 채널을 확립할 수 있다는 것이다(8.4절 참조).

OpenFlow 채널 외에 보조적인 접속(Auxiliary Connections)을 복수로 확립할 수 있게 되었다.

OpenFlow 스위치 및 OpenFlow 컨트롤러는 TCP에 의한 Auxiliary Connection을 통해 메인이 되는 OpenFlow 채널과 마찬가지로 모든 메시지 처리가 가능할 것이 사양상 요구되었다. 한편, Auxiliary Connection에서 Packet-In 메시지와 Packet-Out 메시지만을 이용하고, 그 외의 메시지는 모두 메인이 되는 OpenFlow 채널에서 실행하는 구현 방법이 권장되고 있다.

Auxiliary Connection은, 메인이 되는 OpenFlow 채널의 백업으로는 이용할 수 없다. 메인이 되는 OpenFlow 채널에 장애가 발생한 경우 모든 Auxiliary Connection은 끊긴다.

9.4.2 OpenFlow 컨트롤러와 UDP나 DTLS에서의 통신 가능

OpenFlow 1.2까지 OpenFlow 채널은 TCP에 의해 실현되는 것으로 UDP에서 OpenFlow 채널을 확립할 수는 없었다. OpenFlow 1.3에는 Auxiliary Connection으로 TCP나 TLS뿐만 아니라 UDP나 DTLS(Datagram Transport Layer Security)[23]을 이용한 통신도 규정되어 있다.

단, UDP나 DTLS는 데이터그램형 프로토콜이고, TCP와 같은 신뢰성이 있는 프로토콜이 아니므로, 이때 이용 가능한 메시지는 OFPT_HELLO, OFPT_ERROR, OFPT_ECHO_REQUEST, OFPT_ECHO_REPLY, OFPT_FEATURES_REQUEST, OFPT_FEATURES_REPLY, OFPT_PACKET_IN, OFPT_PACKET_OUT, OFPT_EXPERIMENTER에 한정된다는 제한도 있다.

또한, UDP나 DTLS를 이용한 신뢰성이 없는 통신로에서의 Auxiliary Connection을 이용한 기능을 구현하는 경우에는 RFC 5405(Unicast UDP Usage Guidelines FOR Application Designers)[24]를 참조할 것을 권장하고 있다.

9.4.3 IPv6 확장 헤더 대응

OpenFlow 1.2에서는 IPv6 확장 헤더가 미대응이었으나, OpenFlow 1.3에서는 일반적인 IPv6 확장 헤더가 존재하고 있는지 어떤지를 검지하거나, IPv6 확장 헤더의 이상을 검지할 수 있는 기능이 OXM_OF_IPV6_EXTHDR이라는 OXM 가상 헤더로 추가되었다.

OpenFlow 1.3에서 검지 가능한 상태는 다음과 같다.

- Hop-by-hop IPv6 확장 헤더의 유무
- Router IPv6 확장 헤더의 유무
- Fragmentation IPv6 확장 헤더의 유무

- Destination options IPv6 확장 헤더의 유무
- Authentication IPv6 확장 헤더의 유무
- Encrypted Security Payload IPv6 확장 헤더의 유무
- No Next Header IPv6 확장 헤더의 유무
- IPv6 확장 헤더의 순서 오류(이상 검지)
- 예기치 않은 IPv6 확장 헤더 존재(이상 검지)

9.4.4 OXM 매치필드의 추가

OXM 매치필드로 표 9.1에 나타내는 4개의 값이 OpenFlow 1.3에서 추가되어 OXM 매치필드 수가 40이 되었다.

OpenFlow 1.2부터 OXM 매치필드의 값이 그대로 Set-Field에서 이용되었으므로, OXM 매치필드의 증가는 그대로 Set-Field에서 가능한 액션의 증가를 의미한다.

표 9.1 OpenFlow 1.3에서 추가된 OXM 매치필드

필드	비트 길이	마스크	Pre-request	값
OFPXMT_OFP_MPLS_BOS	3	없음	ETH_TYPE = 0x8847 또는 ETH_TYPE = 0x8848	첫 번째 MPLS shim 헤더에 포함되는 BoS (Botton of Stack) 비트
OXM_OF_PBB_ISID	24	있음	ETH_TYPE = 0x88e7	첫 번째 PBB 서비스 인스턴스 태그에 포함되는 I-SID
OXM_OF_TUNNEL_ID	64	있음	없음	로지컬 포트와 관련된 메타데이터
OXM_OF_IPV6_EXTHDR	9	있음	ETH_TYPE = 0x86dd	IPv6 확장 헤더용 pseudo 필드

9.4.5 PBB 대응

OpenFlow 1.3부터 PBB(Provider Backbone Bridging, IEEE802.1ah, 통칭 [mac-in-mac]) 대응 기능이 추가되었다.

OpenFlow 1.1에서 추가된 VLAN과 MPLS의 Push/Pop(7.8.1항 참조)에 더하여, OpenFlow 1.3부터는 PBB 헤더를 태그로 추가/삭제할 수 있는 액션이 추가되었다.

매치용으로 OXM에 PBB I-SID(Service Instance Idenfier) 필드도 OpenFlow 1.3에서 추가되었다. PBB의 C-DA(Customer-Destination Address)와 C-SA

(Customer-Source- Address)는 기존의 이더넷 목적지 및 발신지 주소를 매칭하는 필드를 이용할 수 있다.

9.4.6 멀티파트 프레임워크

OpenFlow 1.3에서 멀티파트 프레임워크가 새롭게 추가되었다.

OpenFlow 채널에서 교환되는 각 메시지의 최대 길이는 OpenFlow 헤더에 포함되는 16비트 length 필드에 의한 제약으로 64KB로 제한되었다. OpenFlow 스위치의 상태를 파악하기 위한 메시지는 64KB를 초과하는 경우가 있으므로, 멀티파트 프레임워크가 사양에 추가된 것이다.

멀티파트 프레임워크에서 이용되는 멀티파트 타입으로는 다음과 같은 내용이 정의되었다. OpenFlow 컨트롤러로부터의 요청 바디를 빈 상태로 송신하여 OpenFlow 스위치 상태를 파악만 하는 경우와, OpenFlow 컨트롤러로부터의 요청 바디에 설정 정보를 부속시킴으로써 OpenFlow 스위치의 설정 변경을 요구하는 경우가 있다.

그림 9.2
멀티파트 타입

이름	내용
OFPMP_DESC OpenFlow	OpenFlow 스위치에 관한 설명
OFPMP_FLOW	개별 플로우에 관한 통계 정보
OFPMP_AGGREGATE	통합된 플로우 통계 정보
OFPMP_TABLE	플로우 테이블 통계 정보
OFPMP_PORT_STATS	포트 통계 정보
OFPMP_QUEUE	포트와 관련된 Queue의 통계 정보
OFPMP_GROUP	그룹 카운터 통계 정보
OFPMP_GROUP_DESC	그룹에 관한 설명
OFPMP_GROUP_FEATURES	그룹 기능
OFPMP_METER	메터의 통계 정보
OFPMP_METER_CONFIG	메터의 설정
OFPMP_METER_FEATURES	메터의 기능
OFPMP_TABLE_FEATURES	테이블 기능
OFPMP_PORT_DESC	포트에 관한 설명
OFPMP_EXPERIMENTER	실험적인 용도

각 구조체에 대한 상세한 설명은 이 책에서는 생략한다.

9.4.7 핸드셰이크 시의 Features 응답 메시지에서 포트번호 정보 삭제

OpenFlow 1.2까지는 핸드셰이크 시의 Features 응답 메시지에 OpenFlow 스위치의 포트 정보가 부가되어 있었지만, OpenFlow 1.3에서 포트 정보의 전달은 멀티파트 프레임워크로 실행하도록 변경되었으므로, OpenFlow 1.3의 Features 응답 메시지에는 OpenFlow 스위치의 포트 정보는 포함되지 않게 되었다.

OpenFlow 1.2까지는 핸드셰이크 시점에서 OpenFlow 컨트롤러가 OpenFlow 스위치의 포트 구성을 인지할 수 있었으나, OpenFlow 1.3에서는 핸드셰이크 후에 OFPMP_PORT_DESC의 멀티파트 메시지를 이용하여 포트 정보를 요구하는 시퀀스를 추가하는 것이 거의 필수가 된 듯하다.

9.4.8 플로우 엔트리의 구성요소가 변경

OpenFlow 1.3에서는 OpenFlow 1.1에서 변경된 플로우 엔트리의 구성요소에 대해 새로 3가지 요소가 추가되었으며, 그 내용은 다음과 같다.

- 매치필드
- 우선도
- 카운터
- 인스트럭션
- 타임아웃
- 쿠키

OpenFlow 1.3에서 새로 추가된 것은 우선도, 타임아웃, 쿠키 등 3가지이다. 단, 이것은 이전부터 포함되어 있던 요소인데, 이렇게 OpenFlow 1.3에서 플로우 엔트리의 구성요소가 6가지가 된 것은 새 기능이 추가되었다기보다 이제까지 근간이 되는 구성요소로 소개되지 않았던 기존 패러미터를 명시한 것뿐이다.

9.5 OpenFlow 1.3.1과 1.3.2

이 책의 집필 시점에서의 최신판은 OpenFlow 1.3.2이다. OpenFlow 1.3.1과 1.3.2는 OpenFlow 1.3의 마이너 번호가 올라간 것으로 취급하며, 애매한 표현을 명시적으로 하는 것이 주된 변경인데, OpenFlow 1.3.1에서 OpenFlow 채널의 버전 네고시에이션이 바뀌는 등 사양이 변경된 부분도 있다. 이 절에서 소개하는 것 외에도 다양한 변경점이 있으므로 상세한 내용은 사양서를 참조한다.

9.5.1 OpenFlow 채널에서 버전 협상의 변경

OpenFlow 1.3.1에서의 프로토콜에 대한 주요 변경점으로, Hello 메시지에 의한 버전 협상(negotiation) 기능이 추가된 것을 들 수 있다.

OpenFlow 1.3까지의 Hellp 메시지는 OpenFlow 헤더만의 포맷이었으나, OpenFlow 1.3.1부터는 OpenFlow 헤더 뒤에 지원하고 있는 버전 번호를 상세하게 기재한 비트맵 필드를 추가하는 것도 가능하게 되었다. 이 기능의 추가로, 버전 협상 시에 OpenFlow 스위치와 OpenFlow 컨트롤러가 지원하고 있는 버전의 최대치보다 더욱 상세한 정보를 얻을 수 있게 되었다.

9.5.2 OpenFlow 컨트롤러로부터 OpenFlow 채널 확립

OpenFlow 1.3.2에서 OpenFlow 컨트롤러로부터 OpenFlow 스위치로의 OpenFlow 채널 확립을 실행해도 무방하다는 기술이 추가되었다.

OpenFlow 1.3.1까지 OpenFlow 채널은 OpenFlow 스위치로부터 OpenFlow 컨트롤러로 확립하는 것이었는데, OpenFlow 1.3.2부터는 역방향 컨넥션 확립도 가능하게 된 것이다.

Chapter 10

제 10 장

OpenFlow의 유의사항

이 장에서는 OpenFlow에 의한 운용 등을 실행할 때의 유의사항을 소개한다.

10.1 Packet-In 메시지의 처리 부하

OpenFlow 1.0부터 OpenFlow 1.2에서 테이블미스의 디폴트 동작은 OpenFlow 컨트롤러로의 Packet-In 메시지 송신이다. 때문에, 플로우 테이블에 해당하는 플로우 엔트리가 존재하지 않는 플로우가 OpenFlow 스위치에 도착할 때마다, [이 플로우는 어떻게 처리해야 하나?]를 묻는 Packet-In 메시지가 OpenFlow 컨트롤러에 송신되는 설정이 되기 싶다.▼

▼ 이 예에서는 buffer_id가 이용되고 있기 때문에 OpenFlow 컨트롤러에 패킷의 내용 모두가 송신되지 않고도 처리가 가능하지만, buffer_id를 사용하지 않는 방법이라면 이 시퀀스 그림보다 더 처리 부하가 커질 가능성이 있다.

그림 10.1 미지의 패킷을 수신하여 Packet-In이 발생하고 Flow-Mod가 실행되는 예

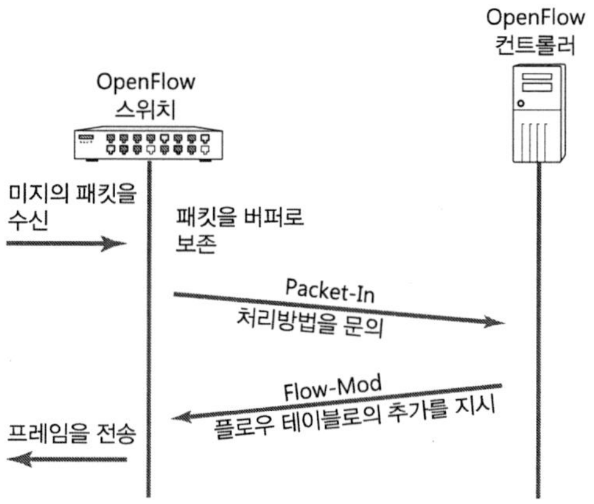

너무 많은 Packet-In 메시지가 OpenFlow 컨트롤러에 집중되면, OpenFlow 컨트롤러의 부하가 상승하게 되어 정상적으로 기능하지 않게 될 우려가 있다. 또한 OpenFlow 컨트롤러뿐만 아니라 Packet-In 메시지의 생성으로 OpenFlow 스위치의 부하가 과도하게 상승하는 경우도 있다(그림 10.2).

이러한 상황에 빠지는 것을 방지하기 위해 불필요한 Packet-In을 막는 것을 목적으로 프로액티브 설정을 실행해 둘 필요가 있다.

그림 10.2
대량의 Packet-In으로 인한 OpenFlow 컨트롤러에서의 부하 상승

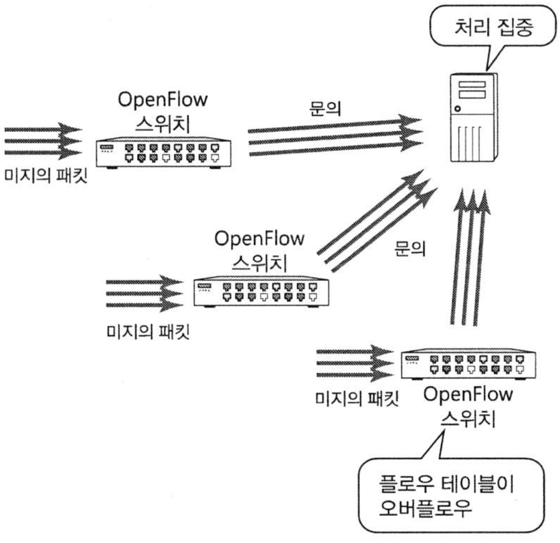

OpenFlow 1.3에서는 [OpenFlow 스위치가 미지의 패킷을 수신하면 파기한다]는 동작이 디폴트가 되었으므로, 의도적으로 리액티브형 문의가 발생하도록 설정하지 않는 한 이 문제는 발생하기 어렵다.

10.1.1 컨트롤 플레인의 대역이 협소하여 발생하는 장애

OpenFlow 컨트롤러와 OpenFlow 스위치 사이를 연결하고 있는 컨트롤 플레인의 대역이 협소하기 때문에 문제가 발생하는 경우도 있다.

예를 들어, 데이터 플레인이 10Gbps으로 접속되고 컨트롤 플레인이 100Mbps로 접속된 그림 10.3과 같은 환경이 있다고 가정해 보자. 그 환경에서, 데이터 플레인에 Packet-In 메시지를 발생시키는 트래픽이 500Mbps분 발생하면 컨트롤 플레인이 폭주상태에 빠진다.

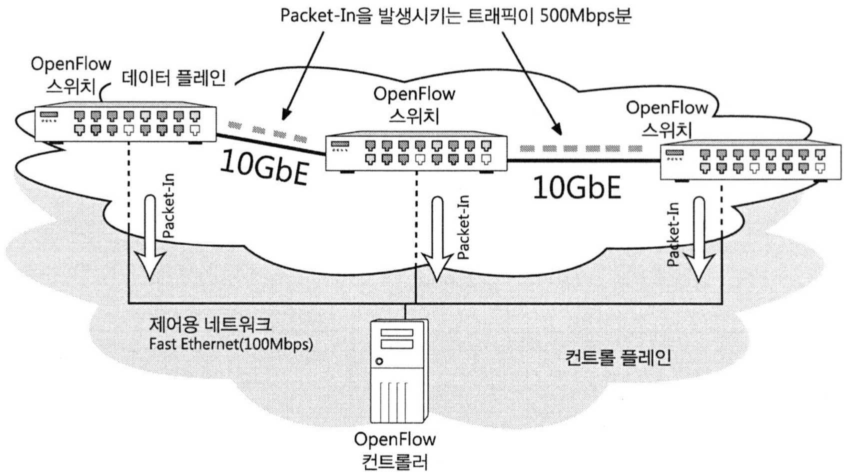

그림 10.3 컨트롤 플레인 폭주 상태

10.1.2 Packet-In에 따른 메시지 지연

OpenFlow 컨트롤러로 부하가 집중되는 것을 피하기 위해 Packet-In의 과도한 발생을 억제하는 기능이 OpenFlow 스위치에 구현되어 있는 경우도 있다.

그 기능의 동작은 패킷의 파기가 아니라 OpenFlow 채널에 대한 대역 제어이며, 또한 그것이 유효하게 되면 과도한 Packet-In은 억제되는 한편 OpenFlow 채널에서의 각종 메시지가 지연될 가능성도 있다. 이러한 기능이 OpenFlow 스위치의 디폴트 설정으로 유효하게 되는 경우도 있으므로 주의가 필요하다.

또한, OpenFlow 1.3에서 추가된 보조적인 OpenFlow 채널 기능을 이용하면 OpenFlow 채널에서의 메시지 지연 문제는 완화될 수 있다(9.4.1항 참조).

10.2 매칭과 플로우에 관한 유의사항

10.2.1 TCP의 플래그를 찾을 수 없다

OpenFlow에서 다룰 수 있는 TCP 헤더의 필드는 이 책의 집필 시점에서 발신지 포트번호와 목적지 포트번호뿐이다. TCP 세션의 시작을 요구하는 TCP SYN 패킷, TCP 세션의 종료를 실행하는 TCP FIN이나 TCP RST 패킷을 명시적으로 다룰 플로우 엔트리를 작성할 수 없다.

이로 인해, 개별 TCP 세션에 대해 어떤 특별한 처리는 제대로 실행되지 않으며, 결과적으로 스테이트풀(stateful) 동작을 OpenFlow에서 실현하기가 어렵다.

그러나 개별 TCP 세션에 대해 스테이트풀한 처리를 전혀 할 수 없는 것은 아니다. 비효율적인 방법이기는 하나 관련이 있을 법한 모든 TCP 패킷을 Packet-In 메시지로 OpenFlow 컨트롤러에 전송하는 방법이라면 실현 가능하다.

또한, 개별 TCP 세션의 시작만을 검지하는 것은 발신지와 목적지 IP 주소, 발신지와 목적지 TCP 포트번호 등 4개의 내용으로 미지의 정보를 검출해 보면 가능하다. 이 경우의 문제는 TCP 세션 종료의 검지이다. TCP FIN이나 RST를 플로우 엔트리로 등록할 수 없기 때문에 idle_timeout 등에 의한 타임아웃에 의존하는 방법이 되어 버린다.

10.2.2 패킷이나 프레임의 임의의 필드가 매칭 가능한 것은 아니다

OpenFlow는 어떤 작업이든 가능한 것처럼 오해하는 경우가 있지만, 모든 종류의 패킷이나 프레임의 임의의 필드를 매칭시키거나 다시쓰기 하는 것이 가능한 것은 아니다.

이 책의 집필시점에서의 최신 사양인 OpenFlow 1.3.2에서는, 40 개의 OXM 매치필드가 정의되어 있는데, 포함되지 않은 항목에 대한 매칭이나 Set-Field는 실행할 수 없다.▼

▼ 단, OpenFlow 1.2 이후 버전에서 실험적 클래스를 이용하여 독자적인 필드를 구현하는 확장을 실행한다면 가능하다.

예를 들어, IPv4 TTL 필드나 IPv6 hop limit 필드의 다시쓰기가 가능하더라도 그 필드에서 매칭을 실행할 수는 없다.

사양에 정의되어 있더라도 구현되어 있다고 할 수는 없다

OpenFlow 사양에 정의되어 있는 모든 OXM 필드가 모든 구현에서 이용이 가능하다고 할 수는 없다.

예를 들어, OpenFlow 1.3.2에서 정의되어 있는 OXM 매치필드가 40개였다 하더라도 구현이 필수로 되어 있는 것은 다음의 13가지 타입뿐이다.

표 10.1
OpenFlow 1.3의 OXM 매치필드에서 필수(required)가 되는 것

필드	내용
OXM_OF_IN_PORT	OpenFlow 스위치의 입력 포트. 물리 포트든 로지컬 포트든 무방
OXM_OF_ETH_DST	목적지 이더넷 주소
OXM_OF_ETH_SRC	발신지 이더넷 주소
OXM_ETH_TYPE	이더넷 프레임 타입
OXM_OF_IP_PROTO	IP 프로토콜 번호
OXM_OF_IPV4_SRC	발신지 IPv4 주소
OXM_OF_IPV4_DST	목적지 IPv4 주소
OXM_OF_IPV6_SRC	발신지 IPv6 주소
OXM_OF_IPV6_DST	목적지 IPv6 주소
OXM_OF_TCP_SRC	발신지 TCP 포트번호
OXM_OF_TCP_DST	목적지 TCP 포트번호
OXM_OF_UDP_SRC	발신지 UDP 포트번호
OXM_OF_UDP_DST	목적지 UDP 포트번호

OXM 매치필드 외에, 인스트럭션이나 액션 등에도 구현이 필수인 것과 그렇지 않은 것이 있다.

모든 OXM 매치필드에서 마스크를 이용할 수 있는 것은 아니다

OpenFlow 1.2 이후에서는 8.2.3항에 있는 바와 같이, 개별 OXM 매치필드에 대해 마스크를 거는 것이 가능한 것과 그렇지 않은 것이 있다.

예를 들어, TCP나 UDP의 포트번호에 대해 마스크를 걸 수 없다. 일반적인 용도에서는 TCP나 UDP 포트번호에 대해 마스크를 걸 필요는 없으나, 예를 들어 Stateless A+P[25]나 MAP-E[26]과 같이 트랜스포트 프로토콜의 포트번호에 독자적인 의미를 부여하여 다루는 프로토콜을 OpenFlow에서 제어하고자 하면, 마스크를 사용할 수 있는 편이 편리할 수도 있다.

10.2.3 매치필드의 의존관계

OpenFlow 1.2부터 매치필드의 의존 관계가 중요한 요소가 되었다(8.2.2항 참조). 이용하고자 하는 매치필드에 전제 조건이 존재하는 경우, 그 전제 조건이 되는 매치필드의 OXM TLV를 미리 기술할 필요가 있다는 것이다.

구체적인 예를 들면 다음과 같다.

- 발신지 IPv4 주소를 매치필드로 이용하고자 하는 경우, 발신지 IPv4 주소의

OXM TLV보다 먼저 이더넷 타입이 0x0800(IPv4)인 OXM TLV가 기술되어 있을 필요가 있다.

- 목적지 TCP 포트번호의 OXM TLV는 IP 프로토콜 번호가 6인 것을 전제조건으로 하고 있다. IP 프로토콜 번호의 OXM TLV는 이더넷 타입이 0x0800 (IPv4)이거나 0x86dd(IPv6)인 것을 전제조건으로 하고 있다. 그러므로 ofp match에 포함되는 OXM TLV의 기재 순서는 이더넷 타입이 0x0800 또는 0x86dd인 OXM TLV → IP 프로토콜 번호가 6번인 OXM TLV → 목적지 TCP 포트번호인 OXM TLV가 될 필요가 있다.

이처럼, 순서에 주의하는 동시에 직접 이용하지 않는 OXM TLV도 지정할 필요가 있다.

또한 OpenFlow 1.1 이전의 구현에서는 직접 이용하지 않는 매치필드를 지정할 것을 요구하는 것도 존재한다. 예를 들면, 매치필드의 요소로써 IPv4 주소를 이용하는 경우에는 반드시 이더넷 타입을 0x0800으로 지정해야 한다는 것이다. 이러한 구현에서는 IPv4 주소의 지정만을 실행하고 있으므로, 이더넷 타입을 위한 와일드카드를 유효로 해 두면 제대로 작동하지 않게 되는 경우가 생기기 쉽다.

10.3 구현에 의존하는 사항

10.3.1 플로우 엔트리 수의 상한

OpenFlow를 이용하여 네트워크를 구성하는 경우, 각 OpenFlow 스위치에 대해 설정 가능한 플로우 엔트리이 수가 네트워크 설계 자체에 영향을 주는 경우도 있다. OpenFlow 스위치에 대해 설정 가능한 플로우 엔트리의 수가 적으면 설정하는 플로우 엔트리의 플로우 입도를 크게할 수밖에 없다. 예를 들어, OpenFlow 스위치에 대해 설정 가능한 플로우 엔트리의 수가 충분히 많다면 TCP 포트번호 등에 의한 개별 세션 단위의 플로우 엔트리를 OpenFlow 스위치에 설정하는 것을 전제로 네트워크 설계가 가능하지만, OpenFlow 스위치에 대해 설정 가능한 플로우 엔트리의 수가 적으면 보다 통합된 플로우 엔트리를 설정하는 것을 전제로 네트워크를 설계할 필요가 있다.

OpenFlow의 사양 상으로 플로우 엔트리 수의 상한은 존재하지 않는다. 그러나 하드웨어의 기능을 이용하여 OpenFlow에 의한 고속 광대역의 전송처리를 실행하는 기기에서는 플로우 엔트리의 수에 제약이 존재하는 경우가 있다.

이러한 제약은, 예를 들면 TCAM 탑재량 등에 따라 발생한다. 패킷에 대한 매칭을 TCAM에 따라 실현할 경우, TCAM의 탑재량을 설정할 수 있는 플로우 엔트리 수의 최대값을 결정하는 요인이 된다. TCAM을 이용함으로써 대량의 패킷을 단시간에 매칭하고 처리할 수 있게 되는데, TCAM은 비교적 고가의 부품이므로 제품 가격을 낮추기 위해 최소한의 필요량으로 탑재량이 제한되는 경향이 있다.

소프트웨어에 의해 OpenFlow를 실현하고 있는 시스템은 플로우 엔트리 수에 대한 제약이 비교적 느슨하겠지만, 일반적으로 소프트웨어에 의한 구현은 하드웨어에 의한 구현에 비하여 전송 성능 등이 떨어지는 경향이 있다.

10.3.2 OpenFlow 컨트롤러가 동시에 제어할 수 있는 OpenFlow 스위치 수의 상한

OpenFlow 사양 상, 1개의 OpenFlow 컨트롤러가 동시에 제어할 수 있는 OpenFlow 스위치의 개수에 대한 제한은 없다.

그러나 구현 상으로는 OpenFlow 컨트롤러가 동시에 제어할 수 있는 OpenFlow 스위치 수가 제한되어 있는 경우가 있다. 이러한 제약도 OpenFlow에 의한 네트워크 설계 시에 고려해야 할 요인의 하나이다.

10.3.3 buffer_id로 표시되는 버퍼가 남아 있다고 할 수는 없다

buffer_id가 이용되는 경우에, OpenFlow 컨트롤러가 막상 쓰려고 해도 buffer_ID에 의해 표시되는 패킷이 어떤 원인탓으로 OpenFlow 스위치 쪽에서 소실되었을 경우가 있다.

사양 상으로 buffer_id의 생존 기간이나, 값의 재이용에 관한 규정이 존재하지 않으므로, 버퍼 수가 극단적으로 작고 또한 buffer_id를 이리저리 사용하는 스위치의 구현에서, 그리고 OpenFlow 컨트롤러의 Packet-Out 처리에 시간이 걸리는 경우에, buffer_id를 지정하면 의도하지 않은 패킷이 나갈 수 있다는 우려도 있다.

Flow-Mod에서 buffer_id를 지정한 경우에 버퍼가 이미 존재하지 않는 경우는 에러가 된다. 이때, 플로우 엔트리가 등록되는지 등록되지 않는지가 사양 상으로 명확하지 않다는 문제도 있다. 에러이므로 등록되지 않는 것이 맞는 듯하지만, Flow-Mod를 보다 확실하게 실행하기 위해서는 buffer_id를 지정하지 않는 편이 나을 듯하다.

OpenFlow 스위치 쪽에서 buffer_id가 지정되었을 때 OpenFlow 컨트롤러가 그 버퍼를 소거하기 위해서는 Packet-Out 액션을 지정하지 않고 buffer_id를 지정한다. 이렇게 하면 Drop 액션이 되므로 버퍼가 파기된다.

OpenFlow 스위치가 buffer_id를 삭제하는 타이밍에 관한 사양서의 기재

OpenFlow 1.3.2에서는 OpenFlow 스위치가 buffer_id로 지정된 버퍼를 삭제하는 타이밍이 명기된 장소가 2곳이 있다.

그 하나가 Flow-Mod 메시지로 유효한 buffer_id가 지정되었을 때이다. buffer_id가 삭제된 다음 buffer_id로 지정된 패킷이 파이프라인 처리를 통과한다.

또 하나가 Packet-Out 메시지로 유효한 buffer_id가 지정되었을 때이다. buffer_id가 삭제된 다음 buffer_id로 지정된 패킷에 대해 Packet-Out 메시지에 기재된 액션이 적용된다.

이제까지는 buffer_id가 언제 삭제될 것인가에 관한 사양이 일체 존재하지 않았으나, OpenFlow 1.3.2에 의해 buffer_id가 정상적으로 삭제되는 패턴 2종류가 정의되었다.

10.3.4 OpenFlow 채널 절단 시의 재접속 타이머

OpenFlow 1.3.2까지의 사양에는 OpenFlow 채널 절단 시의 재접속 타이머에 관한 규정이 없다.

따라서 어떤 이유로 OpenFlow 채널이 절단되고 그 뒤 네트워크에 장애가 발생하지 않은 상태라 하더라도, 어떤 타이밍에서 OpenFlow 채널이 복귀하는지는 구현 또는 설정에 의존한다.

10.4 Flow-Mod는 하류부터

OpenFlow 컨트롤러가 복수의 OpenFlow 스위치에 대해 특정 플로우를 처리하기 위한 플로우 엔트리를 설정하는 경우, 어떠한 순서로 OpenFlow 스위치에 Flow-Mod 메시지를 송신하는 것인지에 따른 차이가 발생하는 경우가 있다.

예를 들어, 그림 10.4와 같이 패킷이 OpenFlow 스위치 A로부터 OpenFlow 스위치 C로 전송되는 경우, 하류 쪽에 있는 OpenFlow 스위치부터 차례로 플로우 엔트리를 설정해가는 것이 문제가 쉽게 발생하지 않게 된다.

그림 10.4
플로우의 흐름과 Floe-Mod의 순서

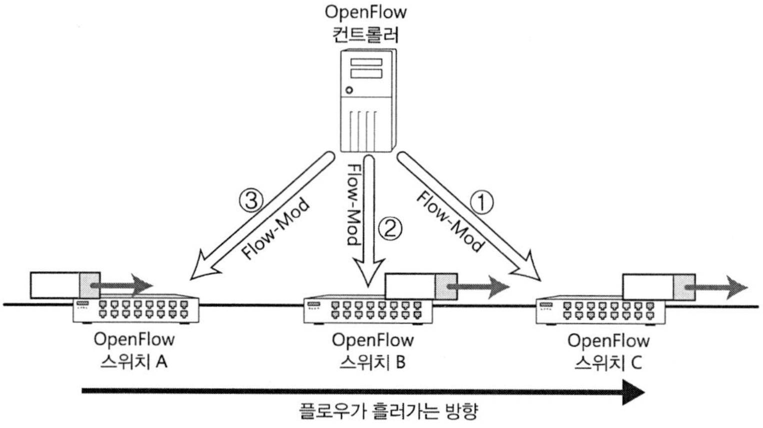

이와 같이, OpenFlow 스위치에 대한 설정을 하류부터 실행하는 것이 예기치 않은 패킷 수신을 극적으로 줄일 수 있다. 반대로, 상류부터 OpenFlow 스위치를 설정해 버리면, 패킷 도착 타이밍에 따라서는 하류 쪽 OpenFlow 스위치에 플로우 엔트리를 설정하기 전에 해당하는 패킷이 OpenFlow 스위치에 도착할 가능성도 있다.

이러한 타이밍의 문제도 OpenFlow 네트워크 설계 시에 주의할 점의 하나이다.

10.5 Barrier 메시지와 에러

OpenFlow 사양서를 대강 읽어본 것만으로는 잘 알 수 없으며 지극히 구현에 의존하는 중요기능으로 Barrier 메시지를 들 수 있다(Barrier 메시지에 관해서는 2.4.11항 참조).

OpenFlow 컨트롤러에 따라 Barrier 메시지 송신 타이밍의 설계 사상이 다른 경우가 있으며, 그 타이밍에 따라 [에러 발생 시, 어떠한 타이밍에서 OpenFlow 컨트롤러가 OpenFlow 스위치 쪽에서의 상황을 파악하는 것인가]가 다소 달라질 가능성이 있다.

OpenFlow 스위치에서 OpenFlow 컨트롤러에 대한 회답 메시지의 순서도 Barrier 메시지 송신 타이밍에 의존하는 경우가 있다. OpenFlow 프로토콜에서는

Barrier 메시지에 의해 명시적으로 지정되지 않는 한은, OpenFlow 스위치는 OpenFlow 컨트롤러로부터 수신한 메시지의 순서에 관계없이 임의의 순서로 처리를 실행해도 된다는 내용이 OpenFlow 1.1 이후 명기되었다.

이런 이유로, OpenFlow 컨트롤러 쪽은 특성 순서로 OpenFlow 스위치 쪽의 처리를 완료시키기 위해서는 Barrier 메시지를 이용하지 않으면 안 된다.

10.5.1 Flow-Mod 직후의 packet-In의 경우

OpenFlow 1.1부터 Barrier 메시지의 이용이 권장되는 사례로, OpenFlow 컨트롤러가 Flow-Mod 메시지를 OpenFlow 스위치에 송신하고, 그 설정 내용에 의존하는 Packet-Out 메시지(TABLE의 Output 액션을 지정한 것)를 계속해서 송신하는 경우가 소개되고 있다. 그림 10.5와 같은 OpenFlow 스위치에 설정되어 있는 플로우 엔트리에 의존하는 Packet-In 메시지이다.

그림 10.5
특정 플로우 엔트리에 의존하는 Packet-Out

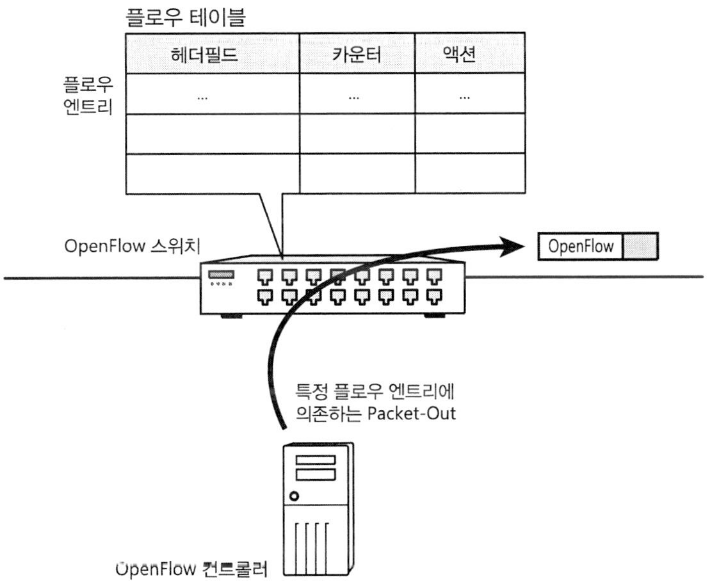

Packet-Out 메시지가 TABLE의 Output 액션을 지정했을 때, OpenFlow 스위치 쪽에 해당하는 플로우 엔트리가 존재하지 않는 상황의 예로는, 그림 10.6과 같이 직전의 Flow-Mod 메시지의 처리가 완료하기 전에 Packet-Out 메시지가 OpenFlow 스위치로 송신되는 경우를 상정해 볼 수 있다(단, OpenFlow 1.1~1.3.2 사양서에서는 <처리가 완료되기 전>이 아니라 [OpenFlow 스위치 쪽에서 메시지 처리 순서를 바꾸는] 것을 상정하고 있는 것으로 해석할 수 있다).

그림 10.6
특정 플로우 엔트리에 의존하는 Packet-Out의 실패

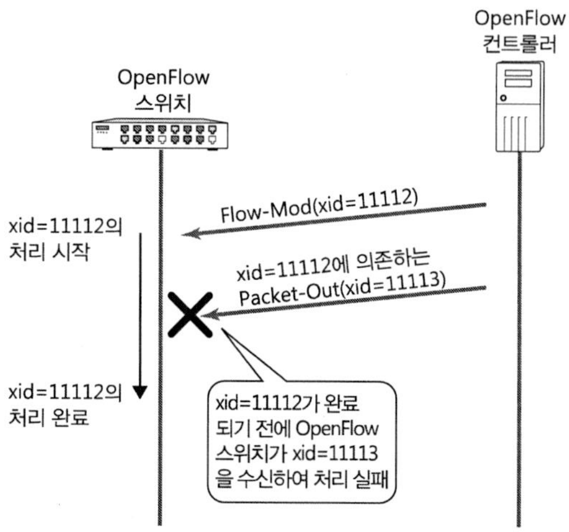

이와 같은 문제의 발생을 방지하기 위해, Flow-Mod 메시지 송신 후에 Barrier 메시지를 송신하여 OpenFlow 스위치 쪽에서의 설정 완료를 확인한 후 Packet-out 메시지를 송신할 필요가 있다.

그림 10.7
Packet-Out 메시지 송신 전에 Barrier 메시지로 확인

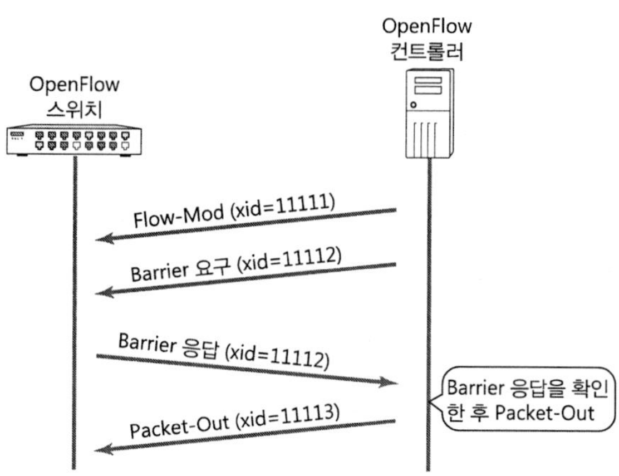

10.5.2 별개의 OpenFlow 스위치로 Flow-Mod 메시지와 Packet-In 메시지를 송신하는 경우

앞의 예는 OpenFlow 컨트롤러 쪽에서는 사양 상 Barrier를 송신한 편이 나은 사례인 한편, OpenFlow 스위치 쪽에서 순차적으로 메시지를 처리한다면 회피할 수 있는 사례이기도 하다. 다음은, OpenFlow 스위치 쪽에서의 고안으로 회피가 불가능한 사례를 상정해 본다.

예를 들어, 그림 10.8과 같이 OpenFlow 컨트롤러가 OpenFlow 스위치 A에 대

해 Flow-Mod 메시지를 송신하고, 그 직후에 OpenFlow 스위치 B로 Packet-Out 메시지를 송신하는 경우를 생각해 보자. 이때, OpenFlow 스위치 B로 보내는 Packet-Out 메시지에 의해 OpenFlow 스위치 B에서 OpenFlow 스위치 A로 패킷이 송신되며, 그 패킷을 처리하기 위해서는 OpenFlow 컨트롤러가 사전에 OpenFlow 스위치 A로 송신한 Flow-Mod 메시지의 처리 완료가 필수인 것으로 하였다.

그림 10.8
Flow-Mod와 Packet-Out을 별개의 OpenFlow 스위치로 송신하는 경우

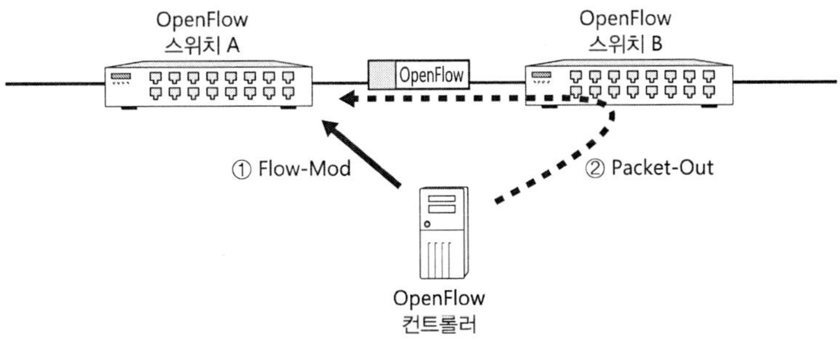

이 예에서는, OpenFlow 스위치 A에서의 Flow-Mod 처리가 끝나기 전에 OpenFlow 스위치 B로부터의 해당 패킷이 OpenFlow 스위치 A에 도착하지 않도록 하는 것이 중요하다.

1대의 OpenFlow 스위치에 대해 TCP에 의한 단일 OpenFlow 채널을 통하여 연속해서 Flow-Mod 메시지와 Packet-Out를 송신하는 경우에는, 적어도 Flow-Mod 메시지가 Packet-Out 메시지보다 앞서서 OpenFlow 스위치에 도착하는 것이 보장되어 있다.

그러나 이번 예와 같이 별개의 기기에 대해 별개의 OpenFlow 채널에서 개별 OpenFlow 메시지를 송신하는 경우, 각 메시지가 각각의 OpenFlow 스위치에 도착하는 순서는 보장되지 않는다. 예를 들어, OpenFlow 컨트롤러가 일반적인 OS에서 가동하는 애플리케이션인 경우, 그 애플리케이션이 TCP 세션을 통해 패킷을 내보내기 위해 OS에 데이터를 건넸다고 해서 패킷이 네트워크로 송출된다고 할 수는 없다. 일반적으로, OS로 TCP 세션에서 송출하기 위한 데이터를 건넨 순간 애플리케이션에서는 [송신 성공]처럼 보이므로, 패킷이 OS 안에 있는 소켓 버퍼 등으로 송출되는 것을 대기하고 있는 것인지 그렇지 않으면 상대에게 패킷이 도달한 것인지 파악하기 어려운 경우도 있다.

이 예과 같은 경우에는 상대에게 바르게 데이터가 도달했는지 어떤지는 상대로부터 [도달했다]는 대답이 수신되고나서 비로소 파악할 수 있다. OpenFlow 채널에서는 그 역할을 수행하는 것이 Barrier 메시지이므로, 그림 10.9와 같은 순서로 메시지를 보냄으로써 OpenFlow 스위치 A에서의 처리 완료를 확인하고나서

OpenFlow 스위치 B로 Packet-Out 메시지를 보낼 수 있다.

그림 10.9

Packet-Out 메시지 송신 전에 Barrier 메시지로 확인(복수의 OpenFlow 스위치)

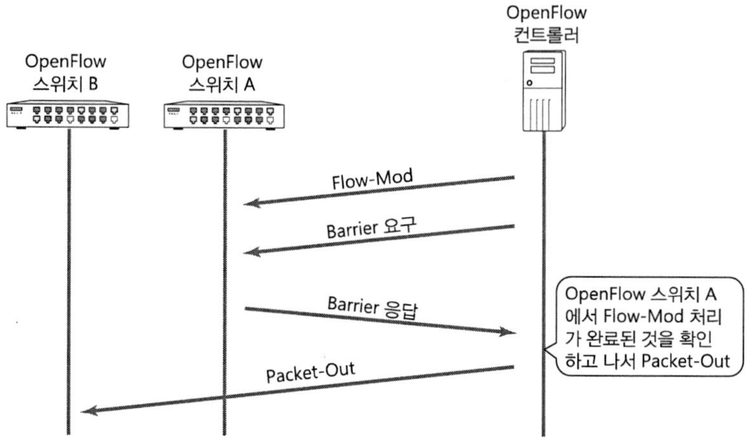

10.6 Packet-Out의 실패를 검출할 방법이 없다

OpenFlow 사양에는 Packet-Out 메시지의 포맷 등에 에러가 없고 실제 프레임을 송신하는 드라이버 부분에서 에러가 발생한 경우는 정상이라 판단되어 에러는 통지되지 않는다.

ofp_error_type을 보더라도 알 수 있듯이, 어떠한 기기장애에 의한 Packet-Out 메시지 내용 실행 실패를 OpenFlow 컨트롤러에 알리는 것이 아무것도 없다(에러 카운터의 상승은 알 수 있다).

```
enum ofp_error_type {
OFPET_HELLO_FAILED, /* Hello protocol failed. */
OFPET_BAD_REQUEST, /* Request was not understood. */
OFPET_BAD_ACTION, /* Error in action description. */
OFPET_FLOW_MOD_FAILED, /* Problem modifying flow entry. */
OFPET_PORT_MOD_FAILED, /* Port mod request failed. */
OFPET_QUEUE_OP_FAILED /* Queue operation failed. */
};
```

구현에 의존하는 것 같지만, 네트워크 드라이버에 프레임을 건넨 다음은 드라이버에서 버퍼링되어 다른 프레임과 동일하게 송신 처리되어, Packet-Out에 의한 송신과 통상적인 전송을 구별하기 어렵다는 것이 원인이 되는 경우도 있다.

이 문제는 OpenFlow 1.0에만 발생하는 것이 아니라 OpenFlow 1.1부터 OpenFlow 1.3.1에서도 동일하다.

10.7 IP 프래그먼트 처리

IPv4 헤더의 패킷 길이 필드는 16비트이므로 IPv4 헤더 자신을 포함하는 IPv4 패킷의 최대 사이즈는 65535 옥텟이다. 그러나 IP 층의 하위인 링크층 프로토콜인 MTU(Maximum Transmission Unit)에 의존하여 IPv4 패킷으로써의 최대 길이보다 작은 패킷밖에 송신할 수 없는 환경이 대부분이다. IPv4 프로토콜에서는 MTU보다 큰 패킷이 전송될 때 IPv4 패킷의 프래그먼테이션(단편화)이 실행될 경우가 있다. 단편화가 발생하면, 그림 10.10과 같이 원래의 패킷은 복수의 IP 프래그먼트로 분할되어 전송된다.

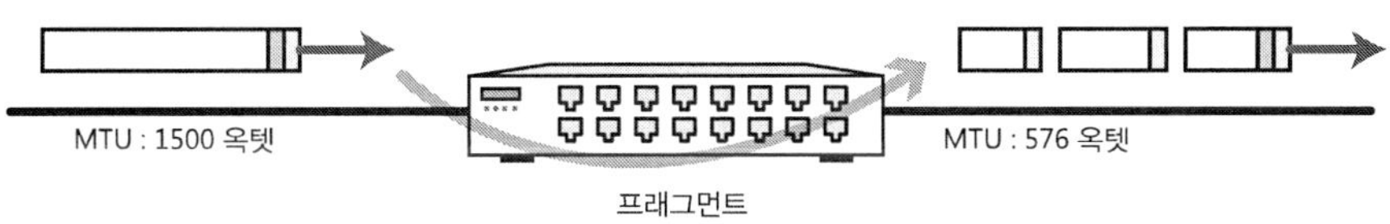

그림 10.10
라우터에 의한 IP 프래그먼테이션

이는, 이 책의 집필 시점에서의 모든 버전에 해당된다고 할 수 있는데, OpenFlow는 IP 프래그먼트의 처리를 할 수 없는 경우가 있다.

예를 들어, 원래의 IPv4 패킷이 TCP 패킷이었던 경우, 그림 10.10과 같이 IP 프래그먼트에는 트랜스포트층 헤더를 가진 것과 가지지 않은 것으로 분할된다. 이러한 IP 프래그먼트가 OpenFlow 네트워크에 도달하고 또한 그것을 수신한 OpenFlow 스위치 내에 해당하는 TCP 포트번호와 관련된 플로우 엔트리가 존재한 경우에, TCP 헤더 부분을 포함하지 않는 패킷의 처리 방법이 문제가 된다.

OpenFlow 1.0에는 IP 프래그먼트에 대한 처리로, ① 트랜스포트층 헤더를 포함하지 않는 것은 그대로 트랜스포트 헤더 없음으로 취급한다, ② IP 프래그먼트는 파기한다, ③ OpenFlow 스위치에서 IP 프래그먼트를 재구성한 후 취급한다, 와 같은 방법이 정의되어 있다. 그러므로, 각 OpenFlow 스위치의 기능이나 설정에 따라 IP 프래그먼트의 취급이 달라지는 점에 주의한다.

IPv4뿐만 아니라 IPv6에도 엔드노드에서의 IP 프래그먼트가 있다(IPv6은 IPv4와는 달리 도중 경로에서의 프래그먼테이션은 없다). IPv6에서의 프래그먼트는 IPv6 확장 헤더를 취급할 수 있게 된 OpenFlow 1.3부터 대응이 가능하게 되었다(9.4.3항 참조).

제 11 장

OpenFlow의 미래

이 장에서는 표준화의 가장 중요한 요소인 상호접속성에 대한 연구과제와 OpenFlow 사양에 직접 포함되지 않는 주변 논의 등을 소개한다.

11.1 상호접속성 검증

ONF의 Testiong-Interop Working Group에서 상호접속성의 검증이나 인정 프로그램 등에 관해 논의되고 있다. 현재 시점에서도 몇 가지 테스트 툴이나 상호 접속성 검증은 이루어지고 있지만 앞으로 보다 만족스러운 결과물이 나올 것으로 예상된다.

11.1.1 OF-Test

일반적으로 소프트웨어나 하드웨어의 개발에서 테스트는 매우 중요하다. 제품을 개발하기 전에 테스트를 구현하는 테스트 퍼스트라는 방법도 있다. 테스트 툴의 품질이 제품의 품질을 좌우한다고 해도 과언이 아니다.

OpenFlow에 관련된 각종 기기나 소프트웨어를 테스트하기 위한 툴로 OF-Test가 있다[27]. OpenFlow 자체를 개발하는 경우에는 OF-Test 활용을 권장하고 있다. OF-Test는 OpenFlow의 기본적인 테스트 툴로써 원래는 스탠포드 대학에서 작성된 것이다. 발표 후, 필요에 따라 각종 개정이 이루어지고 있다.

OF-Test는 다양한 조직이 개발한 개별 OpenFlow 제품의 상호접속성을 확보하기 위한 중요한 요소이기도 하다. 이 테스트가 통하도록 구현된 기기는 적어도 테스트에서 정의되고 있는 동작에 관해서는 상호접속성의 확보가 보장된다. OpenFlow뿐만 아니라 매우 많은 프로토콜이나 포캣을 규정하고 있는 컨소시엄은 표준적인 테스트 툴을 정의함으로써 각 사양을 지원하는 제품의 안정을 도모하고 있다.▼

▼ 이 책의 집필시점에서 ONF에서 OpenFlow 1.0.1의 인정 테스트 사양서의 잠정 버전이 공개되었다(2013년 6월)[28].

11.1.2 플러그페스트 (PlugFest)

OpenFlow는 이름 앞에 [Open]이 있는 것처럼 상호접속의 의지를 가지고 사양이 책정되어 있다. 일반적으로 상호접속을 실현하기 위해서는 사양 책정뿐만 아니라 실제로 접속이 가능한지 복수의 벤더가 각자의 기기를 가지고 모여 접속 실험을 하는 [플러그페스트(PlugFest)]라 불리는 상호운용성(Interoperability) 테스트가 이루어진다. 플러그페스트란 OpenFlow 특유의 것이 아니며, 그 외 다수의 네트워크 프로토콜 검증에서 시행되기도 하는 이벤트이다. 플러그페스트에서 발견한 문제점을 각 벤더가 가지고 돌아가 필요에 따라 수정함으로써 상호접속성이 서서히 상승해 가는 것을 목적으로 시행되고 있다.

11.1.3 2012년에 시행된 제1회 플러그페스트

2012년 3월에 ONF에 의한 첫 OpenFlow 플러그페스트가 시행되었다. 2011년 5월에 시행된 Las Vegas Interop에서 14 벤더가 상호접속 시험을 실행한 OpenFlow Lab 등의 이벤트도 있었는데, ONF가 주최한 것으로는 2012년 3월의 플러그페스트가 처음이었다. ONF의 사이트에 플러그페스트에 관한 보고서가 공개되어 있다[4].

플러그페스트를 시행한 목적으로는 서비스 제공과 데이터센터 운영기업으로써의 이용을 상정한 테스트케이스를 실행하는 것이었는데, 실제로는 OpenFlow 컨트롤러나 OpenFlow 컨트롤러 상에서 동작하는 애플리케이션에 제약이 있었기 때문에, 2012년 3월의 플러그페스트에서 시행된 테스트케이스는 다음과 같은 결과가 되었다고 보고서에 쓰여 있다.

- LLDP를 이용한 네트워크 토폴로지 검출
- L2 이더넷/VLAN 패스(서킷) 프로비저닝(프라이머리 및 백업)
- L3(IPv4) 러닝(최단경로와 백업 경로)
- L3(IPv4) 로드 밸런싱
- 슬라이스(가상 네트워크면)를 실현하기 위해 FlowVisor로 멀티컨트롤러 접속을 실행하는 실험(가상화 환경이나 FlowVisor에 관해서는 제5장 참조)

이 테스트케이스들은 많이 볼 수 있는 OpenFlow 유스케이스를 나타내고 있다. 한편, 보고서에는 OpenFlow 컨트롤러에 구현되어 있는 유스케이스에 의존하고 있었기 때문에 실행할 수 있는 테스트가 한정되어 있었던 경우도 소개하고 있다. OpenFlow 프로토콜 자체가 아니라 OpenFlow 컨트롤러에 구현되는 애플리케이션이 매우 큰 의미를 가진다는 것을 암묵적으로 보여 준 결과라고도 할 수 있다.

보고서에는 플러그페스트에서의 커다란 도전으로 디버그와 트래블슈팅이 있었다는 보고도 있다. 2012년 3월 시점의 플러그페스트에서는 OpenFlow 스위치와 OpenFlow 컨트롤러를 위한 디버깅 툴이 한정되어 있었기 때문에 문제발생 부분을 발견하기가 쉽지 않았던 듯하다. 플러그페스트에 의해 사양이나 구현의 문제점 개선이 가능했다고도 밝히고 있다.

이러한 활동의 축적으로 제품이나 사양이 개선되어 갈 것으로 생각된다.

11.1.4 제2회, 제3회 플러그페스트

ONF에 의한 제2회 플러그페스트는 2012년 10월에 개최되었다. 제2회에서는 OpenFlow 1.0이나 1.2, OF-CONFIG 1.1의 상호접속성 검증이 실행되었다[29]. 제2회 플러그페스트에서 발견된 문제점 등을 정리한 기술문서가 ONF에서 공개되었으므로 꼭 참조하기 바란다[30].

제3회는 2013년 6월에 시행되었다[31]. 제3회에서는 OpenFlow 1.0, 1.2, 1.3의 상호접속성 검증이 실행되었다. OpenFlow 1.3의 상호접속성 검증이 성공했다고 하니 OpenFlow 1.4/1.5의 논의가 공개적으로 늘 것으로 생각된다(2013년 6월 시점).

11.1.5 앞으로의 과제

플러그페스트는 상호접속성을 실현하기 위한 매우 효과적인 방법이지만, 복수의 조직이 모여 접속 실험을 할 필요가 있다는 것과 그 사전 준비가 번거롭다는 불편함이 있다. 때문에, 그리 빈번하게 시행할 수 있는 것은 아니다.

벤더 간의 실력차도 큰 요소이다. 많은 벤더가 새로운 기능을 동시기에 구현하고 있는 경우에는 플러그페스트에 참가하는 동기가 유지되지만, 어느 정도 제품의 품질이 상승하면 각 벤더가 그러한 이벤트에 참가할 동기는 저하될 것으로 예상된다. 오랜 기간 그 분야에서의 제품을 계속 구현하고 있는 벤더가, 신규 참가자와 상호운용성 테스트를 하더라도 신규 참가자의 버그를 발견하는 것으로 끝나는 경우도 있다. 그러므로 신규 참가자가 충분한 품질의 제품을 구현할 수 있는 환경을 정비하는 데에는 테스트가 얼마나 충실한 지가 중요한 역할을 하고 있다.

테스트에 의한 제품 버그의 개선은 개발자의 시점이지만, OpenFlow 제품을 구입하는 사용자의 시점에서 보면, [어느 제품이 안정되어 있는가?]가 매우 중요한 요소가 된다. 어떤 일정 레벨의 품질을 보증하는 방법으로 다수의 조직이 인정한 프로그램을 채택하고 있지만, ONF에서도 이러한 인정 프로그램이 검토되고 있다.

일반적으로 프로토콜 등에 준거하고 있음을 나타내는 인정은 대부분 일정 테스트에 합격한 제품에 부여된다. [어떠한 테스트도 통과하면 충분하다고 할 수 있는가?]는 인정 프로그램과도 연관되어 그 인정 프로그램을 통과하기 위해 테스트 툴을 사용하여 개발자가 버그를 수정한다는 흐름으로 이어진다.

이와 같이 테스트나 인정 프로그램은 앞으로의 OpenFlow에 있어서 큰 의미를 가지게 될 것으로 예상된다.

11.2 Northbound API

OpenFlow는 유연하게 네트워크를 제어할 수 있는 프로토콜이지만, 지나치게 유연성이 높은 탓에 좀 더 간단하고 간결하게 제어할 시스템이 종종 요구된다. 이러한 요구와 함께 논의되고 있는 것이 OpenFlow의 Northbound API이다.

OpenFlow의 Northbound API는 OpenFlow 컨트롤러를 컨트롤하기 위한 API를 가리킨다. OpenFlow를 추상화함으로써 OpenFlow 자체를 모르더라도 어느 정도 제어할 수 있다는 사실을 기대할 수 있다.

Northbound와 Southbound는 영어에서 일반적으로 사용되는 용어이다. 이 용어들은 북쪽을 상부로 간주하고, 남쪽을 하부로 간주한다. Northbound API는 상위층과의 API이고, Southbound API는 하위층과의 API가 된다. 따라서 Northbound API만이라고 하면 그 자신이 어떤 프로토콜을 명시하고 있는 것이 아니라 단순히 [상위층과의 API]라는 것에 지나지 않는다.

이 책의 집필 시점에서 ONF는 OpenFlow의 Northbound API에 관해 어떤 정의도 내리지 않을 것을 표명하고 있다. ONF가 표명하고 있는 것은 [어떠한 API가 이용되는 것인지, 어떤 API가 존재하고 있는 것인지를 조사한다]는 것이며, Northbound API의 안이 공표된다고 하더라도 이 책의 발매 이후가 될 것으로 생각된다.

11.3 OF-CONFIG

OpenFlow 프로토콜은 OpenFlow 컨트롤러와 OpenFlow 스위치로 구성된 네트워크를 구축하는 것이다. OpenFlow 1.2 사양 책정과 함께 OpenFlow 스위치의 각종 설정을 실행하기 위한 프로토콜인 OF-CONFIG가 정의되었다. 이 책의 집필 시점에서는 OpenFlow 1.2에 대응하는 것이 OF-CONFIG 1.0[32], OpenFlow 1.3에 대응하는 것이 OF-CONFIG 1.1[33]이다.

OF-CONFIG는 OpenFlow 대응 스위치를 OpenFlow Configuration Point가 제어하는 것이다. 예를 들어, OpenFlow 대응 스위치 내부에 가상 OpenFlow 스위치가 구축되고, 그 가상 스위치가 OpenFlow 컨트롤러와 접속할 수 있도록 설정하는 유스케이스가 상정되어 있다. 이때, OpenFlow Configuration Point가 각 가상 OpenFlow 스위치에 대해 OF-CONFIG 경유로 실행되도록 하는 설정으로는 OpenFlow 채널로 OpenFlow 컨트롤러와의 통신을 실행하기 위한 IP 주소 등의 초기 설정과 OpenFlow 컨트롤러의 IP 주소 등을 들 수 있다.

그림 11.1
OF-CONFIG 개요

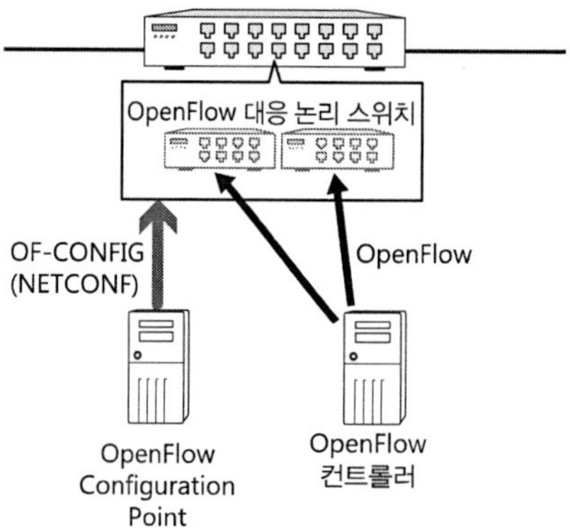

OF-CONFIG는 RFC 6241[34]에 정의되어 있는 NETCONF를 이용한 통신을 실행하고, 설정 내용의 기술은 RFC 6020[35]에 정의된 YANG이라는 XML에 의한 기술 언어를 이용한다.

부록

부록.1 각 버전의 액션 일람

1.1 OpenFlow 1.0의 액션

표 부록.1 Drop 액션

액션 타입	값	액션 내용
없음	없음	Action을 기재하지 않은 경우 Drop 액션이 되어 패킷을 파기한다.

표 부록.2 Forward 액션

액션 타입	값	액션 내용
OFPAT_OUTPUT	0	패킷을 지정한 스위치의 포트 등으로 송신한다.

표 부록.3 Modify-Field 액션

액션 타입	값	액션 내용
OFPAT_SET_VLAN_VID	1	VLAN ID가 존재하는 경우에는 지정된 VLAN ID로 덮어쓰기한다. VLAN ID가 존재하지 않는 경우는 추가한다.
OFPAT_SET_VLAN_PCP	2	VLAN ID가 존재하는 경우에는 지정된 값으로 우선도를 덮어쓰기한다. VLAN ID가 존재하지 않는 경우는 새로 VLAN ID를 지정된 우선도 값으로 추가한다.
OFPAT_STRIP_VLAN	3	VLAN 헤더가 존재하는 경우에 삭제한다.
OFPAT_SET_DL_SRC	4	이더넷의 발신지 이더넷 주소를 새 값으로 덮어쓰기한다.
OFPAT_SET_DL_DST	5	이더넷의 목적지 이더넷 주소를 새 값으로 덮어쓰기한다.
OFPAT_SET_NW_SRC	6	IP의 발신지 IP 주소를 새 값으로 덮어쓰기한다.
OFPAT_SET_NW_DST	7	IP의 목적지 IP 주소를 새 값으로 덮어쓰기한다.
OFPAT_SET_NW_TOS	8	IP의 ToS 필드를 새 값으로 덮어쓰기한다.
OFPAT_SET_TP_SRC	9	TCP/UDP의 발신지 포트번호를 덮어쓰기한다.
OFPAT_SET_TP_DST	10	TCP/UDP의 목적지 포트번호를 덮어쓰기한다.

표 부록.4 Enqueue 액션

액션 타입	값	액션 내용
OFPAT_ENQUEUE	11	패킷을 지정 Queue의 마지막에 추가한다.

표 부록.5 Vendor 액션

액션 타입	값	액션 내용
OFPAT_VENDOR	0xffff	Vendor 확장용 액션

1.2 OpenFlow 1.1의 액션

표 부록.6
Drop 액션

액션 타입	값	액션 내용
없음	없음	Action을 기재하지 않은 경우 Drop 액션이 되어 패킷을 파기한다.

표 부록.7
Queue 액션

액션 타입	값	액션 내용
OFPAT_OUTPUT	0	패킷을 지정한 스위치 포트 등으로 송신한다.

표 부록.8
set-Field 액션

액션 타입	값	액션 내용
OFPAT_SET_VLAN_VID	1	VLAN ID가 존재하는 경우에는 지정된 VLAN ID로 덮어쓰기한다.
OFPAT_SET_VLAN_PCP	2	VLAN ID가 존재하는 경우에는 지정된 값으로 우선도를 덮어쓰기한다.
OFPAT_SET_DL_SRC	3	이더넷의 발신지 이더넷 주소를 새 값으로 덮어쓰기한다.
OFPAT_SET_DL_DST	4	이더넷의 목적지 이더넷 주소를 새 값으로 덮어쓰기한다.
OFPAT_SET_NW_SRC	5	IP의 발신지 IP 주소를 새 값으로 덮어쓰기한다.
OFPAT_SET_NW_DST	6	IP의 목적지 IP 주소를 새 값으로 덮어쓰기한다.
OFPAT_SET_NW_TOS	7	IP의 ToS 필드를 새 값으로 덮어쓰기한다.
OFPAT_SET_NW_ECN	8	IP의 EcN 필드를 새 값으로 덮어쓰기한다.
OFPAT_SET_TP_SRC	9	TCP/UDP의 발신지 포트번호를 덮어쓰기한다.
OFPAT_SET_TP_DST	10	TCP/UDP의 목적지 포트번호를 덮어쓰기한다.
OFPAT_COPY_TTL_OUT	11	바깥쪽에 있는 TTL 필드의 값을 안쪽 패킷에 복사한다.
OFPAT_COPY_TTL_IN	12	안쪽에 있는 TTL 필드의 값을 바깥쪽 패킷에 복사한다.
OFPAT_SET_MPLS_LABEL	13	MPLS의 라벨을 덮어쓰기한다.
OFPAT_SET_MPLS_TC	14	MPLS의 traffic class를 덮어쓰기한다.
OFPAT_SET_MPLS_TTL	15	MPLS 심 헤더가 존재할 때 MPLS TTL을 덮어쓰기한다.
OFPAT_DEC_MPLS_TTL	16	MPLS 심 헤더가 존재할 때 MPLS TTL을 1 감산하고 덮어쓰기한다.
OFPAT_SET_NW_TTL	23	IPv4의 TTL을 덮어쓰기한다.
OFPAT_DEC_NW_TTL	24	IPv4의 TTL을 1 감산하고 덮어쓰기한다.

표 부록.9
Push-Tag/Pop-Tag 액션

액션 타입	값	액션 내용
OFPAT_PUSH_VLAN	17	패킷에 새로운 VLAN 헤더를 푸시(Push)한다.
OFPAT_POP_VLAN	18	패킷의 가장 바깥쪽의 VLAN 헤더를 팝(Pop)한다.
OFPAT_PUSH_MPLS	19	패킷에 새로운 MPLS 심 헤더를 푸시한다.
OFPAT_POP_MPLS	20	패킷의 가장 바깥쪽의 MPLS 심 헤더를 팝한다.

표 부록.10
Set-Queue 액션

액션 타입	값	액션 내용
OFPAT_SET_QUEUE	21	패킷을 지정 Queue의 마지막에 추가한다.

표 부록.11
Group 액션

액션 타입	값	액션 내용
OFPAT_GROUP	22	지정된 그룹에 관한 패킷을 처리한다.

표 부록.12
Experimenter 액션

액션 타입	값	액션 내용
OFPAT_EXPERIMENTER	0xffff	실험자용 액션

1.3 OpenFlow 1.2의 액션

표 부록.13
Drop 액션

액션 타입	값	액션 내용
없음	없음	Action을 기재하지 않은 경우 Drop 액션이 되어 패킷을 파기한다.

표 부록.14
Output 액션

액션 타입	값	액션 내용
OFPAT_OUTPUT	0	패킷을 지정한 스위치의 포트 등으로 송신한다.

표 부록.15
Set-Field 액션

액션 타입	값	액션 내용
OFPAT_SET_FIELD	25	지정한 OXM TLV의 값을 덮어쓰기한다.

표 부록.16
Change-TTL 액션

액션 타입	값	액션 내용
OFPAT_COPY_TTL_OUT	11	바깥쪽에 있는 TTL 필드의 값을 안쪽 패킷에 복사한다.
OFPAT_COPY_TTL_IN	12	안쪽에 있는 TTL 필드의 값을 바깥쪽 패킷에 복사한다.
OFPAT_SET_MPLS_TTL	15	MPLS 심 헤더가 존재할 때 MPLS TTL을 덮어쓰기한다.
OFPAT_DEC_MPLS_TTL	16	MPLS 심 헤더가 존재할 때 MPLS TTL을 1 감산하고 덮어쓰기한다.
OFPAT_SET_NW_TTL	23	IPv4의 TTL/IPv6 HopLimit을 덮어쓰기한다.
OFPAT_DEC_NW_TTL	24	IPv4의 TTL/IPv6 HopLimit을 1 감산하고 덮어쓰기한다.

표 부록.17
Push-Tag/Pop-Tag 액션

액션 타입	값	액션 내용
OFPAT_PUSH_VLAN	17	패킷에 새로운 VLAN 헤더를 푸시한다.
OFPAT_POP_VLAN	18	패킷의 가장 바깥쪽의 VLAN 헤더를 팝한다.
OFPAT_PUSH_MPLS	19	패킷에 새로운 MPLS 심 헤더를 푸시한다.
OFPAT_POP_MPLS	20	패킷의 가장 바깥쪽의 MPLS 심 헤더를 팝한다.

표 부록.18
Set-Queue 액션

액션 타입	값	액션 내용
OFPAT_SET_QUEUE	21	패킷을 지정 Queue의 마지막에 추가한다.

표 부록.19
Group 액션

액션 타입	값	액션 내용
OFPAT_GROUP	22	지정된 그룹에 관한 패킷을 처리한다.

표 부록.20
Experimenter 액션

액션 타입	값	액션 내용
OFPAT_EXPERIMENTER	0xffff	실험자용 액션

1.4 OpenFlow 1.3의 액션

표 부록.21
Drop 액션

액션 타입	값	액션 내용
없음	없음	Action을 기재하지 않은 경우 Drop 액션이 되어 패킷을 파기한다.

표 부록.22
Output 액션

액션 타입	값	액션 내용
OFPAT_OUTPUT	0	패킷을 지정한 스위치의 포트 등으로 송신한다.

표 부록.23
Set-Field 액션

액션 타입	값	액션 내용
OFPAT_SET_FIELD	25	지정한 OXM TLV의 값을 덮어쓰기한다.

표 부록.24
Change-TTL 액션

액션 타입	값	액션 내용
OFPAT_COPY_TTL_OUT	11	바깥쪽에 있는 TTL 필드의 값을 안쪽 패킷에 복사한다.
OFPAT_COPY_TTL_IN	12	안쪽에 있는 TTL 필드의 값을 바깥쪽 패킷에 복사한다.
OFPAT_SET_MPLS_TTL	15	MPLS 심 헤더가 존재할 때 MPLS TTL을 덮어쓰기한다.
OFPAT_DEC_MPLS_TTL	16	MPLS 심 헤더가 존재할 때 MPLS TTL을 1 감산하고 덮어쓰기한다.
OFPAT_SET_NW_TTL	23	IPv4의 TTL/IPv6 HopLimit을 덮어쓰기한다.
OFPAT_DEC_NW_TTL	24	IPv4의 TTL/IPv6 HopLimit을 1 감산하고 덮어쓰기한다.

표 부록.25
Push-Tag/Pop-Tag 액션

액션 타입	값	액션 내용
OFPAT_PUSH_VLAN	17	패킷에 새로운 VLAN 헤더를 푸시한다.
OFPAT_POP_VLAN	18	패킷의 가장 바깥쪽의 VLAN 헤더를 팝한다.
OFPAT_PUSH_MPLS	19	패킷에 새로운 MPLS 심 헤더를 푸시한다.
OFPAT_POP_MPLS	20	패킷의 가장 바깥쪽의 MPLS 심 헤더를 팝한다.
OFPAT_PUSH_PBB	26	패킷에 새로운 PBB 헤더를 푸시한다.
OFPAT_POP_PBB	27	패킷의 가장 바깥쪽의 PBB 헤더를 팝한다.

표 부록.26
Set-Queue 액션

액션 타입	값	액션 내용
OFPAT_SET_QUEUE	21	패킷을 지정 Queue의 마지막에 추가한다.

표 부록.27
Group 액션

액션 타입	값	액션 내용
OFPAT_GROUP	22	지정된 그룹에 관한 패킷을 처리한다.

표 부록.28
Experimenter 액션

액션 타입	값	액션 내용
OFPAT_EXPERIMENTER	0xffff	실험자용 액션

부록.2 각 버전의 메시지 일람

2.1 OpenFlow 1.0의 메시지

표 부록.29
OpenFlow 1.0의 메시지

메시지 타입	값	내용
OFPT_HELLO	0	Hello 메시지
OFPT_ERROR	1	Error 메시지
OFPT_ECHO_REQUEST	2	Echo 요구 메시지
OFPT_ECHO_REPLY	3	Echo 응답 메시지
OFPT_VENDOR	4	Vendor 메시지
OFPT_FEATURES_REQUEST	5	Features 요구 메시지
OFPT_FEATURES_REPLY	6	Features 응답 메시지
OFPT_GET_CONFIG_REQUEST	7	GET_CONFIG 요구 메시지
OFPT_GET_CONFIG_REPLY	8	GET_CONFIG 응답 메시지
OFPT_SET_CONFIG	9	SET_CONFIG 메시지
OFPT_PACKET_IN	10	Packet-In 메시지
OFPT_FLOW_REMOVED	11	Flow-Removed 메시지
OFPT_PORT_STATUS	12	Port-Status 메시지
OFPT_PACKET_OUT	13	Packet-Out 메시지
OFPT_FLOW_MOD	14	Flow-Mod 메시지
OFPT_PORT_MOD	15	PORT-MOD 메시지
OFPT_STATS_REQUEST	16	STATS 요구 메시지
OFPT_STATS_REPLY	17	STATS 응답 메시지
OFPT_BARRIER_REQUEST	18	Barrier 요구 메시지
OFPT_BARRIER_REPLY	19	Barrier 응답 메시지
OFPT_QUEUE_GET_CONFIG_REQUEST	20	QUEUE_GET_CONFIG 요구 메시지
OFPT_QUEUE_GET_CONFIG_REPLY	21	QUEUE_GET_CONFIG 응답 메시지

2.2 OpenFlow 1.1의 메시지

표 부록.30
OpenFlow 1.1의 메시지

메시지 타입	값	내용
OFPT_HELLO	0	Hello 메시지
OFPT_ERROR	1	Error 메시지
OFPT_ECHO_REQUEST	2	Echo 요구 메시지
OFPT_ECHO_REPLY	3	Echo 응답 메시지
OFPT_EXPERIMENTER	4	Experimenter 메시지
OFPT_FEATURES_REQUEST	5	Features 요구 메시지
OFPT_FEATURES_REPLY	6	Features 응답 메시지
OFPT_GET_CONFIG_REQUEST	7	GET_CONFIG 요구 메시지
OFPT_GET_CONFIG_REPLY	8	GET_CONFIG 응답 메시지
OFPT_SET_CONFIG	9	SET_CONFIG 메시지
OFPT_PACKET_IN	10	Packet-In 메시지
OFPT_FLOW_REMOVED	11	Flow-Removed 메시지
OFPT_PORT_STATUS	12	Port-Status 메시지
OFPT_PACKET_OUT	13	Packet-Out 메시지
OFPT_FLOW_MOD	14	Flow-Mod 메시지
OFPT_GROUP_MOD	15	GROUP_MOD 메시지
OFPT_PORT_MOD	16	PORT_MOD 메시지
OFPT_TABLE_MOD	17	TABLE_MOD 메시지
OFPT_STATS_REQUEST	18	STATS 요구 메시지
OFPT_STATS_REPLY	19	STATS 응답 메시지
OFPT_BARRIER_REQUEST	20	Barrier 요구 메시지
OFPT_BARRIER_REPLY	21	Barrier 응답 메시지
OFPT_QUEUE_GET_CONFIG_REQUEST	22	QUEUE_GET_CONFIG 요구 메시지
OFPT_QUEUE_GET_CONFIG_REPLY	23	QUEUE_GET_CONFIG 응답 메시지

2.3 OpenFlow 1.2의 메시지

표 부록.31
OpenFlow 1.2의 메시지

메시지 타입	값	내용
OFPT_HELLO	0	Hello 메시지
OFPT_ERROR	1	Error 메시지
OFPT_ECHO_REQUEST	2	Echo 요구 메시지
OFPT_ECHO_REPLY	3	Echo 응답 메시지
OFPT_EXPERIMENTER	4	Experimenter 메시지
OFPT_FEATURES_REQUEST	5	Features 요구 메시지
OFPT_FEATURES_REPLY	6	Features 응답 메시지
OFPT_GET_CONFIG_REQUEST	7	GET_CONFIG 요구 메시지
OFPT_GET_CONFIG_REPLY	8	GET_CONFIG 응답 메시지
OFPT_SET_CONFIG	9	SET_CONFIG 메시지
OFPT_PACKET_IN	10	Packet-In 메시지
OFPT_FLOW_REMOVED	11	Flow-Removed 메시지
OFPT_PORT_STATUS	12	Port-Status 메시지
OFPT_PACKET_OUT	13	Packet-Out 메시지
OFPT_FLOW_MOD	14	Flow-Mod 메시지
OFPT_GROUP_MOD	15	GROUP_MOD 메시지
OFPT_PORT_MOD	16	PORT_MOD 메시지
OFPT_TABLE_MOD	17	TABLE_MOD 메시지
OFPT_STATS_REQUEST	18	STATS 요구 메시지
OFPT_STATS_REPLY	19	STATS 응답 메시지
OFPT_BARRIER_REQUEST	20	Barrier 요구 메시지
OFPT_BARRIER_REPLY	21	Barrier 응답 메시지
OFPT_QUEUE_GET_CONFIG_REQUEST	22	QUEUE_GET_CONFIG 요구 메시지
OFPT_QUEUE_GET_CONFIG_REPLY	23	QUEUE_GET_CONFIG 응답 메시지
OFPT_ROLE_REQUEST	24	Role 요구 메시지
OFPT_ROLE_REPLY	25	Role 응답 메시지

2.4 OpenFlow 1.3의 메시지

표 부록.32
OpenFlow 1.3의 메시지

메시지 타입	값	내용
OFPT_HELLO	0	Hello 메시지
OFPT_ERROR	1	Error 메시지
OFPT_ECHO_REQUEST	2	Echo 요구 메시지
OFPT_ECHO_REPLY	3	Echo 응답 메시지
OFPT_EXPERIMENTER	4	Experimenter 메시지
OFPT_FEATURES_REQUEST	5	Features 요구 메시지
OFPT_FEATURES_REPLY	6	Features 응답 메시지
OFPT_GET_CONFIG_REQUEST	7	GET_CONFIG 요구 메시지
OFPT_GET_CONFIG_REPLY	8	GET_CONFIG 응답 메시지
OFPT_SET_CONFIG	9	SET_CONFIG 메시지
OFPT_PACKET_IN	10	Packet-In 메시지
OFPT_FLOW_REMOVED	11	Flow-Removed 메시지
OFPT_PORT_STATUS	12	Port-Status 메시지
OFPT_PACKET_OUT	13	Packet-Out 메시지
OFPT_FLOW_MOD	14	Flow-Mod 메시지
OFPT_GROUP_MOD	15	GROUP_MOD 메시지
OFPT_PORT_MOD	16	PORT_MOD 메시지
OFPT_TABLE_MOD	17	TABLE_MOD 메시지
OFPT_MULTIPART_REQUEST	18	MULTIPART 요구 메시지
OFPT_MULTIPART_REPLY	19	MULTIPART 응답 메시지
OFPT_BARRIER_REQUEST	20	Barrier 요구 메시지
OFPT_BARRIER_REPLY	21	Barrier 응답 메시지
OFPT_QUEUE_GET_CONFIG_REQUEST	22	QUEUE_GET_CONFIG 요구 메시지
OFPT_QUEUE_GET_CONFIG_REPLY	23	QUEUE_GET_CONFIG 응답 메시지
OFPT_ROLE_REQUEST	24	Role 요구 메시지
OFPT_ROLE_REPLY	25	Role 응답 메시지
OFPT_GET_ASYNC_REQUEST	26	GET_ASYNC 요구 메시지
OFPT_GET_ASYNC_REPLY	27	GET_ASYNC 응답 메시지
OFPT_SET_ASYNC	28	SET_ASYNC 메시지
OFPT_METER_MOD	29	METER_MOD 메시지

부록.3 OpenFlow 1.0에서 1.3.2까지의 변경점 정리

OpenFlow 1.0에서 OpenFlow 1.3.2까지의 변경점을 요약하였다. 각 항목의 상세한 내용은 이 책의 해당 버전 해설 부분을 참조한다.

3.1 액션셋

- 액션셋은 복수의 테이블에서 파이프라인 처리를 실행하기 위해 OpenFlow 1.1에서 새로 정의되었다.
- 액션셋은 패킷마다 스위치에서 생성되는데, 처음 스위치가 패킷을 수신했을 때에는 빈 상태이며 복수의 플로우 테이블을 검사하면서 인스트럭션에 의해 점차 추가된다.
- 실행순서는 액션에 따라 우선순위가 정해진다.

3.2 인트스럭션

- 인스트럭션은 액션셋과 마찬가지로 복수의 테이블에서 파이프라인 처리를 위해 OpenFlow 1.1에서 새로 정의되었다.
- 플로우 엔트리마다 인스트럭션이 있으며, Write-Action이라는 인스트럭션으로 액션을 액션셋에 추가할 수 있다.
- 현재의 액션셋을 클리어하거나 즉시 특정 액션을 실행할 수 있게 되어 있다.
- Goto-Table에서 다음 플로우 테이블의 검사로 이동하며, 만약 Goto-Table 인스트럭션이 없는 경우는 이제까지의 액션셋을 실행하고 종료한다.
- 플로우 엔트리에 대한 등록은 OpenFlow 1.0과 마찬가지로 Flow-Mod 메시지를 이용한다(Flow-Mod에 인스트럭션을 기술할 수 있게 되어 있다).

3.3 액션리스트

- 액션리스트라는 말은 OpenFlow 1.1부터 정의되었으나, OpenFlow 1.0부터 같은 의미로 사용되고 있다.
- 액션 리스트는 Apply-Action 인스트럭션에서 파이프라인 처리 도중에 특정 처리를 실행하거나 Packet-Out 메시지로 컨트롤러로부터 특정 처리를 한 패킷을 송신하고자 할 때에 사용된다.
- 혼동하기 쉬우나 액션셋과는 상호 정의관계는 없다.

3.4 그룹테이블

- 그룹테이블은 OpenFlow 1.1에서 정의되어, 멀티캐스트나 브로드캐스트, 패킷 단위에서 라운드 로빈을 실행하는 ECMP나 LAG(LinkAGgregation), 고속 변환(fast failover) 등의 기능을 제공한다.
- 그룹테이블은 액션으로 정의되고, 그룹 ID를 지정하여 실행하게 되었다.
- 1개의 그룹은 복수의 그룹패킷을 가질 수 있고, 그룹패킷은 액션셋으로 구성된다.
- 컨트롤러에서는 Group Table Modification 메시지로 그룹테이블을 등록한다.
- 그룹테이블은 그룹의 액션셋을 관리하기 위한 것으로, 플로우 테이블과의 상호 정의관계는 없다.

3.5 메터테이블

- Meter는 OpenFlow 1.3에서 정의된 인스트럭션으로, 플로우 엔트리에 등록할 때는 메터 ID를 이용하여 메터밴드를 지정한다.
- 1개의 메타는 복수의 메터밴드를 가질 수 있다.
- 컨트롤러에서는 Meter Modofication이라는 메시지로 메터테이블을 등록한다.
- 메터테이블은 메터밴드를 관리하기 위한 것으로, 플로우 테이블과의 상호 정의관계는 없다.

3.6 액션

- OpenFlow 1.0의 Forward가 OpenFlow 1.1에서 Output으로 변경되었다. 또한, OpenFlow 1.2부터 Output의 출력지는 OpenFlow 포트라는 개념으로 변경되었다.
- OpenFlow 1.0의 Enqueue가 OpenFlow 1.1에서 Set-Queue로 변경되었다. 또한, Enqueue는 Queue를 통해 패킷을 송신하는 액션이었으나, Set-Queue에서는 패킷에 Queue의 ID를 설정할 뿐이며 패킷 송신은 Output 액션을 이용한 것이 된다.
- Drop은 OpenFlow 1.0부터 액션이 지정되지 않으면 폐기하게 되어 있으므로 변경은 없다.
- Group 액션이 OpenFlow 1.1부터 새로 추가되었다.
- Push-Tag/Pop-Tag 액션이 OpenFlow 1.1부터 새롭게 추가되었다.

- Modify-Field는 OpenFlow 1.1부터 Set-Field로 변경되었다. 또한, OpenFlow 1.2부터는 OXM TLV라는 형식으로 필드가 표기되고 액션은 Set-Field로 통합된다.
- Change-TTL 액션이 OpenFlow 1.1부터 새로 추가되었다.

부록.4 참고문헌 및 URL

[1] "*PlanetLab*". as of 2013(http://www.planet-lab.org/).

[2] "*Global Environment for Network Innovations*". as of 2013 (http://www.geni.net/).

[3] N.McKeown, T.Anderson, H.Balakrishnan, G.Parulkar, L.Peterson, J.Rexford, S.Shenker, and J.Turner. "*OpenFlow: Enabling Innovation in College Networks*". *ACM SIGCOMM Computer Communication Review*, Vol. 38, April 2008 (http://dl.acm.org/citation.cfm?id=1355746, http://www.openflow.org// documents/openflow-wp-latest.pdf).

[4] Open Networking Foundation. "*Interoperability Event White Paper v1.0*". March 2012 (https://www.opennetworking.org/images/stories/downloads/white-papers/onf-testinginterop-march-2012-whitepaper-v1.0.pdf).

[5] IEEE. "*IEEE Std. 802.1Q-2005, Virtual Bridged Local Area Networks*". September 2005 (http://standards.ieee.org/getieee802/download/802.1Q-2005.pdf).

[6] Martin Casado et. al. "*flowvisor*". July 2009 (https://mailman.stanford.edu/pipermail/openflow-spec/2009-July/000262.html).

[7] K.Nichols, S.Blake, F.Baker, and D.Black. "*Definition of the Differentiated Services Field (DS Field) in the IPv4 and IPv6 Headers*". December 1998 (http://tools.ietf.org/html/rfc2474).

[8] S.Deering and R.Hinden. "*Internet Protocol, Version 6 (IPv6) Specification*". December 1998 (http://tools.ietf.org/html/rfc2460).

[9] D.Grossman. "*New Terminology and Clarifications for Diffserv*". April 2002 (http://tools.ietf.org/html/rfc3260).

[10] R.Barden. "*Requirements for Internet Hosts -Communication Layers*". October 1989 (http://tools.ietf.org/html/rfc1122).

[11] IEEE. "*IEEE Std. 802.1AB-2009, Station and Media Access Control Connectivity Discovery*". September 2009 (http://standards.ieee.org/getieee802/download/802.1AB-2009.pdf).

[12] S.Nadas. "*Virtual Router Redundancy Protocol (VRRP) Version 3 for IPv4 and IPv6*". March 2010 (http://tools.ietf.org/html/rfc5798).

[13] OPENNETWORKINGLAB. "*flowvisor*". as of 2013 (https://github.com/OPENNETWORKINGLAB/flowvisor/wiki).

[14] R.Sherwood, M.Chan, A.Covington, G.Gibb, M.Flajslik, N.Handigol, T.Huang, P.Kazemian, M.Kobayashi, J.Naous, S.Seetharaman, D.Underhill, T.Yabe, K.Yap, Y.Yiakoumis, H.Zeng, G.Appenzeller, R.Johari, N.McKeown, and G.Parulkar.

"*Carving research slices out of your production networks with OpenFlow*". *ACM SIGCOMM Computer Communication Review*, Vol. 40, pp. 129-30, January 2010 (http://dl.acm.org/citation.cfm?id=1672333).

[15] D.Turk. "*Configuring BGP to Block Denial-of-Service Attacks*". September 2004 (http://tools.ietf.org/html/rfc3882).

[16] W.Kumari and D.McPherson. "*Remote Triggered Black Hole Filtering with Unicast Reverse Path Forwarding (uRPF)*". August 2009 (http://tools.ietf.org/html/rfc5635).

[17] R.Stewart. "*Stream Control Transmission Protocol*". September 2007 (http://tools.ietf.org/html/rfc4960).

[18] R.Jesup, S.Loreto, and M.Tuexen. "*RTCWeb Datagram Connection*". as of 2013 (http://tools.ietf.org/html/draft-ietfrtcweb-data-channel).

[19] S.Floyd and D.Black. "*The Addition of Explicit Congestion Notification(ECN) to IP*". September 2001 (http://tools.ietf.org/html/rfc3168).

[20] S.Floyd and V.Jacobson. "*Random Early Detection gateways for Congestion Avoidance*" *IEEE/ACM Transactions on Networking*, Vol. 1, No. 4, pp. 397-13, August 1993 (http://www.icir.org/floyd/papers/red/red.html).

[21] S.Floyd. "*TCP and Explicit Congestion Notification*". *ACM Computer Communication Review*, Vol. 24, No. 5, pp. 10-3, October 1994 (http://www.icir.org/floyd/papers/tcp_ecn.4.pdf).

[22] M.Alizadeh, A.Greenberg, D.A.Maltz, J.Padhye, P.Patel, B.Prabhakar, S.Sengupta, and Murari Sridharan. "*Data Center TCP*". *ACM SIGCOMM Computer Communication Review-SIGCOMM '10*, Vol. 40, pp. 63-4, October 2010 (http://research.microsoft.com/~padhye/publications/dctcp-sigcomm2010.pdf).

[23] E.Rescorla and N.Modadugu. "*Datagram Transport Layer Security Version 1.2*". January 2012 (http://tools.ietf.org/html/rfc6347).

[24] L.Eggert and G.Fairhurst. "*Unicast UDP Usage Guidelines for Application Designers*". November 2008 (http://tools.ietf.org/html/rfc5405).

[25] Ed. R. Bush. "*The Address plus Port (A+P) Approach to the IPv4 Address Shortage*". August 2011 (http://tools.ietf.org/html/rfc6346).

[26] W.Dec, X.Li, C.Bao, S.Matsushima, T.Murakami, and T.Taylor. "*Mapping of Address and Port with Encapsulation (MAP)*". May 2013 (https://datatracker.ietf.org/doc/draft-ietfsoftwire-map/).

[27] OpenFlow Switch Consortium. "*OFTestTutorial*". as of 2013 (http://www.openflow.org/wk/index.php/OFTestTutorial).

[28] Open Networking Foundation. "*Conformance Test Specification for OpenFlow Switch Specification 1.0.1*". June 2013 (https://www.opennetworking.org/images/stories/downloads/sdn-resources/onf-specifications/openflow-test/conformance-

test-spec-openflow-1.0.1.pdf).

[29] Business Wire. "*Open Networking Foundation Sees High Growth in Commercialization of SDN and OpenFlow at Second PlugFest Event*". October 2012 (http://www.businesswire.com/news/home/20121018005473/en/Open-Networking-Foundation-Sees-High-Growth-Commercialization).

[30] Open Networking Foundation. "*October 2012 Interoperability Event Technical Paper*". February 2013 (https://www.opennetworking.org/images/stories/downloads/sdn-resources/onfspecifications/openflow-test/onf-testing-interopoct-2012-tech-doc-v0-4.pdf).

[31] Open Networking Foundation. "*PlugFest Success. / ONF BLOG*". June 2013 (https://www.opennetworking.org/blog/plugfest-success).

[32] The Open Networking Foundation. "*OpenFlow Configuration and Management Protocol 1.0 (OF-Config 1.0)*". December 2011 (https://www.opennetworking.org/images/ stories/downloads/sdn-resources/onf-specifications/openflowconfig/of-config1dot0-final.pdf).

[33] The Open Networking Foundation. "*OpenFlow Configuration and Management Protocol 1.1 (OF-Config 1.1)*". January 2012 (https://www.opennetworking.org/images/stories/downloads/sdn-resources/onf-specifications/openflowconfig/of-config-1.1.pdf).

[34] R.Enns, M.Bjorklund, J.Schoenwaelder, and A.Bierman. "*Network Configuration Protocol (NETCONF)*". June 2011 (http://tools.ietf.org/html/rfc6241).

[35] M.Bjorklund. "*YANG - A Data Modeling Language for the Network Configuration Protocol (NETCONF)*". October 2010(http://tools.ietf.org/html/rfc6020).

[36] OpenFlow Switch Consortium. "*OpenFlow 1.0.0 Specification*". December 2009 (https://www.opennetworking.org/images/stories/downloads/specification/openflow-spec-v1.0.0.pdf).

[37] The Open Networking Foundation. "*OpenFlow Switch Errata Version 1.0.1*". June 2012 (https://www.opennetworking.org/images/stories/downloads/sdn-resources/onf-specifications/openflow/openflow-spec-v1.0.1.pdf).

[38] OpenFlow Switch Consortium. "*OpenFlow 1.1.0 Specification*". February 2011 (https://www.opennetworking.org/images/stories/downloads/specification/openflow-spec-v1.1.0.pdf).

[39] Open Networking Foundation. "*OpenFlow 1.2 Specification*". December 2011 (https://www.opennetworking.org/images/stories/downloads/specification/openflow-spec-v1.2.pdf).

[40] The Open Networking Foundation. "*OpenFlow 1.3.0 Specification*". June 2012 (https://www.opennetworking.org/images/stories/downloads/specification/openflow-spec-v1.3.0.pdf).

[41] The Open Networking Foundation. "*OpenFlow 1.3.1 Specification*". September 2012 (https://www.opennetworking.org/images/stories/downloads/specification/openflow-spec-v1.3.1.pdf).

[42] The Open Networking Foundation. "*OpenFlow 1.3.2 Specification*". April 2013 (https://www.opennetworking.org/images/stories/downloads/sdn-resources/onf-specifications/openflow/openflow-spec-v1.3.2.pdf).

[43] The Open Networking Foundation. "*OpenFlow Configurationl and Management Protocol 1.1.1 (OF-Config 1.1.1)*". March 2013 (https://www.opennetworking.org/images/stories/downloads/sdn-resources/onf-specifications/openflowconfig/ of-config-1-1-1.pdf).

[44] "*Open Network Foundation*". as of 2013 (http://www.opennetworking.org/).

[45] "*OpenFlow Switch Consortium*". as of 2013 (http://www.openflow.org/).

찾아보기

정가 22,000원

SDN 구현을 위한 알기쉬운 OpenFlow

2015년 7월 20일 초판 인쇄
2015년 7월 30일 초판 발행
저 자 : 아키미치 · 미야나가 나오키 · 이와타 아츠시
역 자 : 홍충선
발행자 : 우명찬 · 송 준
발행처 : 홍릉과학출판사
주 소 : 서울시 강북구 인수봉로 50길 10
01093
등 록 : 1976년 10월 21일 제5-66호
전 화 : (02) 999-2274~5, 903-7037
팩 스 : (02) 905-6729
e-mail: hongpub@hongpub.co.kr
http://www.hongpub.co.kr
ISBN: 979-11-5600-380-9